SV

Katharina Pistor

Das Gesetz des Kapitalismus und wie wir es überwinden

Aus dem Amerikanischen
von Frank Lachmann

Suhrkamp

Die Originalausgabe erschien 2025 unter dem Titel
The Law of Capitalism and How to Transform It
bei Yale University Press.

Erste Auflage 2026
Deutsche Erstausgabe

Umschlaggestaltung: Brian Barth, Berlin
Satz: Dörlemann Satz, Lemförde
Druck: CPI books GmbH, Leck
Printed in the EU
ISBN 978-3-518-58855-0

Suhrkamp Verlag GmbH
Torstraße 44, 10119 Berlin
info@suhrkamp.de
www.suhrkamp.de

Meinen Studierenden

Inhalt

Vorwort

Dieses Buch verdankt sich einem Rätsel: Warum zeigt sich der Kapitalismus – ein System, das, wie ich zuvor im *Code des Kapitals* dargelegt habe, im Recht codiert ist – einer rechtlichen Ordnungspolitik gegenüber so resilient? Der Versuch, dieses Rätsel zu lösen, verlangte eine intensive Beschäftigung mit Debatten über das Recht als soziales System und mit den spezifischen Charakteristika des kapitalistischen Rechts und seiner normativen Grundlagen. Dieses Buch beschreibt meine Suche nach Antworten und die Lösungen, zu denen ich gelangt bin. Kurz zusammengefasst: Die Fähigkeit des Kapitalismus, sich ungeachtet der juristischen Beschränkungen, die für seine Einhegung installiert wurden, selbst im Recht zu rekonstituieren, folgt zu großen Teilen aus der Dualität des kapitalistischen Rechts, das heißt aus seiner Untergliederung in einen privaten und einen öffentlichen Teil, die beide über verschiedene normative Fundamente und unterschiedliche Werkzeuge zur Erlangung ihrer Ziele verfügen. Das Privatrecht ist die Hauptquelle zur Codierung von Kapital und für die Konstituierung des Kapitalismus. Es profitiert von der Tatsache, dass es ebenso sehr Recht ist wie das öffentliche Recht auch und durch die Zwangsmittel des Staates abgesichert wird. Es gibt keine Weisung im privaten Recht, die nicht zumindest mit dem Schatten der staatlichen Macht droht, auch wenn wir oft so tun, als ob dem nicht so wäre; trotzdem ist das Privatrecht fest in Vorstellungen von individueller Autonomie verwurzelt. Das öffentliche Recht definiert die Reichweite staatlicher Macht gemäß einer Reihe von normativen Prinzipien, die in einer Verfassung festgeschrieben sind. Dazu können individuelle Rechte, aber auch Bekenntnisse zu einer kollektiven Selbstbestimmung oder zu Kontrollmechanismen gegenüber der Macht des Staates gehören.

Der Grund dafür, dass Akteure das Privatrecht zur Förderung ihrer Interessen anwenden können, selbst wenn dies anderen oder der Gesellschaft Kosten auferlegt, beruht auf drei Kerncharakteristika des privaten Rechts: (1) der rechtlichen Ermächtigung einzelner, sowohl natürlicher als auch rechtlicher Personen, (2) deren dezentralisiertem Zugang zu den etablierten Zwangsmitteln und (3) auf der Rechtsarbitrage, das heißt auf der Fähigkeit, das Recht für die eigenen Interessen nutzbar zu machen, ohne seine legale Macht einzubüßen. Diese Eigenschaften teilen eine gemeinsame Prämisse, nämlich die von der Überlegenheit der privaten Weisung, idealisiert als Selbstweisung freier und autonomer Individuen, gegenüber kollektiven oder öffentlichen Weisungen, die oft als staatliche Eingriffe von oben dämonisiert werden. Und sie wirken darauf hin, die Gesellschaft, wie Karl Polanyi attestiert hat, dem Marktprinzip oder, vielleicht treffender ausgedrückt, privaten Machtausübenden unterzuordnen, die einen Teil des Rechtssystems, das Privatrecht, dazu einsetzen, die Reichweite und Effektivität des anderen Teils, also des öffentlichen Rechts, zu unterminieren.

Dieses Buch versucht, über eine Kritik hinauszugehen und nachzuweisen, dass weder der Kapitalismus noch das kapitalistische Recht reformunfähig sind. Elemente für eine genuine rechtliche Transformation können sowohl im bestehenden Recht als auch in der Praxis gefunden werden und haben das Potenzial, bleibende Veränderungen hervorzurufen, vorausgesetzt, dass das Recht und die Rechtspraxis auf normativen Prinzipien basieren, die das Streben anderer Subjekte nach

Freiheit respektieren. Da der Kapitalismus letztlich ein rechtliches Regime ist, wird das Recht bei seiner Überwindung eine zentrale Rolle spielen – und sei es auch nur dadurch, dass es eine Wirtschaftsordnung schafft, die von jenen rechtlichen Subventionen befreit ist, welche das Recht den Kapitalbesitzern so bereitwillig eingeräumt hat. Eine alternative Strategie würde darin bestehen, das Rechtssystem durch revolutionäre Mittel zu zerstören und von oben herab eine neue Ordnung einzuführen. Es gibt viele Gründe dafür, vor einem solchen Ansatz zurückzuschrecken, darunter das Gewaltpotenzial, welches wahrscheinlich damit einherginge. Am wichtigsten für die hier dargelegte Argumentation ist aber, dass dies einfach keine Option innerhalb eines Systems ist, das vom Recht herstammt und sich durch das Recht weiterentwickelt, denn ein solches System wird sich auch nach einem großen Schock wieder fangen und neu aufstellen, wie es dies schon viele Male zuvor getan hat. Das Streben nach Veränderung durch das Recht macht den transformativen Wandel zwar nicht einfacher, aber immerhin wohl wahrscheinlicher – zumindest unter der Voraussetzung, dass es ein kollektiv geteiltes Verständnis für die Notwendigkeit eines Wandels und für die Wichtigkeit schlüssiger normativer Grundlagen gibt, die die Unterscheidung zwischen öffentlich und privat transzendiert. Das Privatrecht muss letztlich in denselben Prinzipien sozialer Gerechtigkeit wurzeln, die auch den demokratischen Verfassungsstaat lebendig werden lassen – in erster Linie in dem, dass Macht, ganz gleich, wo ihre Ursprünge liegen (im Öffentlichen oder Privaten), sich zu ihrer Verantwortung bekennen muss und dass ihr Gebrauch limitiert sein muss, um sicherzustellen, dass alle eine faire Chance haben, ihre Lebensziele alleine oder zusammen mit anderen zu verwirklichen.

David Grewal war der Erste, der den Kapitalismus als rechtliches Regime bezeichnet hat. Diese Idee hat sich seither verbreitet und dazu beigetragen, neue Forschungsfelder zu eröffnen, zu denen auch die sogenannte Law-and-Political-Economy-Bewegung zählt. Ihm und Jed Purdy, den beiden Mitherausgebern dieser Reihe, verdanke ich die Anregung zur Abfassung dieses Buchs und bin ihnen herzlich dafür verbunden, dass sie von Anfang bis Ende für Gespräche und Kritik bereitstanden. Viele andere – zu viele, als dass ich sie einzeln aufzählen könnte – haben mir zudem mit Fragen, Vorschlägen, Kommentaren und Kritik im Rahmen von Manuskriptworkshops, Seminaren und Faculty Luncheons auf meinem Weg geholfen. Für die Zeit, die sie für die Lektüre früherer Fassungen dieses Buchs aufgewandt haben, bin ich zutiefst dankbar. Der Austausch mit ihnen war für mich von ganz außerordentlichem Nutzen. Alle verbliebenen Irrtümer und Mängel sind selbstverständlich mir selbst zuzurechnen.

Besonderer Dank geht an meine wissenschaftlichen Mitarbeiterinnen und Mitarbeiter sowie an meine Hilfskräfte, die lange und intensiv daran gearbeitet haben, dieses Buch zum Abschluss zu bringen. Elise Zi Feng de Kleijn und Melanie Joy Mignucci haben in verschiedenen Phasen dieses Projekts bei der Suche nach Fallstudien und beim Sortieren von Materialien geholfen. Michael Paul McParlane hat jede Fassung des Manuskripts mit großer Sorgfalt redigiert. Vielen Dank auch an meinen Lektor William Frucht und das übrige Team von Yale University Press dafür, dass sie diesem Buch über die Ziellinie verholfen haben. Ebenfalls danken möchte ich meiner Lektorin Karen Schoen.

Der Hewlett Foundation gebührt mein Dank für ihre finanzielle Unterstützung, die es mir ermöglicht hat, mehr Zeit mit diesem Projekt zu verbringen, als mir andernfalls möglich gewesen wäre. Auch dem Institute for Ideas and Imagination in Paris möchte ich danken. Mein Aufenthalt im Rahmen meines Sabbaticals im Jahr 2022/23 dort bot ein inspirierendes Umfeld für die Abfassung einiger Teile dieses Buches. Der unbesungene Held dieses Werks – wie der so vieler weiterer Projekte über die Jahre hinweg – ist aber mein Ehemann Carsten Bonnemann, dessen Liebe und Unterstützung stets unerschütterlich waren, auch wenn meine Arbeit unserer gemeinsamen Zeit einige Belastungen auferlegt hat.

Ich widme dieses Buch meinen Studierenden – den ehemaligen, gegenwärtigen und zukünftigen – an der Columbia Law School und anderswo. Das Lehren ist eine der befriedigendsten Professionen überhaupt, besonders wenn die Studierenden sowohl aufs Lernen erpicht als auch dem ihnen vorgelegten Material gegenüber kritisch eingestellt sind. In meinen Augen geht es beim Lehren immer darum, voneinander zu lernen, und zwar mit Respekt und in der Hoffnung darauf, die Welt um uns herum besser verstehen zu können – eine Welt, die in vielerlei Hinsicht durch das Recht und durch Rechtsanwälte geprägt wird. Ich bin der festen Überzeugung, dass wir gemeinsam ein besseres Recht für eine bessere Welt schmieden können.

1
Ein rechtliches Regime

Der Kapitalismus ist ein rechtliches und nicht nur, wie üblicherweise angenommen wird, ein ökonomisches Regime.[1] Die Erforscher des Kapitalismus von Karl Marx bis Joseph Schumpeter und darüber hinaus neigen dazu, ihn mit dem Handel mit Gütern und Dienstleistungen, mit Arbeitsverhältnissen, Privateigentum an den Produktionsmitteln, Konzernen, dem Bankwesen und Geld zu assoziieren – die allesamt als ökonomische Phänomene betrachtet werden.[2] In Wirklichkeit aber sind die Dinge von Grund auf rechtlicher Natur.[3] Der Handel basiert auf dem Vertragsrecht, Firmen bedienen sich des Unternehmensrechts, das Eigentum wird vom Eigentumsrecht bestimmt, und jedes Zahlungsversprechen, das seinen Nennwert wert ist, ist ein zwangsweise durchsetzbarer Vertrag, der ebenfalls die explizite oder implizite Absicherung durch die Zentralbanken genießt, das heißt der Emittenten jener Währung, die als Verrechnungseinheit, Tauschmittel und Wertspeicher dient.[4]

In früheren Arbeiten habe ich gezeigt, wie das Kapital in Recht codiert wird, oder, anders gesagt, wie spezifische rechtliche Module – zuvörderst die Eigentumsrechte sowie das Kreditsicherungs-, Vertrags-, Trust-, Unternehmens- und Konkursrecht – eingesetzt werden können, um einfache Gegenstände, Ansprüche oder Ideen in Kapital zu verwandeln.[5]

Ohne eine rechtliche Codierung können gewöhnliche Vermögenswerte immer noch vielfältige Aufgaben erfüllen; so können Grund und Boden dazu dienen, Tiere zu weiden oder Feldfrüchte anzubauen, und ein Webstuhl beispielsweise dazu, Stoff herzustellen. In Abwesenheit von Rechtstiteln jedoch können diese Objekte weder beliehen noch aus Profitgründen verkauft werden und erzeugen im Ergebnis keinen Reichtum in einem Umfang, wie es rechtlich codierte Kapitalgegenstände vermögen.

Das Kapital zu erklären, ist das eine; den Kapitalismus, ein System, zu verstehen, ist aber etwas anderes. Er kann nicht durch die Summe aller rechtlichen Module, die das Kapital codieren, vollständig erklärt werden. Um den Kapitalismus wirklich zu begreifen, muss man stattdessen den Blick von der mikroinstitutionellen Ebene heben, wo das Kapital codiert wird, und ihn auf die übergeordneten Mächte richten, die für das Zusammenspiel des Rechts mit Politik und Wirtschaft verantwortlich sind, und deren normative Fundamente ins Visier nehmen. Interessanterweise hat sich das Wort Kapitalismus historisch ganz anders entwickelt als »Kapital«.[6] Im 18. Jahrhundert wurde der Ausdruck mit der Staatsverschuldung in Verbindung gebracht, die den Kern des aufkommenden kapitalistischen Regimes bildete.[7] Die als *Kapitalisten* bezeichneten Personen waren mithin Finanziers, die in jene Staatsschulden investiert haben, welche mit den militärischen Abenteuern des herrschenden Souveräns, ihres Schuldners, kamen und gingen. Für jene französischen Politologen, die den Ausdruck *Kapitalismus* in den 1830er-Jahren im Vokabular der politischen Ökonomie etablierten, stand er folglich für die Investition in öffentliche Schulden zur Erzielung privater Gewinne.[8] Dies fängt die Kernlogik des Kapitalismus sehr gut ein, nämlich die Aneignung sozialer Ressourcen im Streben nach Profiten und Reichtum. Nach den Staatsschulden waren die beiden bedeutendsten gesellschaftlichen Ressourcen, die angeeignet wurden, das Rechtssystem und das Geldsystem.[9] Diese vervollständigten nicht nur die Liste der natürlichen Ressourcen, die der Kapitalismus über die Jahrhunderte hinweg für sich in Anspruch genommen hat – Grund und Boden, Bodenschätze, Tiere, die Meere und die Luft, die wir atmen –, sondern ermöglichten auch deren Aneignung. Kurz, ich habe Kapitalismus als ein rechtliches Regime definiert, das die Aneignung kollektiver Ressourcen für den privaten Gewinn erlaubt, darunter auch das Recht selbst. Wenn man das Recht sowohl als Ressource als auch als Mittel betrachtet, durch das andere Ressourcen ausgebeutet werden, so ist dies keine Tautologie; vielmehr beschreibt es ein Regime, welches (einige) private Akteure dazu ermächtigt, das Privatrecht zur Kontrolle oder sogar Beherrschung anderer einzusetzen und diese Praktiken zugleich mit der Hilfe des öffentlichen Rechts gegen staatliche Interventionen abzuschotten.

Aneignung kann viele verschiedene Formen annehmen – sie kann brutal oder subtil und direkt oder indirekt erfolgen. Erstere überschneidet sich mit dem, was Marx die »ursprüngliche« Akkumulation nannte, und Letztere mit ausgefeilteren Techniken, die auf juristischem Wege operieren und von der Staatsmacht abgesichert werden. Heutzutage findet relativ wenig Aneignung per schlichter physischer Gewalt statt. Die meisten Wegnahmen durch private Akteure sind vielmehr in das Gewand des Rechts gekleidet – in Anrechte und Ansprüche, die auf Eigentums- oder Vertragsrechten basieren und vor Gericht durchsetzbar sind. Das ist möglich, weil das kapitalistische Recht die private der öffentlichen Anweisung gegenüber privilegiert und private Parteien weithin davon ausnimmt, die individuellen Rechte anderer, wie sie verfassungsrechtlich festgeschrieben sind, zu respektieren.[10] Von entscheidender Bedeutung ist aber, dass das Recht diese Prioritäten institutionalisiert hat, indem es private Akteure dazu ermächtigt hat, das Recht in die eigenen Hände zu nehmen – einerseits dadurch, dass es dafür gesorgt hat, dass sie Zugang zu den zentralisierten Zwangsmechanismen erhalten, um ihre Rechte durchsetzen zu können, und andererseits dadurch, dass es die Rechtsarbitrage als einen Ausdruck der individuellen Autonomie toleriert, selbst wenn diese auf Kosten der Rechte anderer geht. Jede dieser drei Eigenschaften vermag es, das Rechtssystem zugunsten des Kapitalismus zu beeinflussen; zusammengenommen haben sie die Interessen der Inhaber privater Macht tief verankert und ein Großteil des Rechts deren eigenen Zielen untergeordnet.

Das Ziel dieses Buches ist es nicht in erster Linie, eine weitere kritische Analyse des Kapitalismus oder des kapitalistischen Rechts vorzulegen. Die Teile, die die Diagnose bereitstellen, sollen vielmehr Einsichten in die inneren Abläufe des Kapitalismus gewähren und eine Strategie entwickeln, um über dieses System hinauszugelangen. Oft wird der Kapitalismus als ein System verteidigt, welches Menschen aus der Armut befreit hat wie kein anderes.[11] Es mag zwar seine Fehler haben, aber diese können und sollten korrigiert werden, denn letztlich gibt es keine echte Alternative zu ihm.[12]

Hinzu kommt noch, dass viele Menschen im Lichte seiner Errungenschaften oft annehmen, dass der Kapitalismus Lösungen für die größten Herausforderungen bietet, vor denen wir heute stehen: die Gefahren des Klimawandels und der Erosion der demokratischen Selbstbestimmung. Mehr Kapital und mehr Wachstum sind die Standardantworten darauf.[13] Aber diese (existenziellen) Probleme sind Produkte des Kapitalismus, eines Regimes, das Anreize für individuelle Autonomie und Unternehmertum als Vorboten des Wachstums geschaffen hat, zugleich aber auch die Natur, die Menschen und die sozialen Ressourcen als Einsätze für eine Profitmaschinerie behandelt hat, die keine Grenzen kennt, noch nicht einmal im Angesicht des Ökozids, der Ausrottung ganzer Spezies und Ökosysteme. Es ist kaum glaubhaft, dass dasselbe

System, das für diese Probleme verantwortlich ist, sie auch lösen kann.

Den Kapitalismus als rechtliches Regime zu verstehen, könnte suggerieren, dass seine Überwindung nahezu unmöglich ist, weil auf jenem Schritt entlang des Wegs rechtlich geschützte Interessen jegliche Veränderung blockieren werden. Zugleich weist es aber auf die möglichen Hebel und Richtungen hin, in denen ein Wandel zu finden sein könnte. Ein rechtliches Regime ist eine Sache der menschlichen Entscheidung, nicht aber einer generalstabsmäßigen Planung; vielmehr ist es das Produkt der vielen kleinen Entscheidungen, die Menschen als Individuen und als Mitglieder von Familien, Gemeinschaften und des politischen Gemeinwesens treffen, dem sie angehören. Wenn das aber der Fall ist, dann sind unterschiedliche Entscheidungen zumindest vorstellbar, weil die einzelnen und die Gemeinschaften ihre Auffassungen über die Nutzung und Interpretation des existierenden Rechts debattieren, sich andere Gebrauchsweisen ausmalen und sogar für formelle rechtliche Änderungen mobilmachen. Aus der Prämisse vom Kapitalismus als rechtlichem Regime folgt zudem, dass ein transformativer Wandel nur durch das Recht möglich ist. Dafür werden isolierte Modifikationen bestehender Rechte oder Institutionen allerdings nicht ausreichen. Vielmehr setzt dies voraus, dass man das Privatrecht auf normative Grundlagen stellt, die mit jenen Normen kompatibel sind und sie unterstützen, welche die konstitutionelle Demokratie mit Leben erfüllen, darunter die Achtung der menschlichen Würde, die Zurechenbarkeit von Verantwortung und die kollektive Selbstbestimmung.

Für die Verteidiger des Kapitalismus steht dieses System für individuelle Initiative und finanzielle Anerkennung für die Bereitschaft, Risiken einzugehen, indem man Wetten auf eine ungewisse Zukunft abschließt.[14] Allerdings kommt in dieser Darstellung der Frage zu wenig Beachtung zu, wie die systematische Bevorzugung individueller Autonomie und privater gegenüber kollektiven Anweisungen sich als mit dem Gedanken von Freiheit und Gerechtigkeit für jedermann unverträglich erweisen könnte. Weil das Individuum die verletzlichste gesellschaftliche Einheit ist, ist es sinnvoll, jede Theorie sozialer Gerechtigkeit mit dem Individuum zu beginnen. Dies kann aber kaum als Rechtfertigung für die juristische Ermächtigung einiger dazu dienen, ihren Willen anderen aufzuzwingen, ohne dass es die dafür angebrachten Kontrollmechanismen gibt. Menschen können sich gegenseitig Versprechungen machen und Waren und Dienstleistungen miteinander tauschen, doch welche dieser Versprechen die Autorität des Rechts genießen, ist eine Sache der gesellschaftlichen und nicht der privaten Entscheidung. Trotzdem spielen in kapitalistischen Regimes private Akteure bei dieser Entscheidungsfindung eine übermäßig große Rolle, und die meisten verfolgen ihre eigenen Interessen, ohne dabei sonderliche Rücksichtnahme auf die Belange sozialer Gerechtigkeit zu üben.

Um effektiv zu sein, muss eine Rechtsordnung so hinreichende Autorität besitzen, dass die meisten Menschen die von ihr hervorgebrachten Resultate respektieren werden, und das auch dann, wenn sie unterliegen. Ein Recht, das ohne Verantwortlichkeit ermächtigt, das Rechte ohne Pflichten schafft und bereichert, ohne Verbindlichkeiten geltend zu machen, schwebt in der Gefahr, seine Legitimität zu verlieren, und kann kaum als gerecht bezeichnet werden. Es mag zwar von einer Mischung aus Ideologie und Zwang in Schach gehalten werden, büßt aber seinen größten Aktivposten, nämlich seine Legitimität und in der Folge die freiwillige Compliance ein. Der jüngste Siegeszug des Populismus in vielen kapitalistischen Ländern stellt eine reale Gefahr für die Demokratie dar, aber die Toleranz für die Rechtlosigkeit, wie manche Führer dieser Bewegungen sie an den Tag legen, ist auch eine Gefahr für ebenjene rechtliche Ordnung, die den Kapitalismus ermöglicht.[15] Dieser zeichnete sich immer schon durch tiefe Widersprüche aus, wie Marx und Engels angemerkt haben. Der Grund dafür, dass er unter diesen noch nicht zusammengebrochen ist, liegt in der Bereitschaft der Gesellschaft, soziale Ressourcen immer dann zu mobilisieren, wenn eine Krise die Zukunft des Kapitalismus bedroht.[16] Die dabei eingesetzten Schlüsselressourcen, nämlich Recht und Geld, mögen unendlich erscheinen, sind es aber nicht.[17] Deren Verfügbarkeit und Wirkmächtigkeit basieren auf der kontinuierlichen politischen Unterstützung der Autorität des Rechts und der staatlichen Institutionen, die es aufrechterhalten.

Die Zukunft des Kapitalismus ist nicht nur eine Sache politischer oder ökonomischer Kämpfe; sie ist vielmehr zu einem Kampf mit der Natur selbst geworden. Für ein System, das auf rückhaltloser Expansion basiert, stellt die Konfrontation mit einem geschlossenen natürlichen System eine existenzielle Bedrohung für beide dar. Der Kapitalismus hat auf Grundlage der Illusion überlebt, dass es immer genügend soziale Ressourcen und politischen Willen geben würde, um seinen Fortbestand zu sichern. Die Natur aber wird weniger nachgiebig sein. Menschen haben sie bis zu einem Punkt manipuliert, der die Bezeichnung »Anthropozän« für unser Zeitalter rechtfertigt. Aber das heißt nicht, dass sie auch in der Lage wären, dem Zorn der Natur zu entgehen; die Zunahme der Zerstörungskraft von Waldbränden, Dürren und Überschwemmungen im Kontext des Klimawandels sind dafür ein eindrücklicher Beleg.[18]

Es ist kein Zufall, dass der Kapitalismus seinen Siegeszug parallel zu dem des modernen Staates antrat. Als sich die Staaten verfestigten, wurden lokale Märkte in Volkswirtschaften integriert, und das nicht einfach durch eine natürliche Entwicklung, sondern durch die Mobilisierung öffentlicher Macht, um mit ihr die rechtlichen Barrikaden für den Handel und das Gewerbe niederzureißen und Rechtssysteme auf lokaler, nationaler und internationaler Ebene zu schaffen. Die große soziale Transformation, die der Moderne den Weg bereitete, begann nach Polanyi mit der Abschaffung der elisabethanischen Armengesetzgebung und der Zerstörung der Gilden. Sie bereitete den Weg für die Unterordnung der Gesellschaft unter das Marktprinzip, gegen das sich die Gesellschaften in den ersten Dekaden des 20. Jahrhunderts noch gewehrt hatten, nur um in den darauffolgenden Jahrzehnten erneut unterjocht zu werden.[19]

So wie die Märkte in der Heimat für kapitalistische Bestrebungen aufgebrochen worden sind, so erzwangen die europäischen Mächte auch die Öffnung fremder Märkte mit militärischer Gewalt im Namen des Fortschritts und der Entwicklung und zerstörten uralte Zivilisationen, die der Kolonisierung im Wege standen.[20] Sie heuerten von Privatleuten betriebene profitorientierte Handelsgesellschaften an und rüsteten sie mit Waffen sowie der rechtlichen Autorität aus, die Völker zu beherrschen, die von den Kolonialmächten unterworfen worden waren.[21] Diese Gesellschaften führten das Recht der Staaten mit sich, die sie entsandt hatten, und nutzten es dazu, private Eigentumsrechte zu behaupten, Geschäfte mit den Einheimischen einzugehen und ihre Ansprüche unter Rückgriff auf die neu geschaffenen Gerichte diesen gegenüber auch durchzusetzen.[22]

Der Kolonialismus war zwar kein Zustand der Rechtlosigkeit, führte aber die Macht des Rechts über ganze Völker vor Augen, deren gesellschaftliche Ordnungssysteme als unzivilisiert herabgewürdigt wurden.[23] Ebenso wenig drehte es sich beim kolonialen Recht in erster Linie oder auch nur hauptsächlich um das Verwaltungs- oder das öffentliche Recht fremder Staaten. Vielmehr spielte das Privatrecht eine entscheidende Rolle, und das nicht nur in Siedlerkolonien oder zu deren Nutzen.[24] Eigentumsrechte statteten die Kolonisatoren mit Kontrollrechten über Ressourcen aus, und Schuldinstrumente trugen Sorge dafür, dass selbst wohlhabende Einheimische zunehmend von ausländischen Kreditgebern abhängig wurden. Nur die Letzteren hatten Zugang zu jener kaufkräftigen Währung, die ihre jeweiligen Herrscher in London oder Paris in Umlauf brachten; dies erlaubte es ihnen, drohende Finanzkrisen zu überstehen, während die Kolonisierten von diesen oft schwer in Mitleidenschaft gezogen wurden.[25]

Das Ende des Kolonialismus markierte außerdem auch nicht das Ende des aufgezwungenen Rechts. Die meisten ehemaligen Kolonien behielten das Privatrecht ihrer früheren Kolonialherren bei, auch wenn sie sich neue Verfassungen gaben und verwaltungsrechtliche Bestimmungen und Vorschriften abschafften, die zur Unterdrückung der Einheimischen benutzt worden waren.[26] Und als der Fernhandel und ausländische Investitionen global wurden, wurden die Rechtsvorschriften der führenden kapitalistischen Volkswirtschaften, der USA und Großbritanniens, zu den beherrschenden Regularien des internationalen Handels, von Investitionen und vom weltweiten Finanzsystem.[27] Im postkolonialen Umfeld waren Eroberungen und die erzwungene Übernahme eines fremden Rechts zwar keine Option mehr, schreckte aber die Transplantation von Recht aus dem Zentrum an die Peripherie des zunehmend globalisierten kapitalistischen Systems nicht ab. Es war nicht die Logik des Regimes, sondern es waren bloß die Mittel für die Auferlegung fremden Rechts, die sich verändert hatten, als man die finanzielle Unterstützung für weniger entwickelte Länder von deren Übernahme der »Best-Practice«-Regeln »fortschrittlicher« Volkswirtschaften abhängig machte.[28] Kurzum, der Kapitalismus verdankt seine globale Expansion nicht einem offenen und fairen Wettstreit alternativer Systeme, sondern ist mit Druck und gleichzeitiger massiver finanzieller Unterstützung multilateraler Institutionen und kapitalistischer Länder in Recht codiert worden.

Angesichts der zentralen Rolle des Rechts für das kapitalistische Projekt ist es entscheidend, seine spezifischen kapitalistischen Eigenschaften zu verstehen. Wäre jedes Recht für den Kapitalismus geeignet, oder gibt es besondere Merkmale, die es erst geeignet machen? Fragen wie diese werden von Juristen nur selten gestellt. In kapitalistischen Ökonomien wird das Recht tendenziell als neutral wahrgenommen, als ein unparteiisches System, dessen primäre Funktion darin besteht, die soziale Ordnung aufrechtzuerhalten und das Privateigentum und die Heiligkeit des Vertrags zu schützen.[29] Im Gegensatz dazu haben sozialistische Rechtstheoretiker von Marx bis Jewgeni Paschukanis die Position vertreten, dass das Recht die sozioökonomischen Verhältnisse widerspiegelt – besonders die Kontrolle des Kapitals über die Produktionsmittel – und dass im Kommunismus der Staat und sein Recht folglich absterben und Platz für ein System schaffen würden, welches auf beide nicht mehr angewiesen wäre.[30] Auch die Ökonomen sind weniger als die Juristen davor zurückgeschreckt, Merkmale von Rechtssystemen zu identifizieren, die als spezifisch kapitalistisch beschrieben werden könnten. Sie haben John Maynard Keynes' Einsicht aufgegriffen, dass es im Kapitalismus in der Hauptsache um Investitionen geht, und sie dahingehend ausgedehnt, dass dies auch die Notwendigkeit beinhaltet, Investorenrechte juristisch zu schützen, aber kaum mehr als das.[31]

Tatsächlich schützt das Recht nicht nur die Werkzeuge, mit denen neue Kapitalgüter codiert werden können, sondern ermächtigt sie auch und stellt sie bereit. An keiner Stelle ist dies offensichtlicher als im Fall von Finanzvermögenswerten, die Geschöpfe des Vertrags, des Eigentums- und Kreditsicherungsrechts sind, die von juristischen Personen ausgegeben und gehandelt sowie von staatlicherseits emittiertem Geld abgesichert werden. Diese rechtlichen Instrumente befeuern das Kapital und erzeugen privaten Reichtum, haben aber einen

Preis. Denn sie verschärfen die Ungleichheit und die Prekarität des Lebens derjenigen, die kaum jemals von der Inflation der Preise für Finanzvermögenswerte profitieren, aber dafür die Lasten der folgenden Abschwünge zu tragen haben.[32] Der Siegeszug des regulatorischen Staates kann als ein Versuch gewertet werden, die Externalitäten abzuschwächen, die der Kapitalismus im Zuge der Erschaffung der sogenannten Risikogesellschaft erzeugt.[33] Banken und Wertpapiermärkte zählten zu den ersten Zielen der staatlichen Regulierungsbemühungen.[34] Diese Versuche, den Kapitalismus zu zähmen, verhinderten zwar nicht die wirtschaftlichen Krisen der späten 1920er- und 1930er-Jahre, stärkten aber die Argumentation für mehr Regulierung, nachdem diese Krisen abgeklungen waren.[35] Die Vereinigten Staaten setzten den New Deal um, ein umfassendes Reformpaket, das in erster Linie auf den Bankensektor und die Wertpapiermärkte abzielte, aber auch die finanzielle Förderung von Hausbesitzern und kleiner Unternehmen umfasste. Diese Maßnahmen brachten das kapitalistische System auf einen stabileren und gerechteren Weg. Nach dem Zweiten Weltkrieg wurde das Finanzsystem ebenfalls auf stabilere Füße gestellt: Jetzt wurde Koordination und nicht Konkurrenz zum neuen Paradigma der Wechselkursverhältnisse unter der Führung des neu gegründeten Internationalen Währungsfonds (IWF) im Bretton-Woods-System.[36] Durch die Kopplung des Dollars an das Gold waren alle anderen bedeutenden Währungen an den Dollar gebunden, und durch fest etablierte Instrumente zur Kontrolle der Kapitalflüsse war die finanzielle Stabilität nahezu garantiert. Der Umstand, dass dies die Finanztätigkeit einschränkte, wurde damals als akzeptabler Preis betrachtet.

Innerhalb weniger Jahrzehnte jedoch wurden ebendiese regulatorischen Maßnahmen als repressiv gebrandmarkt.[37] Noch bevor irgendeine davon gelockert wurde, waren bereits viele Sicherungsmechanismen außer Kraft gesetzt, die zur

Bändigung des Finanzkapitals etabliert worden waren.[38] Juristische Tricksereien hatten die Kapitalkontrolle schon lange vor der Abschaffung des Goldstandards durch die USA im Jahr 1971 geschwächt und bereiteten den Weg für die Freizügigkeit des Kapitals sowie ein viel lockereres regulatorisches Regime.[39] Private Akteure auf der Suche nach Profitmöglichkeiten erfanden Swap-Geschäfte, um Schlupflöcher in dem rechtlichen Gerüst auszunutzen, das zur Aufrechterhaltung des Systems der Kapitalflusskontrolle errichtet worden war, und profitierten von der Nachsicht der Regulierer, wenn ihnen in Dollar geführte Bankkonten in ausländischen Jurisdiktionen angeboten wurden.[40] In der Folge wurde die Koordination der weltweiten Kapitalflüsse aus den Händen des IWF genommen und den Märkten übergeben, während die Regulatoren in den USA und in Großbritannien, den Kernländern der globalen Finanzindustrie, einfach wegschauten.

Wie der Finanzsektor der regulatorischen Kontrolle innerhalb von Jahrzehnten nach seiner Einhegung entging, verdeutlicht das Zusammenspiel der beiden Korpora des kapitalistischen Rechts, nämlich des öffentlichen und des privaten. Einfach formuliert, ist das öffentliche Recht jenes, das das staatliche Handeln bestimmt, oder die vertikale Beziehung zwischen dem Staat und seinen Bürgern; das Privatrecht bestimmt im Gegensatz dazu die horizontale Beziehung zwischen freien und autonomen Individuen. Die Vorstellungen von der freiheitserweiternden Macht des Privatrechts wurden im 19. Jahrhundert als Gegengift gegen die stärkere Einmischung des Staates in gesellschaftliche und ökonomische Belange geprägt.[41] In den 1920er- und 1930er-Jahren stellten die Rechtsgelehrten die Unterscheidung zwischen öffentlich und privat grundsätzlicher infrage, indem sie bemerkten, dass am Ende alles Recht die Rückendeckung durch den Staat benötigt, und die Idee von autonomen Sphären unter dem Privatrecht in

Zweifel zogen, die von mächtigen privaten Akteuren nach eigenem Gutdünken ausgenutzt werden konnten.[42] In diesem Lichte betrachtet, ist jedes Recht öffentlich.[43]

Diese Konklusion übersieht allerdings die Tatsache, dass der Einfluss des öffentlichen Rechts auf die Sphären des Privatrechts hoch umstritten ist. Zwar besteht immer die Möglichkeit, dass der Staat Gesetze oder Vorschriften erlassen wird, um privates Handeln zu restringieren, doch solche Restriktionen können und werden oft durch private Akteure juristisch angegriffen. Noch wichtiger ist allerdings, dass diese Schlussfolgerung die Perspektive derjenigen ignoriert, die von privaten Akteuren durch das Recht regiert werden. Elizabeth Anderson hat erklärt, dass »*die private Qualität einer Regierung im Verhältnis zum Regierten definiert wird, und nicht im Verhältnis zum Staat*«.[44] Für die Regierten zeichnet sich die private Regierung dadurch aus, dass sie sie aus dem Entscheidungsprozess ausschließt. Dies ist jene Art von Regierung, die in vorrepublikanischen Zeiten existierte, in denen man die Autoritäten nicht ohne Angst vor Vergeltung infrage stellen durfte und die Partizipation an der Regierung einigen wenigen Getreuen oder solchen Untertanen vorbehalten war, die zu mächtig waren, als dass man sie hätte ignorieren können.[45] Von entscheidender Bedeutung war dabei, dass auch die private Regierung im Recht gemacht wird. Der Staat duldet Unternehmen, die die Kontrolle über die Arbeit innehaben, und hat gelegentlich auch die Anrufung von Antitrustgesetzen oder des Eigentumsrechts gegen Gewerkschaften zugelassen. Für die Regierten war es nicht so sehr von Bedeutung, ob sie einer privaten oder einer öffentlichen Regierung unterstanden, als vielmehr die unmittelbare Realität, der sie sich gegenübergestellt sahen – dass sie nämlich von Machthabern (Einzelpersonen, zumeist aber Unternehmen) beherrscht wurden, die ihnen gegenüber keine Rechenschaft schuldig waren.

Theoretiker des Privatrechts vertreten eine radikal unterschiedliche Auffassung von ihrem Gegenstand. Sie betonen den Aspekt der Freiheit gegenüber der staatlichen Bevormundung und den der individuellen Autonomie gegenüber kollektiven Bedürfnissen. Hanoch Dagan und Avihay Dorfman, die dem progressiven Flügel des legalen Liberalismus angehören, definieren *Privatrecht* als »das Recht, das unsere horizontalen Interaktionen in einer Vielzahl von Situationen steuert, in denen wir in unserer Kapazität als Personen statt als Bürger auf andere Personen treffen, oder, allgemeiner ausgedrückt, als Angehörige einer politischen Gemeinschaft«.[46] So wie Anderson weisen auch Dagan und Dorfman die übliche Unterscheidung zwischen dem privaten und dem öffentlichen Recht zurück, die sich primär auf die Rolle des Staates fokussiert. Doch während für Anderson die Perspektive der Regierten im Mittelpunkt ihrer Betrachtung steht, ist es bei Dagan und Dorfman die Beziehung freier Individuen, von denen jedes seinen legitimen Interessen nachgeht, die aber durch ihre wechselseitige Achtung aneinander gebunden sind.

Die entscheidende Frage ist, welche dieser Auffassungen die Beziehungen zwischen nominell privaten Parteien – das heißt individuellen oder Entitäten, die keine öffentlichen Funktionen innehaben – im Kapitalismus am genauesten wiedergibt. Nach meinen Erkenntnissen kommt die Vorstellung von privaten Regierungen der empirischen Realität näher als die Idee, dass sich Menschen als autonome Wesen in einem Raum außerhalb der Politik und der Gemeinschaft begegnen. Es mag der Fall sein, dass manche der rechtlichen Institutionen im bestehenden Recht jene normativen Ideale widerspiegeln, die Dagan und Dorfman in ihrer interpretatorischen Theorie des Privatrechts unterstreichen. Die meisten Transaktionen, an denen die meisten Menschen im Alltag beteiligt sind, finden allerdings nicht von Angesicht zu Angesicht statt. Vielmehr spielen sie sich zwischen natürlichen und juristischen Personen ab und werden von Verträgen bestimmt, die nicht das

Ergebnis eines gleichen und fairen Aushandlungsprozesses zwischen den beiden Parteien sind, sondern Standardverträge, die die stärkere Partei der schwächeren aufnötigt. Das Gleiche gilt für die globale Sphäre, wo multinationale Konzerne und nicht einzelne Unternehmer die Bedingungen für globale Lieferketten und sogar für die Regierungen von Ländern festlegen, in denen sie als ausländische Investoren tätig sind.

Tatsächlich diente das Privatrecht mit der Hilfe der drei Eigenschaften des kapitalistischen Rechts, die ich bereits oben genannt habe – private rechtliche Ermächtigung, ein dezentralisierter Zugang zu den zentralisierten Zwangsmitteln des Staates und die Rechtsarbitrage –, als Waffe bei der Dekonstruktion der Schutzmechanismen gegen den Kapitalismus, die nach dem Zweiten Weltkrieg eingerichtet worden waren. Die erste Eigenschaft, rechtliche Ermächtigung, erkennt die Tatsache an, dass das Recht private Akteure mit der Macht ausstattet, es zu ihrem eigenen Vorteil und selbst auf Kosten anderer zu nutzen. Das Recht legt Mindestbedingungen für den Abschluss eines Vertrags oder für ein durchsetzbares Eigentumsrecht fest, überlässt alles andere allerdings privaten Parteien, die »frei« dazu sind, das Recht auf eine Weise zu nutzen, welche ihren Interessen maximal entgegenkommt.

Das Kernmerkmal moderner Staatlichkeit besteht darin, dass sie die Mittel des körperlichen Zwangs zentralisiert hat; das heißt aber nicht, dass nur staatliche Akteure Zugang zu diesen Mitteln hätten. Der Erfolg rechtlicher Abenteuer und die Ausdehnung der Märkte, die er herbeiführt, hängt von der Selbstverpflichtung ab, die private Akteure sich wechselseitig als verbindlich oder vor Gericht durchsetzbar geben. Die zweite Eigenschaft des kapitalistischen Rechts, der Zivilprozess, ist das Mittel, durch das die Parteien Zugriff auf diese zentralisierten Zwangsmittel haben können und das es den Parteien mit den richtigen Ressourcen gestattet, sich Praktiken zu bedienen, die in ihren extremsten Formen sich bis zur

Lawfare auswachsen können.[47] Sie verklagen andere schon vorbeugend, reizen die Grenzen des Rechts in der Hoffnung aus, dass mögliche Kontrahenten es nicht wagen würden, wiederum sie zu verklagen, oder nutzen ihre Verhandlungsmacht dazu, das Risiko einer Klage durch andere zu reduzieren, indem sie Verzichtserklärungen oder obligatorische Schiedsgerichtsklauseln ins Spiel bringen.

Die Rechtsarbitrage, die dritte Eigenschaft, macht deutlich, wie Akteure mit größeren Ressourcen das Recht umgehen können. Letzteres ist unweigerlich unverständlich und lässt daher gehörigen Raum für Interpretationen, das Ausnutzen von Schlupflöchern und für die Analogiebildung, auch wenn dies das Recht von seinem ursprünglichen Ziel ablenkt.[48] Gelegenheiten für eine Rechtsarbitrage greifen dann besonders stark um sich, wenn sich verschiedene rechtliche oder regulatorische Regimes überschneiden, wie sie es in föderalen Systemen notwendigerweise tun – zum Beispiel an der Schnittstelle von öffentlichem und privatem Recht, aber auch in transnationalen Transaktionen, bei denen oft mehr als eine Jurisdiktion involviert ist. Wenn Rechtssysteme privaten Akteuren die Macht geben, das rechtliche Regime auszuwählen, das für ihre privaten Transaktionen gelten soll, dann kann die Rechtsarbitrage auf eine vollkommen neue Stufe gehoben werden. Weil immer mehr Länder die Wahlmöglichkeiten für private Akteure erweitert haben, nutzten Letztere die Möglichkeit, unter verschiedenen rechtlichen Systemen auszuwählen und das anzuwenden, welches am besten zu ihren Bedürfnissen in Bezug auf ihre Vertragsgestaltung, ihre Unternehmensorganisation und ihre Steuer- oder regulatorischen Regime passte. In der Theorie kann jedermann sich die Rechtsarbitrage zu Nutze machen; in der Praxis jedoch dient sie Akteuren mit genügend Ressourcen dazu, Anwälte anheuern zu können, die ihnen dabei helfen, sich in einem Labyrinth aus nationalen und internationalen Rechtsvorschriften zurechtzufinden, um eine Rechtswelt zu konfigurieren, die für sie am besten funktioniert.

Diese drei Eigenschaften des kapitalistischen Rechts helfen dem Kapitalismus zusammengenommen dabei, die rechtlichen Beschränkungen zu umgehen, die gegen seine Auswüchse in Stellung gebracht worden waren oder die einzelne Aspekte des sozialen Lebens davor schützen sollen, seiner Logik unterstellt zu werden, nämlich des Primats der Profitmaximierung gegenüber allen anderen Werten. Versuche, ihn durch gesetzliche Interventionen zu regulieren – zum Beispiel durch die Stärkung von Arbeitnehmerrechten oder durch die Verwendung des Steuersystems zur Umverteilung eines Teils seiner Profite –, waren nicht gänzlich erfolglos. Aber sie konnten der Welle der kapitalistischen Expansion und Subordination nicht standhalten, weil ihre Effekte oft durch rechtliche Gegenstrategien stillgestellt wurden. Sobald ein Gegenstand, der einstmals reguliert war, aus der öffentlichen Wahrnehmung verschwindet oder eine Krise sich legt, entwickeln Anwälte neue privatrechtliche Strategien für ihre Mandanten, die dabei helfen, sich dem Zugriff des öffentlichen Rechts und der Regulierung zu entziehen. Und wenn die Zahl der Akteure steigt, die sich diesem Trend anschließen, dann ist es nur noch eine Frage der Zeit, bis der Kapitalismus sich wieder intensiviert. Die Mächte, die hier am Werk sind, sind stets dieselben: individuelle Ermächtigung versus kollektive Entscheidungsfindung, kombiniert mit einem dezentralisierten Zugriff auf Zwangsmittel und eine ungezügelte Rechtsarbitrage und gerechtfertigt durch Ideen vom Vorrang privater vor öffentlichen Regierungen. Und diese Mächte haben es dem Kapitalismus erlaubt, sich selbst immer wieder von legalen Beschränkungen freizumachen.

Das Verhältnis zwischen (formellem) Recht und (informellen) Normen war stets angespannt. Kritiker des Staates warfen ihm die willkürliche Aufstellung von Regeln vor, die mit den Normen kollidieren, die Gesellschaften auch sehr gut alleine entwickeln können. Mit Friedrich Hayek gilt: »Das Recht ist älter als die Gesetzgebung«, was bedeutet, dass das Recht keinen Staat braucht und letztlich am besten von unten her aufgebaut wird.[49] Nicht jede Rechtssetzung von unten ist jedoch normativ wünschenswert. Gesellschaftliche Normen und Konventionen zementieren die Machtverhältnisse oft so fest, dass die schwächeren Mitglieder der Gesellschaft es schwierig finden, ihnen zu entgehen, wodurch ihnen keine Mittel bleiben, mit denen sie die gegebene Ordnung infrage stellen könnten. Die Fähigkeit von Frauen, über ihren Körper selbst zu bestimmen, bleibt, um nur ein Beispiel zu nennen, in den meisten Gesellschaften auf der Welt prekär, weil das Recht so angelegt ist oder so ausgelegt wird, dass es mit patriarchalen Normen (wieder) im Einklang ist.[50]

In formalen Rechtssystemen ist die explizite Rechtssetzung von gesellschaftlichen Normen abgegrenzt, was es bis zu einem bestimmten Grad ermöglicht hat, Alternativen, Ergänzungen und Umschiffungen bestehender Sitten und Gebräuche zu erzeugen.[51] Die modernen Staaten wurden auf mehr als eine Weise zu Modernisierern des Rechts. Sie bekräftigten die Vorstellung von individuellen Rechten, die losgelöst vom sozialen Status waren. Dabei wurde das Privatrecht, das den modernen Nationalstaaten und dem demokratischen Konstitutionalismus voranging, oftmals ohne jede Sichtung in jene verfassungsmäßigen Ordnungen inkorporiert, die aus den Kämpfen mit absolutistischen Herrschern hervorgingen. Auf diese Weise wurden Rechtsansprüche, die im Privatrecht existierten, als verfassungsmäßige Rechte festgeschrieben, die nicht nur gegenüber anderen privaten Parteien durchgesetzt werden konnten, sondern auch gegenüber dem Staat. Die Ermächtigung der Einzelnen durch das Verfassungsrecht mag als ein Gegengewicht zur Macht des Staates und der Gefahr ihres Missbrauchs intendiert gewesen sein; allerdings legten solche rechtlichen Bevollmächtigungen die Grundlagen für das Anwachsen privater Macht in den Händen derjenigen, die wussten, wie sie es anstellen mussten, und über die Ressourcen verfügten, um ihre rechtlichen Bevollmächtigungen zur Ausweitung ihrer Kontrolle über andere zu benutzen. Was fehlt, sind Mittel zur Einhegung privater Machtinhaber, ähnlich denen, die dazu herangezogen werden, die Macht des Staates im Zaum zu halten. Besonders in den USA sind Verfassungsnormen umgestaltet worden, um Unternehmen dazu zu ermächtigen, Rechtsansprüche als legale *Personen* zu erheben, die für Menschen, genauer gesagt für befreite Sklaven geschaffen worden sind. Private Unternehmen haben es also vermocht, ein Eigentumsrecht als Abwehrschild gegen Regulierungen und ein Recht auf freie Meinungsäußerung zur Finanzierung von Wahlkampagnen für sich in Anspruch zu nehmen sowie Gerichte zu dem Urteil zu bewegen, dass Gesetze, nach denen Gewerkschaften Zutritt zu den Liegenschaften von Arbeitgebern hatten, als entschädigungslose Enteignung galten und zurückgenommen werden mussten.[52]

Das Scheitern von rechtebasierten gesetzlichen Ordnungen daran, ein gerechtes Rechtssystem zu etablieren, wird in der Literatur häufig erwähnt.[53] Das Recht »ist irgendwo falsch abgebogen«, wie mein Kollege Jamal Greene es für den amerikanischen Kontext ausgedrückt hat.[54] Er sieht die Schuld dafür bei einem zu formalistischen Verfahren für die Konzeption von Rechten, welches der US Supreme Court vorgegeben hat und das einige »fundamentale« Rechte gegenüber anderen privilegiert, ohne einzusehen, dass es eine Balance unter allen Rechten braucht. Man könnte diese Kritik auch noch einen Schritt weiter führen. Das Beharren auf privaten Rechten ohne wirksame Kontrollmechanismen hat den Siegeszug privater Macht ohne wirksame rechtliche Beschränkungen ermöglicht. Eine bloß formal geäußerte Zustimmung, die rasch durch das Anklicken eines Kästchens neben dem Satz »Ich stimme zu« auf einer Website oder durch eine Unterschrift dort erteilt wird, wo in Dokumenten, die zu lang sind, um sie lesen zu können, und zu kompliziert, um sie zu begreifen, bereits Hinweise an den entsprechenden Stellen eingeklebt sind, ist der Mechanismus, durch den Millionen Menschen die private Regierung im Amt bestätigen.

Die Macht des Staates hingegen ist viel mehr Zwängen unterworfen worden, zumindest in konstitutionellen Demokratien. Man sollte Wahlen zwar nicht mit Demokratie verwechseln, aber sie sind eine der vielen Mechanismen, mit denen Amtsinhaber zur Verantwortung gezogen werden können. Weitere Mechanismen umfassen die Dreiteilung der staatlichen Gewalt in Exekutive, Legislative und Judikative sowie den Schutz von Individualrechten, die gegen den Staat ins Feld geführt werden können, um nur die geläufigsten zu nennen. Im Vergleich dazu bestehen zur Einhegung privater Rechte viel weniger Möglichkeiten. Das Zivilverfahren ist zwar eine Option, schreckt potentielle Kläger durch seine Kosten aber oft ab; zudem schränken limitierte Klagebefugnisse den Zugang zu den Gerichten häufig ein, und Bestimmungen über obligatorische Schlichtungsverfahren können ihn gänzlich verunmöglichen.[55] Doch private Akteure sind in ihrem Kampf gegen die private Macht nicht allein; auch Staaten können gegen sie mobilisiert werden. Die mächtigsten Waffen, die Letztere ersonnen haben, um private Macht unmittelbar zu kontrollieren, sind die Besteuerung, die Kartellgesetzgebung, Strafzahlungen und strafrechtliche Sanktionen. Doch diese sind in ihrer Reichweite und in ihrer Effektivität begrenzt, und oft fehlen den Staaten auch die Ressourcen, um sie durchzusetzen, oder sie fürchten die Rache des Kapitals, das sich in Reaktion auf solche Maßnahmen an ihm juristisch freundlicher gesinnte Gestade verfügen könnte. Zudem rühren sie nicht an den eigentlichen Ursachen des Machtungleichgewichts, sondern versuchen lediglich, es im Nachhinein zu minimieren, was oft zu spät ist.

Macht und der mögliche Machtmissbrauch waren die wichtigsten Anliegen der Politologie seit der Aufklärung. Private Eigentümer mögen zwar nicht die Mittel des physischen Zwangs zur Verfügung haben, wie es bei Staaten der Fall ist, aber eine »private Regierung« wird von den ihr Untergebenen oft als ebenso unterdrückerisch wahrgenommen wie eine staatliche.[56] Ein gerechtes Rechtssystem würde hingegen die Verantwortlichkeit aller Machtinhaber voraussetzen. Doch dies verlangt, wie ich hier darlegen möchte, eine andere normative Grundlegung für das Privatrecht sowie für Institutionen, die sie beschützen. Die Macht privater Akteure muss durch die Rechte anderer begrenzt werden und Rechte müssen mit der wechselseitigen Verpflichtung einhergehen, sicherzustellen, dass andere ähnliche Chancen haben, ihren Interessen nachzugehen, und nicht unter dem Diktat der Mächtigeren leben. Dieser Gedanke spiegelt sich im Befähigungsansatz wider, den Amartya Sen und Martha Nussbaum entwickelt haben und auf dem ich im letzten Kapitel dieses Buches aufbauen werde, um einen Weg über das kapitalistische Recht hinaus zu skizzieren.[57]

Der Rekurs auf die menschlichen Fähigkeiten ist nicht nur ein Appell an einen Staat oder eine einzelne Gesellschaft, Bedingungen zu schaffen, die es anderen ermöglichen, ein Leben zu führen, das sie wertschätzen können. Unter kapitalistischen Gesetzen entziehen sich private Akteure ihren Verpflichtungen gegenüber anderen und der Gesellschaft insgesamt, weil sie ihre wirtschaftliche Macht mit rechtlichen Befugnissen, dem Zugang zu Zwangsmitteln und einer Rechtsarbitrage kombinieren, um ihre Macht zu legitimieren und festzuschreiben. Die Kehrseite dessen ist, dass anderen – nämlich der Mehrheit der Menschen – ähnliche Möglichkeiten verwehrt bleiben. Sie sind oft der Herrschaft anderer unterworfen, ohne diese zur Rechenschaft ziehen zu können.[58]

Dieses Buch baut auf einer langen Geschichte von Kritiken am Kapitalismus auf. Die Literatur kann dabei grob in die drei Lager Marxismus, Keynesianismus und Institutionalismus unterschieden werden, wobei jedes davon noch viele weitere Untergruppen aufweist. Forscherinnen und Forscher, die der einen Denkschule anhängen, vertreten oft auch manche Positionen, die für eine andere Schule zentral sind. Dies macht die Klassifizierung schwierig und leicht angreifbar. Trotzdem könnte es hilfreich sein, an dieser Stelle die entscheidenden Gedanken jedes Lagers zu nennen und deutlich zu machen, wie sich mein eigener Ansatz zu diesen verhält.

Der Marxismus ist nach wie vor der dominante Ansatz für die Kapitalismuskritik. Marx und Engels haben zwar nie eine vollständige Theorie des Staates und des Rechts entwickelt, aber ihre einschlägigen Ideen lassen sich aus ihren Schriften herausdestillieren.[59] Zentral ist dabei der Klassenkampf, besonders der Antagonismus zwischen Arbeit und Kapital. Machtverhältnisse und ein Bewusstsein für die materiellen Bedingungen, die sie widerspiegeln, sind der bleibende und vermutlich auch wichtigste Beitrag der marxistischen Theoriegeschichte. Nur durch Überwindung der materiellen Verhältnisse, die den Kapitalismus ermöglichen, können diese Machtkämpfe obsolet werden. In den letzten Jahrzehnten haben Gelehrte aus der marxistischen Theorietradition begonnen, die verhältnismäßig große Bedeutung der Arbeit in spätkapitalistischen Gesellschaften infrage zu stellen, indem sie auf technologische Wandlungsprozesse hinwiesen, die zahlreiche Arbeitsplätze vernichten und neue Erklärungen für die Quelle des vom Kapital extrahierten Mehrwerts jenseits der Ausbeutung der Arbeit verlangen.[60] Marxistische Forscherinnen und Forscher haben außerdem die Diskussion über das Verhältnis von Politik und Wirtschaft neu entfacht und haben die grobschlächtige Vorstellung vom Staat und seinem Rechtssystem als bloßen Machtinstrumenten in den Händen der herrschenden Klasse entschieden hinter sich gelassen. Stattdessen haben sie sich bemüht, die *relative* Autonomie des Rechts des Staates in den existierenden kapitalistischen Regimen zu erklären.

Für die Keynesianer stehen die Wirtschaft, ihre Produktivität und die Rolle des Geld- und Finanzwesens für die Investitionstätigkeit im Mittelpunkt.[61] Machtverhältnisse treten hingegen in den Hintergrund, und der Staat und sein Rechtssystem sind bei der Analyse der Triebkräfte des Kapitalismus zwar im Spiel, aber nicht von wesentlicher Bedeutung. Eine gewisse Ausnahme stellt Hyman Minsky dar, der sich der Relevanz des Rechts für den Aufbau eines Finanzsystems sehr bewusst war, welches er als dem Kapitalismus inhärent, zugleich aber auch als inhärent instabil beschrieb.[62] Minsky entwickelte sogar eine rechtliche Reformagenda, die sowohl das Finanzsystem als auch den Unternehmenssektor und das Wettbewerbsrecht bei seinem Versuch ins Visier nahm, ein stabileres ökonomisches System zu konzipieren.[63] Die bedeutendste Leistung des Keynesianismus bleibt die Fokussierung der Analyse des Kapitalismus auf den Geld- und den Finanzsektor, die Minsky zu der Einsicht führte, dass der Kapitalismus im Grunde ein Finanzsystem ist, wenn auch eines, das sich von den Idealen des modernen Finanzwesens unterscheidet.[64] Dieser Ansatz hat den Fokus der ökonomischen Analyse von der Produktion zur Investition verschoben und vom Antagonismus zwischen Arbeit und Kapital hin zu einem komplexeren Verständnis des Verhältnisses zwischen dem, was Marx als »zirkulierendes« Kapital einerseits und der Gesellschaft als Ganzer andererseits beschrieben hat.[65]

Das dritte Lager, der Institutionalismus, schließlich umfasst eine Reihe von Ansätzen, die ihre Auffassung vom Kapitalismus aus der Analyse seiner maßgeblichsten Institutionen ableiten, wozu Eigentumsrechte, die Kapitalgesellschaft sowie das Geld- und Kreditwesen gehören. Die prominentesten Beiträge dieser Strömung umfassen Max Webers Rechtssoziologie ebenso wie die Werke der »alten« Institutionalisten wie John Commons und Thorstein Veblen sowie von Rechtsrealisten wie etwa Robert Hale.[66] Nach ihrer Ansicht war das Recht, das Veblen als »Regelwerk der Gesellschaft« bezeichnet hat, von entscheidender Bedeutung dafür, die Logik des sozioökonomischen Systems zu verstehen. Sie versuchten, das Wirken des Rechts auf induktive Weise herauszustellen und dabei zugleich einen kritischen Blick darauf zu werfen, wie manche Institutionen die Aussichten auf Freiheit und Gleichheit untergruben – Themen, die in der Critical-Legal-Studies-Bewegung der 1970er-Jahre wiederaufgegriffen werden sollten.[67] Im Gegensatz dazu hatte die Neue Institutionenökonomik, die mit Volkswirtschaftlern wie Douglass North und Oliver Williamson assoziiert wird, das Recht auf Privateigentum und besonders das Vertragsrecht als Vorboten ökonomischer Effizienz idealisiert, dem Goldstandard bei der Beurteilung von Institutionen besonders in der neoliberalen Ära.[68] Andere Institutionalisten, darunter Geoffrey Hodgson, sind zu einer evolutionären oder, wie Wolfgang Streeck, marxistischen Tradition zurückgekehrt, die Institutionen als Spiegelbilder der ihnen zugrunde liegenden gesellschaftlichen Dynamiken betrachtet, wozu auch der Klassenkampf gehört.[69] Diese verschiedenen Denkschulen eint ihr Interesse an Institutionen als Elementen sozialer Ordnungen – an ihren Ursprüngen, ihrer Entwicklung sowie daran, wie sie Erwartungen, Verhaltensweisen und Ergebnisse prägen. Diese verschiedenen Zweige der institutionalistischen Analyse kommen zwar darin überein, dass Institutionen alle Aspekte von Wirtschaft und Gesellschaft sowie des politischen Systems durchdringen, haben aber unterschiedliche Ansichten über ihre Genese

(Emergenz versus Design), ihre Neigung dazu, sich mit der Zeit zu verändern (Pfadabhängigkeit kontra kontinuierlicher Wandel) und ihre Rolle bei der Prägung kontra bloßer Reflexion von Macht- und Abhängigkeitsbeziehungen.

Der Institutionalismus muss daher eher als ein Ansatz zur geistigen Durchdringung komplexer sozialer Systeme statt als eine umfassende Gesellschaftstheorie betrachtet werden.[70] Abhängig von der gestellten Frage und der theoretischen Ausrichtung des betreffenden Wissenschaftlers oder der betreffenden Forscherin kann sich die Ausweitung von Institutionen auf das breitere soziale System, das sie konstituieren und in dem sie agieren, auf Märkte, Unternehmen oder politische Einheiten konzentrieren oder stattdessen besonders auf Rationalität, Effizienz oder Machtbeziehungen absteigen. Die Heranziehung von Institutionen als Ausgangspunkt für die eigene Analyse legt also, kurz gesagt, keine dieser Entscheidungen fest und ersetzt nicht die Debatten über soziale Normen und Ziele.

Mein eigener Ansatz nimmt seinen Ausgang von einer Variante des Institutionalismus – nämlich dem »Rechtsinstitutionalismus« –, allerdings mit einer kräftigen Prise politischer Ökonomie versehen.[71] Institutionen sind nicht neutral, sondern spiegeln unsere Machtverhältnisse wider und konstituieren sie sogar, wie man wohl sagen könnte. Ich glaube, dass es sich lohnt, gesellschaftliche Systeme von einem rechtlichen Standpunkt aus zu untersuchen – allerdings nicht, weil das soziale Leben insgesamt vom Recht determiniert oder das Recht eine überlegene Form der Organisation von Gesellschaften im Vergleich zu informellen Regeln wäre.[72] Vielmehr bin ich davon überzeugt, dass soziale Systeme, die das Recht gebrauchen, sich von solchen unterscheiden, die informelle gesellschaftliche Normen dem formalen Recht überordnen, und dass sie daher besondere Beachtung verdienen. Formale Rechtssysteme bringen einen ganzen Apparat von Gesetzgebern, Rechtsinterpreten und Rechtsdurchsetzern hervor, die es nutzen, um soziale Beziehungen zu prägen – allerdings nicht unmittelbar, sondern im Schatten der Zwangsbefugnisse des Staates. Das Rechtssystem institutionalisiert diese Befugnisse und bestimmt, wer sie zu welchem Zweck mobilisieren darf. Es erzeugt damit sowohl öffentliche als auch private Macht und hegt besonders erstere ein. Wie es das tut, wer die Inhalte und die Bedeutung von rechtlichen Regeln bestimmt und wer im Ergebnis profitiert und verliert, sind die Fragen, die eine politische Ökonomie des Rechts zu beantworten helfen kann.

Mit diesem Buch hoffe ich, nicht nur ein tieferes Verständnis des kapitalistischen Rechts zu ermöglichen, das von grundlegender Bedeutung für den Kapitalismus war und seine Vorherrschaft jahrhundertelang gesichert hat, sondern auch, einige Pfade über dieses System hinaus zu skizzieren. Die Analyse kombiniert deshalb die Diagnose mit normativen Zielen und darüber hinaus mit einem Fingerzeig in die Richtung, in die ein normativer und institutioneller Wandel angestrengt werden sollte. Gleichzeitig widersteht sie der Versuchung, eine Utopie für ein Leben nach dem Kapitalismus zu entwerfen. Utopien haben als prognostische Instrumente für reale künftige Veränderungsprozesse historisch nicht gut abgeschnitten, und hinzu kommt noch, dass die größte antikapitalistische Utopie – der Kommunismus – nicht nur gescheitert ist, sondern dass auch der als Zwischenlösung gedachte Sozialismus im sowjetischen Stil zutiefst enttäuschend war. Ein real existierender Kapitalismus oder Sozialismus sind allerdings nicht die einzigen Möglichkeiten, sozioökonomische Systeme zu organisieren. Uns von dieser binären Auswahlmöglichkeit zu befreien, ist der erste Schritt, um Alternativen zu beiden Systemen zu erwägen und einen Weg zu sozialer Gerechtigkeit durch das Recht vorzuzeichnen.[73]

Der Fahrplan für dieses Buch lautet wie folgt: Die Kapitel 2 bis 5 legen eine Diagnose des kapitalistischen Rechts, darunter auch von Rechtstheorien (Kapitel 2), sowie eine kritische Analyse der Kernmerkmale dieses Rechts vor – nämlich der privaten rechtlichen Ermächtigung (Kapitel 3), des dezentralisierten Zugangs zu den Zwangsmitteln des Staates (Kapitel 4) und der Rechtsarbitrage (Kapitel 5). Anschließend findet eine Diskussion der Frage statt, welche Art von transformativem Wandel benötigt wird. Dieser muss sich, wie ich zeigen werde, auf das Recht konzentrieren (Kapitel 6). Das letzte Kapitel (Kapitel 7) will einen Weg über den Kapitalismus hinaus dadurch skizzieren, dass es deutlich macht, wie eine Veränderung in seinen normativen Grundlagen dabei helfen könnte, einen tiefen Wandlungsprozess von innen her zu provozieren.

2
Theorien des kapitalistischen Rechts

Gibt es ein kapitalistisches Recht? Diese Frage wird heutzutage selten gestellt. Rechts- und Politikwissenschaftler sind eher an allgemeinen Theorien des Rechts, des Staats oder des Marktes interessiert und neigen dazu, diese Theorien mit näheren Bestimmungen zu versehen, um die Variationen des Themas abzubilden – zum Beispiel im Rahmen der Theorie des »neoliberalen« oder des »Sozialstaats«. Die Ökonomen und Ökonominnen tendieren auf ähnliche Weise dazu, den Kapitalismus mit der Marktwirtschaft gleichzusetzen, ohne dabei zu berücksichtigen, dass ein Tausch von Gütern und Dienstleistungen auf dem freien Markt nicht implizieren muss, dass das Kapital als Rechtsgegenstand gegenüber anderen Interessen privilegiert wird. Eine echte Marktwirtschaft würde tatsächlich gleiche Ausgangsbedingungen für alle Beteiligten voraussetzen, die dem Kapital seine rechtlichen Privilegien verweigern würden, die es als selbstverständlich erachtet. Rechtstheoretiker in der marxistischen Tradition haben dagegen lange Zeit behauptet, dass es keine allgemeine Theorie von Staat, Recht oder Wirtschaft geben könne, weil diese Systeme unweigerlich von Machtbeziehungen, ökonomischen Verhältnissen und Ideologien geprägt seien, die sie besonders machten – in diesem Fall besonders kapitalistisch.[1]

Klassische und neoklassische ökonomische Theorien haben wenig Geduld mit der Frage, wie das Recht ökonomische Beziehungen konstituiert, und behandeln es stattdessen als eine Externalität der Marktwirtschaft. Dies wurde schmerzhaft deutlich, als sich die Ökonomen von der Theorie zur Politik wandten und die ehemaligen sozialistischen Länder auf ihrem »Übergang« zu marktwirtschaftlich gestalteten Gesellschaften berieten. Sie gingen nämlich davon aus, dass es einen relativ direkten Weg vom Sozialismus zum Kapitalismus gebe, der zudem kaum mehr beinhaltete als den Ausschluss des Staates aus der Wirtschaft und die Erlaubnis an die Marktkräfte, das Ruder zu übernehmen.[2] Über drei Jahrzehnte nach dem Ende des Sozialismus sowjetischen Typs jedoch ringen die meisten Länder in der Region immer noch mit unfertigen Rechtsordnungen, die die normativen Bestrebungen und Präferenzen ihrer Bürger widerspiegeln. Die Vorstellung, dass Märkte und Demokratie zusammengehören, war ein Credo der 1990er-Jahre und trug zur Rechtfertigung radikaler Wirtschaftsreformen bei, und das sogar noch dann, als jene Gesellschaften darum rangen, überhaupt noch eine Mitsprachemöglichkeit über ihre eigene Zukunft zu haben. Das beste Beispiel dafür sind vielleicht Ungarn und Polen, die beiden Länder, deren Entwicklung gemeinhin als eine Erfolgsgeschichte darüber betrachtet wird, wie die Übernahme von Kapitalismus und Demokratie in der sozialistischen Welt abgelaufen ist.[3] Und trotzdem sind diese beiden Länder von einer Welle des autoritären Populismus überspült worden, der eine Feindseligkeit gegenüber dem Rechtsstaat und der allgemeinen ökonomischen Ordnung der Europäischen Union erzeugt hat, gerade jenen Institutionen gegenüber also, die sie so frenetisch begrüßten, als die alte sozialistische Ordnung zerfiel.[4]

Karl Polanyi wäre nicht überrascht gewesen. Er hat die Unterordnung der Gesellschaft unter das Marktprinzip als eine der Kernursachen für die Gegenbewegung gegen den demokratischen Konstitutionalismus und für den Siegeszug von Kommunismus und Faschismus im ersten Teil des 20. Jahrhunderts ausgemacht.[5] Seine Hoffnung darauf, dass das Ende des Zweiten Weltkriegs eine weitere »große Transformation« hervorbringen würde, die den Markt und seine Institutionen fester in die Gesellschaft einbetten würde, hat sich jedoch nicht verwirklicht.[6] Stattdessen hat sich der Kapitalismus erfolgreich von seinen Fesseln befreit, die ihm nach dem Zweiten Weltkrieg angelegt worden waren, darunter die Kontrolle von Kapitalflüssen und eine stärkere Betonung des öffentlichen gegenüber dem privaten Recht auf nationaler wie auf internationaler Ebene. Und mit dieser Entfesselung in den kapitalistischen Kernlanden – den USA und Großbritannien – dehnte er sich auch auf andere Teile der Welt aus und ließ kaum ein Land unberührt.

Die Vorstellung, dass kapitalistische Kräfte durch ein öffentliches Recht eingehegt werden könnten, unterstellt einen hohen Grad von Autonomie des Staates gegenüber privaten Befugnissen und auf internationaler Ebene die Fähigkeit einer Vielzahl von Staaten, ihr Handeln so aufeinander abzustimmen, dass sie die Limitierungen ihrer eigenen territorialgebundenen Macht überwinden können. Mehr noch, es setzt voraus, dass das öffentliche Recht eine Priorität gegenüber dem privaten besitzt, während in Wirklichkeit das Privatrecht der Quellcode für das Kapital ist und Letzteres darüber hinaus auch Zugang zu den Erzwingungskräften des Staates hat, mit dem es anderen seinen Willen überstülpen kann.

Das Privatrecht ist älter als der moderne Staat. Mehr noch, die demokratisch verfassten Staaten übernahmen die überkommenen privatrechtlichen Ordnungen und gewährten privaten Eigentumsrechten einen in der Verfassung festgeschriebenen Schutz, ohne ihre Inhalte und Reichweite zusammen mit anderen bürgerlichen und politischen Rechten zu bestimmen. Dies schirmte private Akteure vor offenkundigen Bedrohungen der von ihnen angehäuften Reichtümer durch den Staat mithilfe seines eigenen Rechts- und Zwangsapparats ab. Diese Abschirmungen wurden mit der Zeit auch dazu genutzt, Versuche des Staates zum Schutz der Gesellschaft vor Privatbefugnissen abzuwehren, damit sie nicht erneut dem Markt untergeordnet werde. Darüber hinaus hat die Interpretation der Rechte des Individuums als Naturrechte die Idee geschürt, dass Eigentumsrechte »natürlich« seien – im Gegensatz zu den Regeln und Vorschriften, die der Staat, ein künstliches Konstrukt, der Gesellschaft auferlegte.

Tatsächlich ist der Kapitalismus selbst ein Produkt des Rechts. Wohlpositionierte und materiell gut ausgestattete Akteure, bewaffnet mit den Instrumenten des Privatrechts, waren in der Lage, neue Vermögenswerte als Kapital zu codieren und die Grenzen des Rechts immer weiter auszudehnen, während sie zugleich jede Haftung und Verantwortung für die Schäden, die sie anderen zufügten, zurückwiesen. Das System ist ständig auf der Suche nach neuen Ressourcen, die als Kapital codiert werden können, und seine expansive Logik und sein Rückgriff auf Kredite zur Hebelung von Investitionen in eine unbekannte Zukunft deuten darauf hin, dass der Kapitalismus in sich instabil ist. Häufig steht er kurz vor dem Zusammenbruch, vor dem er lediglich durch die Mobilisierung sozialer Ressourcen – besonders staatlicher Gelder – gerettet werden kann. Dies hat nicht nur für die Verfasstheit der Märkte, sondern auch für die Gestalt von Politik und Gesellschaft erhebliche Folgen. Das Recht ist sowohl das Fleisch, von dem das Kapital Fleisch ist, als auch das Mittel, durch das sich demokratische Gesellschaften selbst regieren, Macht institutionalisieren und den Gebrauch von Zwang legitimieren.[7] Daraus folgt, dass der Kapitalismus nicht nur ein Wirtschaftssystem ist, das Investitionen befeuert, wie die Keynesianer behaupten, oder eine Ansammlung von Institutionen, die eine Volkswirtschaft prägen, wie die Vertreter der Neuen Institutionenökonomik annehmen, sondern ein soziales System, das durchdrungen ist von Macht, die als Recht institutionalisiert worden ist. Deshalb kommt es entscheidend darauf an, das Wechselspiel zwischen Staat, Recht und Ökonomie in kapitalistischen Regimen besser zu verstehen.

Rechtsgelehrte aus dem Inneren des kapitalistischen Systems haben ihr Recht nur selten als kapitalistisches analysiert oder seine spezifisch kapitalistischen Merkmale hervorgehoben, und das ungeachtet der Tatsache, dass einige rechtlichen Kodizes explizit als »bürgerlich« bezeichnet werden – wie etwa das deutsche *Bürgerliche Gesetzbuch*. Die Annahme, dass das Recht neutral ist, steht einer solchen Erkenntnis im Weg. Sogar das Feld des Rechtsvergleichs, das ein feineres Gespür für die Unterschiede zwischen Rechtskulturen hat, hat es weithin vermieden, das Label *kapitalistisches Recht* zu verwenden, und ist lieber bei der Bezeichnung *Privatrecht* geblieben. Es hat die Welt in verschiedene Rechtssysteme – den Römisch-germanischen Rechtskreis versus das Common Law – unterteilt, ohne allerdings eine klare Verbindung zwischen dieser Rechtsfamilie und dem von ihr organisierten kapitalistischen System herzustellen.[8] Das sozialistische Recht wurde der Genealogie der Rechtsfamilien erst verspätet und ohne den Versuch hinzugefügt, die existierende Klassifikation nach dem rechtlichen Ursprung entlang politisch-ökonomischer Kriterien zu überarbeiten; bald nach dem Ende des Sozialismus nach sowjetischem Vorbild wurde dann auch die sozialistische Rechtsfamilie verworfen.[9]

Im Gegensatz dazu erlebte das frühe 20. Jahrhundert eine hitzige Diskussion über das Wesen des kapitalistischen Rechts sogar im Westen, umso mehr aber noch im postrevolutionären Russland.[10] Zwei führende sozialistische Theoretiker legten kontroverse alternative Perspektiven auf das kapitalistische Recht vor: Karl Renner, ein österreichischer Rechtsgelehrter und Politiker, und Jewgeni Paschukanis, ein russischer Theoretiker des sozialistischen Rechts. Beide waren zutiefst vom historischen Materialismus beeinflusst, zogen aber unterschiedliche Schlussfolgerungen daraus.

Renner argumentierte, dass der Staat aus der Gesellschaft und, im Falle des Kapitalismus, aus hierarchisch strukturierten sozialen Beziehungen hervorgehe.[11] Mit Marx stimmt er darin überein, dass Eigentumsrechte gesellschaftliche Machtbeziehungen reflektieren, aber nicht verursachen. Im idealen Zustand der Welt, den Renner (wie vor ihm auch schon Engels) mit der Periode der einfachen Warenproduktion assoziiert hat, standen das Recht und die ihm zugrunde liegenden sozioökonomischen Umstände in vollkommenem Einklang miteinander.[12] Unter dem Kapitalismus hingegen treten sie auseinander und bringen zwei verschiedene Eigentumsarten hervor, eine rechtliche und eine ökonomische.[13] »[D]ie Kapitalfunktion, die ökonomisch das Eigentum ausmacht, die nun *Kern des Eigentums* geworden ist«, zeige, so Renner, »daß das *ökonomische Eigentum* mit dem *juristischen* nicht unbedingt zusammenfällt [...]«.[14] Das ökonomische Eigentum geht oft über das rechtliche hinaus und transformiert ein einfaches Recht auf eine Sache (ein Recht *in rem*) in ein komplexes Bündel sozialer Beziehungen.[15] Wichtig zu beachten ist allerdings, dass diese Transformation sich weithin ohne eine explizite Veränderung in der Legislative abspielt, sondern vielmehr bloß durch die Neuinterpretation und Neuausrichtung existierender Rechtsvorschriften stattfindet.

Renner verglich daher das Recht mit einem leeren Gefäß, das gemäß den zugrunde liegenden ökonomischen Bedingungen mit verschiedenen Inhalten gefüllt werden kann. Eigentumsrechte sind nicht immer gleich. Vielmehr schwanken ihre Gehalte je nach ökonomischem Regime. Es ist nicht das Recht als solches, das eine spezifische Allokation ökonomischer Macht verursacht, sondern ökonomische Machtrelationen, die dem Recht einen bestimmten Inhalt geben. Oft spielen Richter eine entscheidende Rolle bei der Sanktionierung der ökonomischen Umwandlung von Eigentumsrechten in legales Recht: »Die Kapitalfunktion wird auch rechtlich als Qualifikation der Sache behandelt«, schrieb Renner.[16]

In seiner Antwort auf Renners Theorie des Privatrechts verwarf Paschukanis diese Analyse aufgrund der Offenheit des Rechts bei Renner für verschiedene Inhalte, was von den positivistischen Neigungen des Autors zeuge.[17] Für ihn war es hingegen nicht die Substanz, sondern die *Form* des Rechts, die alles Recht inhärent kapitalistisch und es als solches unfähig dazu werden ließ, irgendeine neue Substanz in sich aufzunehmen.[18] Die Vorstellung von *gesetzlich* verbrieften Rechten und *legaler* Subjektivität im Verbund mit der Fetischisierung formaler *legaler* Gleichheit war die Quelle von Hierarchie und materieller Ungleichheit im Kapitalismus. Für Paschukanis erzeugt Hierarchie kein Recht, sondern ist selbst das Ergebnis einer bestimmten Form des Rechts – nämlich der Warenform.[19] Diese Form findet ihren Ursprung im Warenaustausch in Kombination mit dem Gedanken, dass Menschen selbst als Rechtssubjekte definiert sind und ihre Beziehungen zu anderen, zu Gegenständen und zur Natur allesamt durch ein Rechtssystem festgelegt werden, welches sie auf Waren reduziert.[20]

Nach Paschukanis besteht eine wesentliche Eigenheit des kapitalistischen Rechts in der Aufspaltung des Rechts in einen privaten und einen öffentlichen Teil. »Das subjektive Recht ist das primäre, denn es fußt letzten Endes im materiellen Interesse, das von der äußeren, das heißt bewußten Regelung des gesellschaftlichen Lebens unabhängig existiert«, wie er schrieb.[21] Der Gedanke von rechtlich geschützten individuellen Interessen (auch subjektive Rechte genannt) kann bis in die Zeit des Römischen Reichs zurückverfolgt werden. Wenn individuelle Rechte den Rang von Verfassungsrechten erhalten, treten sie in das Reich des Politischen ein, wo sie als freiheitsförderlich begrüßt werden. Trotzdem sind Verfassungen nach Paschukanis nur ein »Abglanz der privatrechtlichen Form in der Sphäre der politischen Organisation«.[22] Sie bieten materielle individuelle Interessen gegen kollektive Interessen auf und ordnen letztere den ersteren unter. Die ganze Rede von Konstitutionalismus und Rechtsstaat verschleiert kurzum nur die Tatsache, dass »[d]ie Macht eines Menschen über den anderen [...] als Macht des Rechts in die Wirklichkeit umgesetzt [wird], das heißt als die Macht einer objektiven unparteiischen Norm«.[23]

Im Gegensatz dazu haben zeitgenössische Rechtsrealisten die Ansicht vertreten, dass alles Recht im Grunde genommen öffentlich ist, weil selbst das Privatrecht letztlich durch die Macht des Staates abgesichert wird.[24] Paschukanis erwiderte, dass man genauso gut auch sagen könnte, dass »alles Staatsrecht einst Privatrecht war«.[25] Der entscheidende Punkt ist, dass das Recht ursprünglich einmal eins war, wohingegen das moderne Recht sich durch die Dualität von privatem und öffentlichem Recht auszeichnet, die erstmals in den Städten des Mittelalters aufkam. »Dort zerfallen die dem Land anhaftenden dinglichen und persönlichen Verpflichtungen früher als irgendwo anders in Steuern und Verpflichtungen zugunsten der Stadtgemeinde einerseits und in Pachtzins, dessen Grundlage das Privateigentum war, andererseits«, wie Paschukanis sagte.[26] Die Trennung des Rechts von der Substanz und die Erhebung individueller Rechte über kollektive Interessen führten zum kapitalistischen Recht. Paschukanis' Theorie von der Warenförmigkeit des Rechts hilft zu erklären, wie die materiellen Umstände das Recht prägen, aber auch, wie das Recht die gesellschaftlichen Beziehungen zu Rechtsbeziehungen zwischen formal gleichen Rechtssubjekten umdeutet. In seinem Werk hob er zwar hervor, dass der historische Materialismus die Grundlage seiner Analyse bildete; zugleich hielt dies ihn jedoch nicht davon ab, durch Anerkennung der Deutungsmacht des Rechts in institutionalistisches Territorium auszuscheren.

Die Theoriebildung über das kapitalistische Recht endete zwar nicht mit den Arbeiten von Renner und Paschukanis, nahm in der rechtswissenschaftlichen Forschung und im rechtstheoretischen Denken jahrzehntelang jedoch nur eine Nischenposition ein.[27] In der Sowjetunion machte der Stalinismus der lebhaften Debatte über das Wesen des Rechts in den 1920er-Jahren ein Ende; viele ihrer führenden Teilnehmer, darunter auch Paschukanis, wurden hingerichtet. Im Kapitalismus blieben Stimmen, die das Recht als grundlegend für den Kapitalismus ansahen, wie etwa die des Institutionalisten John Commons oder des Rechtsrealisten Robert Hale, marginalisiert.[28] Letzterer untersuchte zwar detailliert das innere Wirken rechtlicher Institutionen und ihren Einfluss auf Machtverhältnisse, Unterordnung und Ungleichheit, doch das hatte nur geringe Auswirkungen auf die vorherrschende Ideologie, der zufolge das Recht neutral sei. Dieses Mantra von der Neutralität des Rechts wurde nach dem Zweiten Weltkrieg wiederbelebt, nachdem offene Bezugnahmen auf den Faschismus aus den einschlägigen Gesetzestexten derjenigen Länder eliminiert worden waren, die sich ihm verschrieben hatten, unter anderem Deutschland, Italien und Japan. Vor dem Hintergrund des Kalten Krieges und der Ausbreitung des Sozialismus überall auf der Welt waren Gelehrte und Politiker im Westen darum bemüht, das Recht als eine neutrale Form der Schaffung sozialer Ordnung zu legitimieren. Selbst die Literatur zur vergleichenden Kapitalismusforschung widmete dem Recht nur wenig Aufmerksamkeit.[29]

Trotzdem erforschten manche Theoretikerinnen und Theoretiker die Rolle des Rechts im Kapitalismus auch weiterhin. Ein Beispiel ist Nicos Poulantzas, ein griechischer Rechtstheoretiker und Schüler des französischen Philosophen Louis

Althusser.[30] Dieser war weder ein Fan des Kapitalismus noch des real existierenden Sozialismus und entwickelte eine Kritik des Kapitalismus und seines Rechts, die auf der marxistischen Theorie aufbaut, aber auch nichtmarxistische Theorien wie die Michel Foucaults in sich aufnahm. Das kapitalistische Recht stelle eine »Axiomatisierung« dar, und sein »systematischer Charakter [beruht] auf der Grundlage abstrakter, allgemeiner, formaler und streng geregelter Normen«, wie er schrieb.[31] Und diese Form »steht in enger Beziehung zu den realen Fraktionierungen des gesellschaftlichen Körpers in der gesellschaftlichen Arbeitsteilung«.[32] Anstatt Sphären der Autonomie und der Freiheit für die Einzelnen gegenüber dem Staat bereitzustellen, wie es viele Liberale behaupten, zersplittern individuelle Rechte die Gesellschaft und machen sie dadurch besser (und nicht schlechter) durch den Staat beherrschbar. Die Antithese von öffentlichem und privatem Recht, die Paschukanis erkannte, ist auch in Poulantzas' Argumentation am Werk: »Der Staat sanktioniert und institutionalisiert diese Individualisierung durch die Transformation der gesellschaftlich-ökonomischen Monaden in juristisch-politische Individuen-Personen-Subjekte«, wie es dort heißt, und weiter: »[Das Gesetz] ist auch an den unterschiedlichen Fragmentierungen der Agenten (Individualisierung) beteiligt und sanktioniert sie, indem es den Code vorzeichnet, in dem diese Differenzierungen eingeschrieben werden und von dem ausgehend sie existieren, ohne die politische Einheit der Gesellschaftsformation in Frage zu stellen.«[33]

Eine entscheidende Figur in diesem System ist der Jurist – »ein *Mann des Gesetzes* [...], der Gesetze macht, Gesetz und Vorschrift kennt, sie konkretisiert und anwendet«. Die Massen sind im Gegensatz dazu über das Gesetz in Unkenntnis und werden auch weiterhin unwissend gehalten; »die Unkenntnis (das Geheimnis) des Gesetzes bei den Volksmassen ist ein Merkmal dieses Gesetzes und der juristischen Sprache selbst«, wodurch eine »Abhängigkeit und Unterordnung der Volksmassen in Bezug auf die Staatsbeamten« sichergestellt bleibt. Diesen Beamten könne man auch die Rechtsanwälte hinzuzählen, die ich die »Herren« des Codes des Kapitals genannt habe.[34] Die größte Gefahr geht allerdings weiterhin vom Staat aus, der nach Poulantzas eine erhebliche Autonomie gegenüber den Kräften des Sozialen genießt, weil er »das höchste Gewalt- und Terrormonopol [...], *das Kriegsmonopol*« innehat.[35]

Diese Position kommt der liberaler Philosophinnen und Philosophen wie Judith Shklar erstaunlich nahe, die in ihrem Essay »The Liberalism of Fear« die einzigartige Bedrohung hervorhebt, die die Macht des Staates darstellt.[36] In ihren Augen macht das staatliche Gewaltmonopol es für einen Liberalen notwendig und nicht verhandelbar, eine Sphäre des Privaten von der öffentlichen Sphäre (und somit auch von privatem und öffentlichem Recht) abzugrenzen, denn nur durch den Schutz der privaten Autonomie kann individuelle Freiheit verwirklicht werden. Das bedeutet allerdings nicht, dass Macht stets als Zwang ausgeübt werden oder unbedingt dem Staat zustehen müsste. Wie Poulantzas betont hat, ist in den meisten Gesellschaften die unverhohlene staatliche Gewalt in umgekehrter Proportionalität zur legitimierenden Macht des Rechts zurückgegangen: »Alles spielt sich so ab, als ob dieser Staat *in dem Maße* weniger Gewalt anzuwenden hätte, wie er ihr legitimes Monopol innehat.«[37] Das Recht begünstigt die scheinbar friedliche Dominanz einiger (der herrschenden Klasse) über den Rest, obwohl Letztere dies wahrscheinlich als eine andere Form von Gewalt erfahren.[38] Als sich der Kampf auf die Sphäre des Rechts verlagerte, wurden die Konturen des Staats und der staatlich gestützten Macht, die Poulantzas mit einer Topographie verglich, die diese Kämpfe einrahmt, sogar noch unschärfer.[39]

Anders als die alten Institutionalisten des frühen 20. Jahrhunderts, darunter etwa Thorstein Veblen und John Commons, haben die Ökonomen des Mainstreams das Recht lange ignoriert oder seine Rolle für die Strukturierung ökonomischer Verhältnisse vielmehr einfach stillschweigend vorausgesetzt, statt sie zu erklären. Dies veränderte sich ein wenig in den 1990er-Jahren, als das Feld der »neuen Institutionenökonomik« aufkam, das die Rolle von Institutionen als entscheidende Zutat für wirtschaftliches Wachstum und Entwicklung betont hat.[40] Bald wurde das Recht als Förderer der ökonomischen und besonders der finanziellen Entwicklung ausgemacht.[41] Die »neue vergleichende Ökonomie« versuchte, Differenzen zwischen verschiedenen kapitalistischen Systemen zu erklären, da nun der Sozialismus gescheitert war und das Feld der alten vergleichenden Systemforschung zwischen Sozialismus und Kapitalismus nicht mehr relevant war.[42] Diese neue Forschungsrichtung spiegelte den Siegeszug des Finanzkapitalismus im ausgehenden 20. Jahrhundert wider und erkundete die rechtlichen Bedingungen für die Entwicklung der Finanzmärkte.[43] Die wesentlichste Funktion des Staates war es nun, die richtige Rechtsordnung für den Finanzsektor zu konzipieren. Ein starker Staat, der die Wirtschaft durch arbeitsrechtliche Vorschriften und andere Regulierungen zu beherrschen suchte, galt hingegen als für die Entwicklung der Finanzmärkte hinderlich.[44]

Interessanterweise verortete die neue vergleichende Ökonomie die Genese des Rechts nicht in den ökonomischen, sondern in den *politischen* Verhältnissen, wie sie am Anfang bestanden (der *Rechtsursprung*), als diesen Ökonomen zufolge das vorherrschende Rechtssystem – Common Law und Civil Law – entstand.[45] Frankreich wird hier als paradigmatisches Beispiel eines Staates dargestellt, der eine zentralisierte Kontrolle über das Recht ausübt. Französische Herrscher rangen lange darum, die Befehlsgewalt über ein zersplittertes Territorium zu erlangen. Als ihnen dies letztlich gelungen war, zentralisierten sie demnach die rechtliche Oberherrschaft und nutzten sie dazu, ihre Macht zu festigen. England hingegen wurde nach der normannischen Eroberung von innen heraus befriedet. Ein relativ schwacher zentraler Herrscher sicherte seine Befehlsgewalt dadurch ab, dass er die rechtlichen Befugnisse in den Händen der lokalen Eliten beließ, was dann zu einem viel stärker dezentralisierten Rechtssystem geführt habe.

Ganz gleich, ob diese Darstellung seitens der neuen vergleichenden Ökonomie eine akkurate Wiedergabe der geschichtlichen Entwicklung darstellt, sie illustriert jedenfalls einige der Kernthesen über das Recht, den Staat und die Wirtschaft, die von dieser Denkschule aufgestellt worden sind. Diese Schule, ganz der keynesianischen Tradition verhaftet, stellt den Finanzsektor und nicht die Produktion in den Mittelpunkt ihrer Aufmerksamkeit.[46] Der Hauptzweck des Rechts ist es demnach, Investoren bei ihrem Streben nach finanziellen Erträgen zu unterstützen. Der Staat wird als ein Produkt der politischen Umstände dargestellt, die ihn mit einer mehr oder weniger zentralisierten Kontrolle über die Wirtschaft ausstatten. Statt dass die ökonomischen Bedingungen den Staat und seine Gesetze prägen, wie es der traditionelle Marxismus annehmen würde, entsteht hier die Ökonomie an der Schnittstelle von Politik und Recht. Was in dieser Darstellung fehlt, ist jedoch die Erkenntnis von der Relevanz historischer Kontingenzen. Selbst wenn Institutionen pfadabhängig sind, so ist der Gedanke unplausibel, dass historische Entscheidungen ein Jahrtausend zuvor die Entwicklung der Finanzmärkte heute erklären würden.[47]

In all diesen Theorien wird das Recht als ein Produkt des Staates geschildert. Was der Staat aber ist und wie er mit dem Recht interagiert, bleibt nebulös. Obendrein konkurrieren unterschiedliche Konzeptionen »des Staates« sogar in denselben ideologischen Lagern miteinander, ohne dass eine umfassende Theorie des Staates vorgelegt werden würde. Gelegentlich wird er als ein Akteur dargestellt, der das Kapital ermächtigt – was von einigen gefeiert und von anderen verflucht wird.[48] Die bedeutende Rolle der Bereitschaft und Fähigkeit des Staates, private Eigentumsrechte zu garantieren und die Einhaltung von Verträgen durchzusetzen, ist zu einem Allgemeinplatz im ökonomischen Diskurs geworden, und dies selbst noch angesichts empirischer Belege, die die Relevanz der Bereitstellung von Gesundheit, Bildung und weiterer gesellschaftlicher Güter für einen langfristigen ökonomischen Erfolg aufzeigen.[49] Ein eine Ebene tiefer angesiedeltes Problem ist zudem, dass die Theorie des Staates, die die verschiedenen Lager in den Debatten über den Kapitalismus vertreten, sich häufig hinter Metaphern vom Staat als neutralem Schiedsrichter bei den Liberalen oder als Instrument der herrschenden Klasse bei den Marxisten verbirgt, was beides übermäßige Vereinfachungen sind.

Es ist außerdem nicht immer hilfreich, sich für eine nuanciertere Darstellung des Staates und seiner Rolle in kapitalistischen Regimen der politischen Philosophie zuzuwenden. Philip Pettit zum Beispiel leitet den Staat in seinem jüngsten Buch aus einer hypothetischen Genealogie her.[50] Nicht Klasse oder soziale Kämpfe, sondern das Erfordernis, Strukturen zu erzeugen, die staatenähnliche Funktionen erfüllen, erklärt die Entstehung von Staaten, ihre Beständigkeit und letztlich sogar ihre Unausweichlichkeit: »Die Genealogie nimmt ihren Ausgang von einer vorpolitischen Gesellschaft, bestehend aus mittelmäßig selbstbezogenen, mittelmäßig rationalen und voneinander abhängigen Akteuren, die unter Bedingungen relativer Knappheit und einer ungefähr ausgewogen verteilten Macht operieren.«[51] Mehr noch als die Geschichte von den »Rechtsursprüngen«, die die neue vergleichende Ökonomie erzählt, abstrahiert dieses Modell von den historischen Tatsachen, um die Entstehung eines Staates zu erklären, der zwischen formal gleichen sozialen Akteuren vermittelt. Man kontrastierte dies einmal mit einer Darstellung des Sozialhistorikers Charles Tilly, die auf der Geschichte der Staatenbildung im Europa der frühen Neuzeit basiert.[52] Dieser vergleicht die Errichtung von Staaten mit der Kriegsführung und dem organisierten Verbrechen. Der Staat ist das Produkt von Machtkämpfen, und seine Strukturen gehen aus Versuchen hervor, unterschiedliche Fraktionen zu besänftigen und deren Angehörige zu überzeugen. In diesem Lichte betrachtet, sind die Charakteristika jener politischen Gemeinschaft, die Pettit als Vorläufer der Staatlichkeit ausmacht, tatsächlich das Produkt eines oft gewaltsamen Prozesses der Staatswerdung.[53]

Der Ansatz, den man zur Erklärung des Staates wählt, hat enorme Auswirkungen darauf, wie man ihn im Kapitalismus verstehen kann – als eine äußerliche Kraft, die die Spielregeln als neutraler Schiedsrichter durchsetzt, wie Douglass North es sieht, oder als eine »Verdichtung eines Kräfteverhältnisses«, insbesondere der Kräfte des Klassenkampfes, und als solches als ein Produkt ebenjener Kräfte, wie Poulantzas behauptet.[54] In der Darstellung des Letzteren ist der Staat vermittels seiner diversen Agenten und Ministerien die Topographie oder der Raum – physikalisch im Sinne eines Territoriums und bildlich im Sinne des Schauplatzes von Machtkämpfen –, in dem verschiedene Interessengruppen oder gesellschaftliche Kräfte nach Macht und Einfluss streben. Der Staat ist weder statisch noch neutral und kann es auch nicht sein, weil sein Handeln und seine Politik von den Kämpfen geprägt werden, die seine Topographie zugleich ermöglicht und einzuhegen sucht.

Dieses Bild vom Staat scheint in einem Kontrast zu der geläufigen Darstellung des modernen Weber'schen Staates als einer rationalen Bürokratie zu stehen.[55] Webers eigene Position war allerdings nuancierter. Wie Alan Scott bemerkt hat, sah er, die Bürokratisierung des politischen und ökonomischen Lebens zwar voraus, betonte aber zugleich die »*Durchdringung* sozialer Netzwerke und Beziehungen« durch die Macht in einem fast Foucault'schen Sinne von »kapillarer Macht«, die »die Trennlinie zwischen Staat und Gesellschaft unterläuft«.[56] Die kritische Frage, die an Webers Staatstheorie gerichtet werden muss, lautet daher nach Scott nicht, *was*, sondern *wo* der Staat ist. Diese Frage trägt dazu bei, »den Staat« inmitten multipler, wechselseitig voneinander abhängiger sozialer Kräfte zu situieren, die ihn konstituieren und seine Fähigkeit definieren und beschränken, als ein autonomer Akteur zu agieren. Poulantzas fasste die missliche Lage des modernen Staates so auf, dass dieser »*in seiner eigenen Falle gefangen*« sei:

> [D]iese Metapher ist nicht übertrieben: Der Staat kann heute weder vor noch zurück, er kann sich vom zentralen Kern der Ökonomie nicht fernhalten, er kann ihn aber auch nicht kontrollieren. Er muss gleichzeitig sowohl zu viel (Interventionen, die die Krise produzieren) und zu wenig tun (er kann an die tiefen Ursachen der Krise nicht herankommen). So schwankt der gegenwärtige Staat andauernd zwischen dem Rückzug und dem verstärkten Engagement. Er ist also weniger ein allmächtiger Staat, als vielmehr ein Staat, der mit dem Rücken an der Wand und vor einem Abgrund steht.[57]

Ob Poulantzas das Recht als eine Falle ansah, in der sich der Staat wie in einem Spinnennetz verfängt und ihm seine Fähigkeit zum autonomen Handeln geraubt wird, ist unklar. Meiner Ansicht nach wäre eine solche Deutung nicht nur plausibel, sondern auch überzeugend. Das Recht ermächtigt und begrenzt das Staatshandeln zugleich. Es ermöglicht es dem Staat, tief in die Gesellschaft einzugreifen, befähigt aber gleichzeitig auch private Akteure dazu, sich dem Zugriff des Staates zu widersetzen oder sich ihm zu entziehen, ohne dafür den Gebrauch des Rechts zur Förderung ihrer eigenen Interessen und deren Schutz vor dem Staat aufopfern zu müssen. Und wenn der Staat mit privaten Akteuren auf dem Marktplatz interagiert, dann zwingen die im Privatrecht festgeschriebenen Regeln dieses Spiels den Staat dazu, nach den Bedingungen zu spielen, die private Akteure beschlossen haben.[58] Wenn diese Diagnose zutrifft, dann ist der Staat diesen sozialen Kräften gegenüber nicht autonom; ihn anzurufen, um die Gesellschaft vor den Exzessen des Kapitalismus zu befreien, wäre daher verfehlt. Was es stattdessen braucht, ist eine Umgestaltung der Topographie des Staates, was eine Neuausrichtung des privaten Rechts und seiner normativen Grundlagen an den Prinzipien der konstitutionellen Demokratie – oder, kurz gesagt, die Demokratisierung des Privatrechts – erfordert.

Diese Perspektive steht in einem krassen Gegensatz zu den vorherrschenden Ansichten unter Ökonomen und Rechtsgelehrten, die in der Tradition der ökonomischen Analyse des Rechts stehen. Diese betrachten die Wirtschaft als vom Staat separiert und untersuchen kaum jemals Machtverhältnisse.[59] Für sie hat es die Wirtschaft mit dem Tausch von Gütern und Dienstleistungen zu tun, von dem sie annehmen, dass er auf einem eigenschaftslosen Spielfeld stattfindet, das von Individuen bevölkert wird, die formal gleich und frei sind, um miteinander Aushandlungen zum allseitigen Vorteil zu vollführen.[60] Die Fähigkeit einiger, Reichtümer anzuhäufen, wird höchstwahrscheinlich überragenden Fähigkeiten und nicht Machtverhältnissen oder Tendenzen im Rechtssystem zugeschrieben, die in einer strukturellen Ungleichheit münden. Die meisten würden anerkennen, dass Eigentumsrechte und Verträge für die Funktion einer Marktwirtschaft von Bedeutung sind und gebraucht werden, um Anreize zu schaffen und das Eingehen verbindlicher Selbstverpflichtungen zu ermöglichen; nur wenige sind allerdings gewillt, die Rolle des Rechts als für die Wirtschaft konstitutiv zuzugeben, da dies implizieren würde, dass ein anderes Recht auch eine andere ökonomische Ordnung mit sich bringen könnte.

Nirgendwo ist der Agnostizismus in Bezug auf die Macht offensichtlicher als in Theorien, die Eigentumsrechte erklären, ohne deren Ursprünge oder Funktion als Stabilisatoren hierarchischer Machtverhältnisse zu berücksichtigen. Das berühmte Coase-Theorem wird oft zur Stützung der These angeführt, dass die ursprüngliche Allokation dieser Rechte irrelevant sei, weil die Akteure diese Rechte neu zuteilen können, um die effizienteste Allokation von Gütern und Ressourcen zu erreichen.[61] Die Transaktionskosten und nicht die Ungleichheit stellen hier das größte Hindernis dar, und das Ziel ist Effizienz und nicht Gleichheit. Soziale Ungleichheiten sind demnach am besten nachträglich durch den Staat zu adressieren, der mithilfe der Erhebung von Steuern (und nicht durch Veränderung der privatrechtlichen Institutionen, die die Allokation von Gütern kanalisieren) einiges an Reichtum umverteilen kann.[62]

Eigentum ist trotzdem nie einfach nur die Kontrolle über einen Gegenstand, sondern betrifft immer die Beziehung zu anderen in Bezug auf diesen Gegenstand.[63] Die Ignoranz gegenüber diesem relationalen oder sozialen Aspekt des Eigentums ist tief im ökonomischen Denken verankert und spiegelt sich auch im kapitalistischen Recht wider. Die Kontrolle über einen Vermögenswert und den aus ihm gezogenen Nutzen wird in die Hände eines einzelnen Eigentümers gegeben, der sich wie ein Quasi-Autokrat betragen kann, ungeachtet der Folgen, die dies für die Nichteigentümer des betreffenden Vermögenswertes haben könnte. Das kapitalistische Eigentum dreht sich um die Maximierung monetärer Profite aus einem Vermögenswert – um seine Einhegung, Codierung und Ausbeutung – und nicht um seine Bewahrung oder Pflege. Es sollte daher auch nicht überraschen, dass die mächtigsten Eigentümer in kapitalistischen Ökonomien keine Individuen auf der Suche nach Freiheit oder Glück sind, sondern Konzerne, deren oberster Zweck in der Maximierung von Profiten für ihre Investoren besteht, ganz gleich, worin die Kosten für die Arbeitskräfte, die örtlichen Gemeinschaften oder die Umwelt bestehen.

Konzerne sind große bürokratische Strukturen mit einem zentralisierten Management, das die Produktion verwaltet und versucht, die Kosten für Inputs, einschließlich Rohstoffen und Arbeit, zu kontrollieren. Sie sehen eher wie Staaten als wie Menschen aus und sind, ebenso wie Staaten, juristische und nicht natürliche Personen mit einer potenziell unendlichen Lebensspanne. Schon ihre bloße Existenz bereitet jenen ökonomischen Theorien Probleme, die den Markt als den effizientesten Weg zur Organisation ökonomischer Beziehungen idealisieren. Wäre dies aber der Fall, dann fragt sich bekanntlich mit Ronald Coase, warum Unternehmen überhaupt existieren sollten.[64] Seine Antwort ist verräterisch und spricht vielleicht mehr für marxistische Ansätze, als er es selbst hätte zugestehen wollen. Unternehmen existieren, weil sie horizontale Marktbeziehungen durch Autorität ersetzen. Der Unternehmenseigner kann Arbeitskräfte nach Belieben einstellen und entlassen sowie die internen Verhältnisse seiner Firma diktieren. Oliver Hart und John Moore haben sogar ein formales Modell entwickelt, mit dem sie Marx' Einsicht bestätigten, dass das Eigentum an den Produktionsmitteln die Quelle der Macht über die Arbeit ist.[65] Nicht Märkte, sondern Hierarchien dominieren die kapitalistischen Ökonomien, und diese herrschen nicht nur mit dem Preis, sondern auch durch das Recht und das Fiatgeld. Sie schreiben ihre eigenen Arbeits- und Verbraucherverträge und bevorzugen für ihre internen Angelegenheiten eine autokratische anstelle einer partizipativen Regierung.

Der Kapitalismus kam zuerst und erst danach die Demokratie, wie Jonathan Levy in seiner Schilderung der Epochen des amerikanischen Kapitalismus formulierte.[66] Das Versprechen auf eine konstitutionelle Demokratie war von Anfang an eingeschränkt, weil konstitutionelle Demokratien es nicht vermochten, den Kapitalismus mit den gleichen normativen Prinzipien zu versehen, die sie selbst befeuerten, nämlich eine kollektive Selbstbestimmung und die Verantwortlichkeit von Machtinhabern ihren Untergebenen gegenüber. Stattdessen wurde jenes Privatrecht, das den Kapitalismus möglich gemacht hatte, im Ganzen in diese neue Ordnung inkorporiert und durch die Festschreibung individueller Rechte, darunter die auf Eigentum, noch zusätzlich geschützt. Dies bereitete der Dualität des Rechts von Öffentlichem und Privatem und von Kollektivem und Individuellem die Bühne, die Paschukanis als das Wesen des kapitalistischen Rechts betrachtet hat. Das Privatrecht ermächtigte private Akteure dazu, die Gewinne umzuwidmen, die die Demokratien im Namen der schwächsten Teile der Gesellschaft erzielten, indem es ihnen die rechtlichen Mittel dafür an die Hand gab, ihre eigenen Befugnisse durch das Recht zu erweitern, sich mit ihm gegen die Kontrolle des Staates abzuschirmen und Dritte zu kontrollieren. Ein eindrückliches Beispiel dafür ist die Umdeutung des 14. Zusatzartikels zur Verfassung der Vereinigten Staaten, der nach dem Bürgerkrieg ratifiziert wurde, um die Eigentumsrechte früherer Sklaven zu schützen. Dieser verbietet es, *irgendeiner Person* »Leben, Freiheit oder Eigentum« zu nehmen, ohne dass dafür ein »ordentliches Gerichtsverfahren« durchgeführt worden wäre, und beauftragt die Bundesgerichte damit, diese Rechte durchzusetzen, da die Väter dieses Gesetzes den einzelstaatlichen Gerichten in dieser Hinsicht offensichtlich nicht vertrauten. Statt jedoch die Interessen der schwarzen Bevölkerung zu fördern, wurde der 14. Zusatzartikel in ein Instrument verwandelt, das die Eigentumsrechte der Konzerne erweiterte.[67] Wie der Richter am Obersten Gerichtshof Hugo Black in einer abweichenden Meinung im Jahr 1938 schrieb, »berief sich weniger als ein halbes Prozent [aller verhandelten Klagen] darauf [das heißt auf den 14. Verfassungszusatz], um Schwarze zu beschützen, während mehr als 50 Prozent verlangten, dass seine Vorzüge sich auch auf die Konzerne erstrecken sollten«.[68]

Dieses Buch ist Teil einer weiteren Auseinandersetzung im akademischen Rechtsdiskurs, die sich darum dreht, Macht und politische Ökonomie wieder in die Rechtsanalyse einzubinden. Damit versucht es, einen langanhaltenden Trend innerhalb der ökonomischen Analyse des Rechts zu korrigieren, nämlich den auf Effizienz gerichteten Fokus der Untersuchung, der der Frage, wie das Recht gesellschaftliche und politische Machtverhältnisse konstituiert, weniger Aufmerksamkeit widmet. Bis heute ist das neue Law and Political Economy Project (LPE), das im Jahr 2017 aufgelegt wurde, offen für die Mitwirkung aller. Seine Gründerinnen und Gründer beabsichtigten, einen Raum für die Diskussion über die juristische Ausbildung und rechtswissenschaftliche Themen zu schaffen.[69] Das LPE ist allerdings nicht der erste Versuch auf diesem Gebiet, sondern tritt in die Fußstapfen des Rechtsrealismus aus der ersten Hälfte des 20. Jahrhunderts und der Critical Legal Studies aus der zweiten. Was genau die LPE noch ergänzen könnte und ob sie von diesen früheren Debatten Abstand nehmen oder sie nicht vielmehr wieder aufleben lassen sollte, ist Gegenstand eines wohlmeinenden Streits unter den Gelehrten, die mit dieser neuen Bewegung sympathisieren.

Auf der einen Seite der Diskussion hat Samuel Moyn zu einer erneuten Beschäftigung mit den Critical Legal Studies und dabei besonders mit dem Werk Roberto Ungers aufgerufen.[70] Moyn spricht sich dabei für eine allgemeine Gesellschaftstheorie zur Funktionsweise des Rechts aus, eine Theorie, die den Gebrauch des Rechts als eines Instruments zur Beherrschung und Ausbeutung und zugleich sein Potenzial für Wandlungsprozesse anerkennt. »Keine glaubwürdige

Theorie des Rechts könnte die situierte Freiheit der Akteure ignorieren, die Bedingungen ihres Beherrschtwerdens zu verändern – oder sie in seltenen Fällen sogar abzustellen«, wie er schreibt.[71] Die Fähigkeit, sich eine alternative Welt vorzustellen, die sich des Rechts nicht entledigt, sondern es als Verkörperung einer Alternative begrüßt, bildet dabei den Kern seiner Überlegungen. Die Freiheit verschiedener Akteure dazu, die Umstände ihres sozialen und privaten Lebens zu beeinflussen, mag zwar unterschiedlich stark ausgeprägt sein und sogar vom Recht ausgebremst werden, aber trotzdem »gibt es auch im Zustand des Beherrschtwerdens stets Freiheit«.[72] Das Recht ist nie vollständig deterministisch, sondern lässt stets Raum für Alternativen. Tatsächlich muss man sich noch nicht einmal zwischen einer radikalen Unbestimmtheit auf der einen Seite und einem kruden Funktionalismus auf der anderen entscheiden. Vielmehr gibt es Raum für die »relative Autonomie« des Handelns, welche durch das »Theoretisieren« darüber entdeckt werden kann, »wie die ideologische Arbeit in der Interpretation die soziale Ordnung prägt und stabilisiert« – oder, wie man hinzufügen könnte, sie auch destabilisiert.[73]

Auf der anderen Seite der Debatte widersetzt sich Jeremy Kessler der Wiederbelebung der Critical Legal Studies und schlägt stattdessen die Übernahme einer minimalistischen historisch-materialistischen Rechtsauffassung (MHMAL) vor.[74] Gemeinsam mit Moyn ist er der Meinung, dass die LPE eine soziale Theorie des Rechts braucht, stimmt aber auch der marxistischen Tradition darin zu, dass eine solche Theorie die materiellen Bedingungen für die Erteilung rechtlicher Weisungen berücksichtigen muss. Er formuliert drei Prinzipien des MHMAL, und zwar als erstes, dass »die gesellschaftliche Wirklichkeit an einem gegebenen Ort und zu einer gegebenen Zeit letztendlich durch die Entwicklung der Produktivkräfte zu ebenjener Zeit und an ebenjenem Ort bestimmt wird«. Zweitens, dass »die Produktionsverhältnisse dazu tendieren, sich auf eine Weise zu entwickeln, die den Gebrauch der Produktivkräfte für die kontinuierliche Produktion und Reproduktion menschlichen Lebens begünstigt«. Und drittens, dass, »[s]o wie die Produktionsverhältnisse durch die Produktion der Produktivkräfte zugleich sowohl funktional erklärt werden als auch ihr wesentlich zugrunde liegen, so entwickeln sich auch die weiteren sozialen Verhältnisse – die rechtlichen, politischen, religiösen, familiären, künstlerischen und so weiter – tendenziell auf eine Weise, die zur Stabilisierung und Reproduktion der gesellschaftlichen Produktionsverhältnisse beiträgt«.[75] Unter dem Strich vertritt Kessler damit die Auffassung, dass Gedanken und Vorstellungen keine hinreichende Grundlage für eine soziale Theorie des Rechts abgeben. Die materialistischen Grundlagen prägen sich dem Recht unmittelbar ein, weil das Recht dazu tendiert, hinter den materiellen Bedingungen zurückzubleiben und öfter einfach nur das zu repräsentieren, was der Fall war, statt das, was der Fall ist oder sein könnte. Darum lehnt er auch einen zu simpel verstandenen Determinismus zwischen den materiellen Umständen, die das Recht erzeugen, und dem Kontext, in dem es angewendet wird, ab – weshalb er seinen Ansatz auch als »minimalistisch materialistisch« bezeichnet.

Meine eigene Analyse des Kapitalismus als eines rechtlichen Regimes kann irgendwo zwischen diesen beiden Positionen verortet werden, allerdings näher bei Kessler als bei Moyn. Mein Ausgangspunkt ist der, dass, wie Poulantzas betonte, der Versuch einer Entwicklung einer allgemeinen Theorie des Rechts (oder des Staates) letztlich vergeblich ist. Sinnvoller wäre es, eine Theorie des vorherrschenden Regimes – das heißt des kapitalistischen Rechts – in Erwägung zu ziehen und die Bedingungen zu erklären, unter denen es entstand, sich weiter entwickelt hat und/oder transformiert werden könnte. Man kann sich natürlich eine andere Ordnung vorstellen, die von ihren materiellen Bedingungen geschieden ist, und es mag durchaus wichtig sein, eine solche Utopie zu entwickeln, um das Momentum für einen echten Wandel aufzubauen. Ohne eine adäquate Berücksichtigung der real existierenden Bedingungen des Kapitalismus bleibt eine solche Theorie jedoch auch zwangsläufig utopisch. Moyn, der Unger in dieser Frage folgt, könnte zwar richtig liegen mit seiner Überzeugung, dass unterhalb der Herrschaft stets die Freiheit wartet, doch wenn eine soziale Theorie des Rechts dazu dienen soll, die Chance für einen echten Wandel zu eröffnen, dann muss sie auf die Mechanismen hindeuten, mit deren Hilfe das dominante System so lange Zeit in der Lage gewesen ist, zu herrschen und sich trotz diverser Versuche, es für alternative Visionen zu öffnen, immer und immer wieder neu zu etablieren. Diese Mechanismen können, wie ich behaupten möchte, im großen Maße im Recht gefunden werden, weshalb die Transformation des Rechtssystems auch so wichtig ist, um über den Kapitalismus hinauszugelangen.

Letzterer Aspekt ist es auch, der mich von Kessler abgrenzt. Ich sympathisierte zwar mit seiner Forderung, die materiellen Bedingungen ökonomischer Macht genauer in den Blick zu nehmen, doch meine Position weicht von der des MHMAL in einer wichtigen Hinsicht ab. Denn meiner Auffassung nach ist das Recht wesentlich für die Produktion und Reproduktion von Kapital, dem Vermögenswert, und von Kapitalismus, dem Regime. Das Recht ließe sich sogar als genuine Produktivkraft verstehen, weil es das Mittel ist, das es den Inhabern von Vermögenswerten erlaubt, aus diesen ihren pekuniären Wert zu extrahieren. Am offensichtlichsten zeigt sich dies, wenn über die rechtliche Schaffung einer ganz neuen Klasse von Vermögenswerten mithilfe von Rechten am geistigen Eigentum nachgedacht wird, zum Beispiel bei der rechtlichen Konstruktion von Finanzprodukten oder bei der Erhebung und Ausbreitung von Daten aus Gründen des Profitstrebens.

Patente, Finanzprodukte und sogar unsere Daten als Vermögenswerte, die von den Personen unterschieden sind, die sie generieren, existieren nur kraft des Rechts. Dies macht es unmöglich, eine klare Abgrenzung zwischen (physischer) Macht einerseits und einem Recht (oder einem Rechtsanspruch) auf der anderen Seite zu ziehen, wie es G. A. Cohen und nach ihm Kessler vorgeschlagen haben.[76] Vermögenswerte verdanken ihre Existenz dem Recht und nicht einer physischen Kraft; ihre Inhaber verdanken die Vermögenswerte selbst und die Macht, die aus ihnen hervorgeht, ganz allein dem Recht. Selbst bei materiellen Gütern wurzelt der Umfang der Macht, die sie ihren Besitzern verleihen, im Recht; so dürfen Grundstückseigentümer ihr Land zwar mithilfe von Zäunen und Gewehren physisch kontrollieren, können es aber nicht ohne legalen Titel verkaufen oder verpachten. Und der Konzern, der in kapitalistischen Systemen aller Spielarten zu einer dominanten Macht geworden ist, verdeutlicht, dass das Recht die materielle Basis nicht nur reflektiert, sondern auch transformiert, und zwar in einer Weise, die durchaus sozial konstruiert sein mag, die aber trotzdem sehr gut in der Lage ist, sich selbst zu reproduzieren, ohne dabei auf eine materielle Basis angewiesen zu sein. Man beobachte nur die Ausbreitung eingetragener Investmentgesellschaften auf der Suche nach künftig zu erwartenden Erträgen, die zu Beginn des Siegeszugs der Kryptowährungen stattgefunden hat. Es besteht zwar kein Zweifel daran, dass ökonomische Interessen eine Rolle bei der Ausgestaltung des Rechts gespielt haben, das der Quellcode dieser Vermögenswerte ist, aber umgekehrt erzeugte auch das Recht überhaupt erst die Gelegenheit, dass sich mächtige ökonomische Kräfte herausbildeten, sich etablierten und bereicherten.

Menschen besitzen die Fähigkeit, ihre sozialen Verhältnisse unter Bezugnahme auf abstrakte Normen und verallgemeinerbare Konventionen zu gestalten, die aufgrund ihres abstrakten Wesens auf viele verschiedene Weisen gebraucht und zu sehr andersartigen Zwecken eingesetzt werden können als denen, die die ursprünglichen Rechtsgeber im Sinn hatten. Der Kapitalismus entstand zu einer Zeit, als eine hochgradig ungleiche Ressourcenverteilung mit einer rechtlichen Weiterentwicklung zusammenfiel, die abstrakte Rechtsbegriffe einführte, welche unabhängig vom Kontext angewandt werden und damit von den materiellen Bedingungen abstrahieren konnten. Ich würde behaupten, dass der Kapitalismus deshalb so machtvoll und so schwierig zu überwinden ist, weil er nicht nur und nicht einmal mehr in erster Linie auf natürlichen, sondern mittlerweile auch auf sozialen Ressourcen basiert, zu denen auch das Rechts- und Geldsystem gehören. Diese Ressourcen zu kontrollieren, ist am Ende viel wichtiger als die Kontrolle über jene materiellen Objekte, welche als Kapital codiert sind.

Spricht man sich dafür aus, den Kapitalismus als ein rechtliches Regime zu verstehen, so erkennt man damit die Fähigkeit der Gesellschaft an, immaterielle Ressourcen erschaffen zu können, eben beispielsweise Rechts- und Geldsysteme, und diese in Raum (von einer Kommune über den Staat bis hin zum globalen System) und Zeit (von der Vergangenheit über die Gegenwart und, was für den Kapitalismus wesentlich ist, von der Zukunft in die Gegenwart) auszudehnen. Das bedeutet nicht, dass die menschliche Gattung den Beschränkungen des Materialismus entgehen kann – speziell denen des natürlicherweise begrenzten Planeten Erde, den sie bevölkern. Aber es hilft zu erklären, warum der Kapitalismus und seine Nutznießer sich diesen natürlichen Beschränkungen nicht widerstandslos unterwerfen werden. Nach Jahrhunderten rückhaltloser Expansion lautet die Erwartung immer noch, dass weitere Expansion möglich ist. Für das Überleben des Kapitalismus ist sie tatsächlich erforderlich, bringt ihn damit aber auf einen Kollisionskurs mit der Natur. Dies wirft die Frage auf, ob es einen Ausweg aus diesem System gibt und wie es transformiert werden könnte. Traditionellerweise haben die Marxisten zur Revolution aufgerufen, das heißt zu einem gewaltsamen Sturz der herrschenden Klasse. Dazu ist es in den entwickelten kapitalistischen Ländern allerdings noch nie gekommen, es scheint auch unwahrscheinlich zu sein und ist zudem nicht wünschenswert. Als Alternative dazu haben manche Länder mit dem Wohlfahrtsstaat experimentiert und Versuche unternommen, den Kapitalismus mithilfe des öffentlichen Rechts und Regulierungen im Zaum zu halten. Der Erfolg dieser Reformagenda war oft allerdings nur von kurzer Dauer, weil der Zugang zum Privatrecht es ziemlich einfach macht, die Beschränkungen zu umgehen, die das öffentliche Recht dem Kapital auferlegt. Nötig ist deshalb ein Wandel des ganzen Systems. Poulantzas verglich den Weg hin zu einer anderen Zukunft mit einem »Balanceakt«.[77] Diese Metapher schließt aus, dass wir das Seil, auf dem dieses Kunststück vollführt wird, in der Hoffnung durchschneiden können, dass ein alternatives Regime spontan aus dem Zusammenbruch emporkommen könnte. Man muss also auf dem Drahtseil ausharren, um sicherstellen zu können, dass eine »Transformation *des gesamten* ökonomischen Staatsapparats« erfolgen kann, die allerdings nur »*etappenweise*« stattfinden wird.[78]

3
Rechtliche Ermächtigung

Macht ist allen sozialen Beziehungen inhärent. Sie kann nicht abgeschafft oder weggebetet werden, sondern muss in Formen gebracht werden, in denen sie kontrolliert und rechenschaftspflichtig gemacht werden kann. Der Begriff der Macht hat eine lange und umstrittene Geschichte.[1] Für die Ziele dieser Untersuchung nehme ich die grundlegendste Definition zu meinem Ausgangspunkt, nämlich die Fähigkeit, andere dazu zu bringen, etwas zu tun, was sie von sich aus nicht zu tun entschieden hätten.[2] Diese Entscheidungen können durch sanftes Drängen oder durch Zwang zustande kommen oder das Produkt von Gruppendruck, Netzwerkeffekten, Fehlinformation oder gar Betrug sein. Jeder äußerliche Druck, der Entscheidungen eher in die Richtung des von den Machtinhabern als von den Akteuren selbst gewünschten Ergebnisses treibt, ist somit ein Produkt von Macht und nicht das einer freien Wahl.[3]

Eine durch das Recht eingeräumte Macht ist tief mit dem Gewebe moderner Gesellschaften verflochten. Sie wird von den zentralisierten Zwangsmitteln gedeckt, die wiederum von den in modernen Verfassungen eingelassenen Kontrollmechanismen sowie durch die sozialen Normen überwacht werden, die die Unterstützung für den Gebrauch jener Macht festlegen, aber auch durch das Vermögen individueller Akteure, rechtliche Befugnisse für ihre eigenen Zwecke einzusetzen. Will man die Macht des Rechts bei der Strukturierung sozioökonomischer Verhältnisse in kapitalistischen Regimes richtig einordnen, dann kann man nicht einfach nur fragen, warum die Menschen dem Gesetz gehorchen.[4] Man muss vielmehr untersuchen, warum einige in ihrer Behauptung gerechtfertigt sind, dass sie das Recht auf ihrer Seite haben, und andere nicht, und welche Kräfte bestimmen, ob der Schwache oder Starke als Sieger aus diesem Kampf hervorgehen werden.

Die Module des Codes des Kapitals ermöglichen es wohlhabenden Akteuren, ihre eigenen Interessen in die Form von Rechtsansprüchen zu bringen und die Autorität des Rechts für sich zu behaupten, um diese Ansprüche gegen andere durchsetzen zu können. Der Ursprung dieser Ansprüche gründet im römischen Privatrecht, welches es Akteuren, die behaupteten, das Recht auf ihrer Seite zu haben, gestattete, die Macht des Staates *gegen* andere ins Feld zu führen.[5] Damit private Akteure das Recht in die eigenen Hände nehmen können, müssen die einschlägigen Ansprüche aber relativ freischwebend sein, das heißt unberührt von dem sozialen Kontext, in dem sie zuerst aufgekommen sind, da dieser gegebenenfalls ihren Gebrauch oder die Möglichkeit ihrer Umwidmung begrenzen könnte. Kurzum, es muss möglich werden, den Rechtsanspruch zu instrumentalisieren, ohne seine Autorität dabei zu kompromittieren.

Der deutsche Rechtssoziologe Max Weber beschrieb die Entwicklung des Rechts vom Mittelalter bis in die Moderne mit dem Schuldvertrag als seinem primären Beispiel. Schulden hatten sich von einem gesellschaftlich eingebetteten Verhältnis gegenseitig geschuldeter Verpflichtungen in einen reinen »Zweckvertrag« gewandelt.[6] Sie wurden übertragbar und entwickelten sich in den Händen von Gläubigern zu finanziellen Vermögenswerten weiter, die heutzutage einfach aus Profitgründen emittiert und gehandelt werden. Schuldbeziehungen reiften von gegenseitigen Verpflichtungen zu einem Instrumentarium privater Macht heran, das Gläubiger gegen ihre Schuldner – mit dem Recht auf ihrer Seite – ins Werk setzen können. Es ist kein Zufall, dass das Recht in der zweiten Hälfte des 19. Jahrhunderts begann, die Rechte von Gläubigern sogar auf Kosten der Grundbesitzer zu stärken.[7] Sie wurden dazu ermächtigt, sich zur Befriedigung ihrer Ansprüche Wertgegenstände anzueignen, zu denen am Ende auch Landbesitz und Landhäuser gehörten. Diese Zugriffsrechte wurden erst später durch einige Schutzmaßnahmen für Schuldner begrenzt, die in einige neuere Insolvenzgesetzgebungen integriert sind, welche die allernötigsten Güter des Schuldners vor der Pfändung schützen. Kein Wunder also, dass der landwirtschaftlich genutzte Grund und Boden genau zu dieser Zeit seine Position als wichtigste Ressource privaten Reichtums an die Finanzinstrumente abtreten musste.[8] Kurz gesagt: Obwohl Schulden jahrtausendelang ein Kernbestandteil sozioökonomischer Beziehungen gewesen sind, hat sich ihr Wesen mit dem Aufkommen des Kapitalismus sehr verändert.[9]

Die Transformation des Rechts betraf aber nicht nur die Objekte der Transaktion, etwa Grundbesitz oder Schulden, sondern auch ihre Subjekte. Jenes Recht, welches sich in der westlichen Moderne (seit der Wiederentdeckung des römischen Rechts im 13. Jahrhundert) herausgeschält hat, gestaltet das soziale Leben um ein Rechtssubjekt, die Objekte und Ansprüche, die es berechtigterweise kontrollieren kann, und die Möglichkeiten herum aus, wie Kontrolle in Beziehung zu anderen ausgeübt werden kann. Weniger abstrakt formuliert: Das Recht bestimmt, wer Eigentum haben und Verträge abschließen kann, was besessen oder auf andere Weise kontrolliert werden kann, sowie das Ausmaß, in dem anderen der Zugang oder das Teilen von Kontrollrechten vorenthalten werden kann. Dieser Rechtskorpus nennt sich deshalb

»Privatrecht«, weil seine Hauptfunktion darin besteht, die Beziehungen unter den Rechtssubjekten selbst und nicht die zwischen ihnen und dem Staat zu regeln. Einverständnis und nicht Zwang ist hier das primäre Herrschaftsinstrument, und ein Vertragsbruch oder eine Verletzung von Eigentumsrechten gilt als Gesetzesverstoß. Das Recht unterstellt, dass private Akteure formal gleich sind, dass Zustimmung freiwillig erteilt wird, dass Rechte Transaktionen vorangehen und nicht aus ihnen folgen, und dass das Gesetz durch die Androhung, Rechtsverstöße im Nachhinein zu sanktionieren, solche Verletzungen im Vorhinein bereits abschreckt.

Alle drei Annahmen sind problematisch. Drastische Unterschiede in der Ausstattung mit Ressourcen stellen das Ideal von einer Ökonomie infrage, an der alle unter gleichen Bedingungen teilhaben können und in der der Preismechanismus Ergebnisse hervorbringen wird, die nicht nur effizient, sondern auch gerecht sind.[10] Diese materiellen Differenzen wurden zudem noch durch strukturelle Unterschiede beim Zugang zum Recht, seiner Herstellung, Deutung und seiner Durchsetzung vergrößert.[11] Nur wenige können sich die Beauftragung von juristischem Sachverstand auf einem Niveau leisten, das es ihnen am Ende erlauben würde, ein besseres Verhandlungsergebnis zu erzielen oder regulatorische Kosten oder Steuern zu vermeiden und auf diese Weise einen relativen Vorteil gegenüber all jenen zu erreichen, die nach den Regeln spielen. Das Privatrecht strukturiert die Position von Rechtssubjekten zudem auf eine Weise, die ihre ursprüngliche Verhandlungsposition beeinflusst. Es gibt keinen »Schleier des Nichtwissens« im Rawls'schen Sinne, der die Rechtssubjekte davon abhalten würde, ihre Positionen im Verhältnis zu anderen auszuschlachten, da diese beiden Parteien bekannt sind.[12] Strategische Akteure erwägen im Gegenteil vielmehr jede Option, um sicherzustellen, dass sie in einer gegebenen und, was noch wichtiger ist, künftigen Transaktion die Oberhand bekommen werden. Deshalb prozessieren sie über die gleiche Fragestellung nicht nur einmal, sondern mehrfach und suchen dabei sorgfältig Entscheidungen heraus, die ihnen als neue Präzedenzfälle oder zur Entkräftung alter Gestalter dienen können. Wie Marc Galanter es formuliert hat, spielen diejenigen, die es sich leisten können, wiederkehrende Spieler zu sein, nicht nur um das Ergebnis, sondern auch um die Regeln, die helfen, künftige Ergebnisse festzulegen.[13] Das Privatrecht schreckt nicht nur ab, sondern ermächtigt kluge Parteien dazu, es zu nutzen, um neue Rechte durch die veränderte Kombination bereits bestehender zu erzeugen und ihr Anwendungsgebiet bis an die Grenzen neuer Vermögenswerte auszudehnen. Wie Gary Becker herausgestellt hat, ist die Abschreckung eine Funktion der Möglichkeit des Ertapptwerdens und der Strafe, die einem dafür blühen könnte.[14] Diese Logik funktioniert nicht nur im Straf-, sondern auch im Privatrecht: Akteure, die nicht erwarten müssen, juristisch zur Verantwortung gezogen zu werden, und stattdessen andere mit ihrer transaktionalen Verschlagenheit oder ihrem prozessualen Geschick bedrohen, werden sich aller Voraussicht nach nicht von der Klageandrohung seitens weniger gut ausgestatteter Parteien abschrecken lassen. Das heißt, kurz gesagt, dass das Recht nicht außerhalb der sozialen Verhältnisse residiert; vielmehr prägt es diese von innen her. Und es wird selbst von ihnen geprägt, weil die unter anderem durch das Recht hervorgebrachten Machtverhältnisse ihrerseits die Begleitmusik seiner künftigen Entwicklung bestimmen.

Der Inbegriff der hierarchischen Institution des Privatrechts ist das Eigentumsrecht. Der Inhaber eines Eigentumsrechts darf entscheiden, wie er einen Gegenstand gebrauchen will und was er anderen mit ihm zu tun auftragen möchte und was nicht.[15] Eigentumsrechte erteilen Eigentümern die Befugnis dazu, über andere durch das Recht und nicht nur durch Gewalt zu regieren. Die ideengeschichtlichen Wurzeln individueller Rechte in diesem Arrangement können bis in die frühe Neuzeit zurückverfolgt werden, als der Einzelne allmählich an die Stelle der Familie, des Clans und der Zunft als zentrale Einheit der gesellschaftlichen Organisation trat. Nicht der soziale Status einer Person als Bauer, Adeliger oder Angehöriger des Klerus, sondern individuelle Rechte als Ausfluss der Eigenschaft der Rechtspersönlichkeit wurden nun zum Herzstück der rechtlichen Ermächtigung.[16]

Individuelle, gesetzlich geschützte Rechte sind deshalb so mächtig, weil sie dem Menschen eine Sphäre der Autonomie gegenüber anderen Menschen und einem überbordenden Staat eröffnen. Die Idee solcher Rechte fand Eingang in die französische Erklärung der Menschen- und Bürgerrechte (1789), die US-amerikanische Bill of Rights (1791) und später in die Verfassungen vieler Länder und in internationale Abkommen.[17] Im Privatrecht hat der Gedanke individueller (oder subjektiver) Rechte eine noch länger zurückreichende Geschichte. Das römische Recht kannte das Konzept individualisierter »absoluter« Eigentumsrechte (*in rem*), ein Gedanke, der die Entwicklung des Eigentumsrechts im modernen Europa zutiefst beeinflusst und die Entstehung des Kapitalismus angetrieben hat.[18] Wie Marx und Engels gezeigt haben, erlaubt es der Besitz der Produktionsmittel den Kapitalisten, aus der Arbeit einen Mehrwert zu extrahieren – ein Gedanke, den ökonomische Modelle in jüngerer Vergangenheit bestätigt haben.[19]

Ursprünglich ging es bei Eigentumsrechten um physikalische Objekte, wie sich an deren Hauptvertretern – dem Recht auf Gebrauch, Besitz und Veräußerung eines Gegenstands – zeigt, wobei diese Idee mittlerweile sehr viel weitergetrieben worden ist. Auch immaterielle Güter sind zu Gegenständen gesetzlich festgeschriebener Eigentumsrechte geworden, die die Regeln für Patente, Warenzeichen oder Urheberrechte bestimmen. Und auch das menschliche Verhalten ist zu etwas geworden, an dem man Eigentum haben kann – nicht für die Produzenten von Daten jedoch, die ein bestimmtes Verhalten an den Tag legen, sondern für Akteure, die um die Technologien konkurrieren, mit denen sie deren Daten zusammenraffen und auf ein Gerät aufspielen.[20] Im Moment repräsentiert die künstliche Intelligenz (KI) den äußersten Vorposten auf diesem Gebiet, der Autoren als Schöpfer abzulösen droht und stattdessen die Macht, Dinge zu erschaffen und als Schöpfer anerkannt zu werden, den digitalen Codierern, die die Algorithmen kontrollieren, und deren Geldgebern verleiht.[21]

Obgleich individuelle Eigentumsrechte zentrale Momente des Kapitalismus und des kapitalistischen Rechts sind, waren Ressourcen wie Grund und Boden, Wasser, Luft und andere in Gemeinschaftsbesitz und wurden durch kommunale Normen regiert. Die Gesellschaften gaben sich der »Tragödie der Allmende« nicht einfach so hin, sondern fanden Möglichkeiten dazu, solche Ressourcen gemeinschaftlich und ziemlich erfolgreich zu organisieren.[22] Tatsächlich ist es eine tiefe Ironie der Geschichte, dass das Zeitalter der individuellen Eigentumsrechte gerade die größte Tragik des Allgemeinguts – den Klimawandel – hervorgebracht hat, die das menschliche Überleben auf diesem Planeten gefährdet. Anders als es die ökologische Standardtheorie besagt, haben Eigentumsrechte nicht dafür gesorgt, dass Eigentümer die Kosten für den Gebrauch ihres Eigentums internalisiert hätten.[23] In kapitalistischen Systemen wurden Eigentumsrechte vielmehr als eine Lizenz zur Auslagerung dieser Kosten auf andere konzipiert, konkret auf die Gesellschaft und die Umwelt. Dies folgt unmittelbar aus der Auffassung vom Eigentum als einem Recht, das zu tun, was einem beliebt, bis man dafür kritisiert wird – wobei die Beweislast beim Kritiker liegt. Die Anteilseigner an Kapitalgesellschaften sind zudem gegen die Haftung für Schäden abgesichert, die aus dem Verhalten der von ihnen besessenen Unternehmen resultieren. Sie mögen zwar ihre individuellen Investitionen verlieren, werden aber niemals für die Schädigungen Dritter aufkommen müssen, die die nach Profit strebenden Kapitalgesellschaften verursachen, in die sie investiert haben. Außerdem haben viele Staaten Haftungsbegrenzungen für riskante Unternehmungen eingeführt, zum Beispiel für den Betrieb von Eisenbahnen oder Atomkraftwerken, die die Verantwortung der Unternehmen für die Schäden beschränken, die sie hervorrufen, während sie diesen Aktivitäten nachgehen.[24]

Das römische Eigentumsrecht ging von drei Arten von Gütern aus: privaten Gütern, gemeinschaftlichen Gütern und Gütern, die niemandem gehörten, etwa wilde Tiere, die man sich einfach aneignen konnte.[25] Im Gegensatz dazu nehmen die modernen Eigentumsrechte ihren Ausgang vom Rechteinhaber statt vom besessenen Gegenstand. Sie werden als abstrakte Anrechte auf ein Objekt, ein Versprechen oder auf eine Idee ausgewiesen, die in einer Person liegen, was es den Rechteinhabern – einer natürlichen oder juristischen Person – erlaubt, über ihr Eigentum zu regieren und andere von ihm auszuschließen. Aufgrund ihrer allgemeinen und abstrakten Natur sind sie nicht auf die spezifischen Objekte oder Arten von Objekten beschränkt, für die sie ursprünglich geschaffen worden sind, zum Beispiel auf Grund und Boden oder Vieh.[26] Vielmehr können Eigentumsrechte auf neue Ressourcen zugeschnitten werden, die das Potenzial besitzen, Wohlstand für jene zu schaffen, welche diese Ressourcen als die ihren zu beanspruchen vermögen. Unter dem kapitalistischen Recht kann und, wie die Geschichte des Kapitalismus zeigt, wird alles, an dem Eigentum bestehen kann, letztlich auch zu Eigentum werden. Die meisten Rechtssysteme heute erkennen Eigentumsrechte nicht nur für materielle Vermögenswerte (wie etwa Land, Häuser oder Gegenstände wie Autos oder Maschinen), sondern auch für unkörperliche oder immaterielle Güter wie Ideen oder Erfindungen (Patente), einzelne

Wörter oder Pinselstriche auf Papier (Urheberrechte) und für Gegenstände des Finanzvermögens an. So ephemere »Sachen« wie Information oder Kommunikation sind Eigentum von Big-Tech-Unternehmen, die Jagd auf sie machen, als wären sie wilde Tiere, und sie hinter technischen und rechtlichen Abschirmungen verbergen.[27] Sogar die Luft, die wir atmen, und die noch verbliebenen Flecken unberührter Natur werden in Vermögensgegenstände verwandelt, die besessen und gehandelt werden können, und das angeblich, um den Schaden auszugleichen, den Menschen der Natur zufügen, ohne dass es allerdings einen Beweis dafür gäbe, dass dieses Verfahren so funktioniert.[28]

Eigentumsrechte sind trotz ihres allgemein wohlgelittenen Status als Ursprung der individuellen Freiheit ein zweischneidiges Schwert. Denn sie vergrößern die Freiheit des einen, indem sie ihn mit Macht über andere ausstatten.[29] Dieser relationale Aspekt von Eigentumsrechten wird von Theorien oft vernachlässigt, die sich aufs Eigentum als Freiheit primär gegenüber dem Staat fokussieren, aber die Macht ignorieren, die aus ihm hervorgeht und gegen andere in Stellung gebracht werden kann.[30] In kapitalistischen Regimen ist Eigentum zu einem kritischen Modul für die Codierung von Vorzugsrechten geworden, die ihren Inhabern größere Befugnisse im Verhältnis zu anderen Menschen einräumen – so etwa das Recht, andere vom Zugang zu einem Vermögenswert oder einer Ressource auszuschließen, oder die Fähigkeit, einen besicherten Vermögenswert vor allen anderen Gläubigern zu pfänden.

In der Theorie finden die Eigentumsrechte einer Person ihre Grenzen an den Rechten anderer.[31] Dieser Ansicht zufolge ist Eigentum ein soziales Verhältnis, und sein besonderer Status im Recht, speziell in Bezug auf Nichteigentümer, muss gerechtfertigt werden.[32] Manche Aspekte des Eigentumsrechts spiegeln tatsächlich den Gedanken wider, dass selbst in kapitalistischen Ökonomien Eigentum nicht nur etwas für die Reichen und Mächtigen ist. Dazu zählen Bestimmungen über das eheliche Güterrecht ebenso wie Zwangslizenzen für geistige Eigentumsrechte, um zum Beispiel den Zugriff auf wichtige Medikamente zu erleichtern.[33] Trotzdem hat der Kerninhalt der Eigentumsrechte in kapitalistischen Regimen einen anderen Weg genommen und private Akteure, darunter auch die Kapitalgesellschaften, dazu befugt, ihre Vermögenswerte zur Profitmaximierung und zur Ausübung von Kontrolle über jene Dritten einzusetzen, die sie für dieses Vorhaben brauchen. Einzelunternehmer und Firmen nutzten Eigentumsrechte häufig dazu, die Rechte anderer anzugreifen, beispielsweise auch die von kollektiven Arbeitsrechten, die die Gesetzgebung eigentlich zu schützen bestrebt war. Der US Supreme Court zum Beispiel erklärte ein kalifornisches Gesetz für ungültig, welches den Gewerkschaften erlaubte, die Betriebsgelände landwirtschaftlicher Arbeitgeber zu betreten, um sich dort mit Arbeitern zu treffen. Denn dies, so die Begründung des Gerichts, sei nicht bloß eine Regel regulierende Konfiskation, sondern eine vollumfängliche Enteignung – eine »physische Beschlagnahmung als solche, die eine angemessene Entschädigung nach der Taking Clause erfordert«.[34] Nicht jedes Gericht in jedem Land wird allerdings so weit gehen. Das deutsche Bundesverfassungsgericht urteilte im Vergleich dazu etwa, dass die Verpflichtung zur paritätischen Mitbestimmung der Arbeitnehmer in den Aufsichtsräten privater Konzerne verfassungsgemäß sei.[35] Den Eindruck zu erzeugen, dass Eigentumsrechten ein Verfassungsrang zukomme, kann einen wichtigen Unterschied machen. Während die US-Verfassung individuelle Eigentumsrechte ohne nähere Definition oder Angabe in Bezug darauf schützt, wer die Macht hat, ihre Inhalte festzulegen, sieht das deutsche Grundgesetz vor, dass Grenzen und Umfang von Eigentumsrechten vom Gesetzgeber bestimmt werden.[36] Das lässt den Schluss zu, dass, je abstrakter das Konzept von Eigentumsrechten ist und je weniger in einem Einzelgesetz oder in einer Verfassung darüber ausgesagt wird, wer außer den Gerichten diese Rechte definieren kann, desto größer die Macht der Gerichte und derjenigen ist, die Zugang zu ihnen haben.

Die Ausstattung der Gerichte mit der Macht, neue Eigentumsrechte anzuerkennen oder gesetzliche Einschränkungen ihres Einsatzes als Mittel zur Enteignung aufzuheben, hat die großflächige Verbreitung solcher Rechte sehr befeuert. In diesem Sinne schafft ökonomische Macht, verstanden als Zugang zu Rechtsanwälten mit überlegenen rechtlichen Codierungsstrategien, die helfen können, wirtschaftliche Interessen zu rechtlich geschützten Interessen zu machen, tatsächlich juristisches Recht.[37] Eigentümerschaft, die ursprünglich einmal als ein »Nutzungsrecht« im Hinblick auf reale oder materielle Objekte verstanden worden war, wächst sich somit zu der Option aus, jeden Gegenstand, jedes Zahlungsversprechen und jede Idee in ein geschütztes Eigentum zu verwandeln, indem man zeigt, dass ein monetärer Wert aus ihm extrahiert werden kann. Umgekehrt wird Ressourcen, die nicht neutralisiert werden können oder dürfen, oft der eigentumsrechtliche Schutzstatus vorenthalten. Indigenen Völkern zum Beispiel wurde lange Zeit der juristische Schutz für ihre Landnutzungsrechte verweigert, weil sie sich geweigert hatten, ihr Land in eine Ware zu verwandeln, das durch den Abbau seiner Ressourcen oder Erschöpfung seiner Nährstoffe ausgebeutet werden konnte. Erst in den letzten Jahrzehnten haben einige Gerichte anders entschieden und erkannten ihre kollektiven Nutzungsrechte, die auf die Bewahrung und nicht auf die Ausbeutung des Grund und Bodens gerichtet waren, als Eigentumsrechte an.[38]

Die Verbreitung privater Eigentumsrechte und die Art und Weise, wie sie von Rechtsanwälten für ihre Klienten konzipiert worden sind, haben die Grundfesten des Eigentumsrechts schlechthin verändert. Dazu zählt auch das Enumerationsprinzip, das festlegt, dass Eigentumsrechte auf diejenigen Dinge beschränkt sind, die das Gesetz (und nicht der Inhaber eines Vermögenswerts) als Eigentum privilegiert.[39] In der Realität werden neue Eigentumsrechte hingegen kontinuierlich hergestellt – manchmal durch den Gesetzgeber oder Präzedenzfälle, häufiger aber dadurch, dass in privaten Transaktionen die abstrakten Eigenschaften von Eigentumsrechten auf neue Vermögensgegenstände übertragen werden. Heute erachten wir es als selbstverständlich, dass finanzielle Forderungen, die ihrem Wesen nach vertraglicher Natur sind, zu Vermögenswerten oder Quasi-Objekten gemacht werden, die besessen und gehandelt werden können.[40] Die Anteilseigner von Unternehmen wurden lange Zeit als Angehörige einer Organisation betrachtet, bevor sich die Vorstellung durchgesetzt hat, dass sie die Eigner der Firma waren; eine weitere Folge dessen bestand darin, dass deren Interessen die aller anderen Beteiligten an dem Unternehmen ausstechen sollten, auch die ihrer Gläubiger und natürlich der Beschäftigten.[41]

Der Status der Eigentümerschaft wurde allmählich mit der Fähigkeit assoziiert, Profite – und nicht bloß einen Gebrauchswert oder einen Affektionswert – aus einem Vermögenswert zu extrahieren. Der amerikanischen Rechtslehre zum Eigentum an Daten zufolge gehören den Einzelpersonen, die Daten auf digitalen Plattformen produzieren, diese Informationen nicht, weil sie keinen pekuniären Wert für sie besitzen.[42] Nur aggregierte Datenpools, die so aufbereitet und strukturiert sind, dass ein monetärer Wert aus ihnen gewonnen werden kann, können Eigentum sein. Dabei ist es anscheinend nicht nur gleichgültig, dass eine solche Argumentation John Lockes Gedanken der Herstellung von Eigentümerschaft *durch* Arbeit mit Füßen tritt (solange man die Arbeit der Datenproduzenten abzieht und lediglich die Aufbereitungs- und Organisationstätigkeit der Datensammler in die Rechnung mit einbezieht); sie stellt vielmehr auch Marx' These auf den

Kopf, dass Eigentum die Quelle der Extraktion von Mehrwert ist. Dieser Lesart zufolge wird nämlich umgekehrt die Mehrwertextraktion zur Quelle und einzigen Begründung für den gesetzlichen Schutz von Eigentumsrechten.

Die logische Folge ist, dass im kapitalistischen Recht jeder, der einen pekuniären Wert mit etwas erzielen kann, Eigentum an der betreffenden Sache beanspruchen darf und dass umgekehrt jeder, der keinen monetären Wert aus den Dingen gewinnt, Gefahr läuft, seinen Titel zugunsten derjenigen zu verlieren, die es tun werden.[43] Wie Marietta Auer erklärt: »Ist ein solches körperliches Eigentum erst einmal anerkannt, drängt es aufgrund des vernunftrechtlichen Mechanismus der Eigentumsbegründung, wonach die individuelle Zwangszuweisung von Eigentumsrechten immer gerechtfertigt ist, wenn knappe Güter nur durch individuelle Arbeit bzw. Okkupation entstehen oder nutzbar gemacht werden können, von selbst in die Richtung immer weitergehender Propertisierung der individuellen Persönlichkeitssphäre.«[44] Tatsächlich erzeugen diese Mechanismen fortgesetzt starke Anreize dazu, Situationen der Knappheit als Anlass zur Beanspruchung von Rechten nicht nur gegenüber Sachen, sondern auch gegenüber anderen Menschen hervorzubringen.

Wenn Eigentumsrechte so konfiguriert werden, dass sie die Besitzer von Vermögenswerten dazu ermächtigen, diese nach Belieben zu gebrauchen, dann kommt es unweigerlich zu einer Kollision zwischen Eigentümern, die jeweils für sich ein gesetzliches Recht zur von anderen unbeeinträchtigten Nutzung ihrer Güter beanspruchen. Während das Eigentumsrecht im Verhältnis zu schwächeren, beispielsweise vertraglichen Rechten dazu beitragen kann, einen Vorrang zu begründen, ohne dass ein Rechtsstreit erforderlich ist, sind Vorzugsrechte wenig hilfreich, wenn zwei gleichrangige Ansprüche aufeinanderprallen. Die nähere Untersuchung solcher Fälle verspricht, die normative Voreingenommenheit eines scheinbar neutralen Rechtssystems zu offenbaren.

Der Streit zwischen zwei Landwirten, der durch das Coase-Theorem berühmt geworden ist, ist ein guter Ausgangspunkt. Dieses Theorem besagt, dass zwei Parteien mit kollidierenden Rechten bei nicht vorhandenen Transaktionskosten ein effizientes Ergebnis aushandeln werden – vorausgesetzt, dass die Eigentumsrechte eindeutig, wenn auch nicht unbedingt effizient, zugewiesen wurden.[45] In Coase' berühmtem Beispiel vernichtet das Vieh des einen Landwirts die Ernte eines anderen. Wenn keine Transaktionskosten anfallen, sollten die beiden Eigentümer dieses Problem so lösen, dass sie die Kosten und Vorteile berechnen, die ihre Rechte ohne diese Kollision mit sich gebracht hätten, und dass die Partei mit dem größeren Nutzen die andere entschädigt. Eine mögliche Lösung wäre der Bau einer Mauer und die Aufteilung der Kosten zwischen den beiden; alternativ könnte ein Landwirt auch den Grund des anderen erwerben, oder beide könnten sich entweder für die Viehzucht oder für den Ackerbau entscheiden. Um zu einem effizienten Ergebnis zu gelangen, ist die spezifische Lösung selbst jedenfalls weniger wichtig als die Tatsache, dass die Parteien ihre jeweiligen Rechte im Interesse einer für beide Seiten vorteilhaften Lösung eintauschen.

Doch selbst wenn man annimmt, dass Transaktionskosten gar nicht anfallen oder sehr überschaubar bleiben, so folgt daraus nicht, dass es die Parteien auf ein Verhandlungsergebnis absehen würden, welches das beste für beide wäre.[46] Der Viehhalter etwa könnte den Pflanzer auch einfach ignorieren und seinen Tieren erlauben, dessen Feldfrüchte wegzufressen, wodurch er seinen Nachbarn dazu zwingen würde, entweder zu weichen oder ihn zu verklagen. Allein dies stellt bereits eine schwere Belastung für den Ackerbauern dar, weil er mit großer Wahrscheinlichkeit zumindest einige Verfahrenskosten wird tragen müssen.[47] Hinzu kommt noch, dass, wenn gleiche Rechte kollidieren, das Ergebnis einer juristischen Auseinandersetzung oft ungewiss ist. Für den Verursacher des Schadens besteht ein starker Anreiz dazu, alles auf die Karte zu setzen, ein Gericht davon überzeugen zu können, dass sein Recht zur Schädigung anderer geschützt sein sollte. So könnte der Viehzüchter zum Beispiel argumentieren, dass Kühe einen größeren Wert für die Gesellschaft erzeugen als Kulturpflanzen. Und selbst wenn er den Prozess nicht gewinnt, könnte er doch die Ressourcen haben, um in Revision zu gehen oder eine Wiederaufnahme des Verfahrens anzustreben. Tatsächlich ist auf diese Weise über viele umstrittene Eigentumsrechte am Ende zugunsten der Partei mit den üppigeren Ressourcen geurteilt worden.

Betrachten wir den Fall Sanderson, einen langwierigen Rechtsstreit zwischen Mr. und Mrs. Sanderson auf der einen und der Pennsylvania Coal Company auf der anderen Seite. Im Jahr 1868 erwarben die Sandersons ein Stück Land entlang eines Baches namens Meadow Brook in Scranton, Pennsylvania. Das Ehepaar errichtete auf dem dortigen Grund und Boden ein Haus. Zudem errichtete man ein kleines Wehr nebst einem Eisteich für den Fischfang und nutzte das frische Wasser des Bachs für ein Bewässerungssystem, einen Springbrunnen und eine Zisterne. Im Jahr 1870 begann die Pennsylvania Coal Company, zwei Meilen bachaufwärts vom Grundstück der Sandersons entfernt, damit, Kohle zu fördern. Der Betrieb der Mine setzte allerdings saures Grundwasser frei, das von der Firma in den Meadow Brook verklappt wurde und in der Folge die Fische im Abschnitt des Sanderson'schen Familiensitzes tötete, die Bewässerungsrohre zerfraß und das Trinkwasser aus der Zisterne ungenießbar machte.[48]

Die Sandersons reichten Schadensersatzklage ein. Der erste Richter verwarf ihren Antrag sofort und befand, dass es zwar einen Verlust, aber keine Pflichtverletzung gegeben habe (*damnum absque injuria*). Die Verklappung sauren Wassers war in den Augen des Gerichts eine Begleiterscheinung des Kohleabbaus, und Scranton lag in einem Kohlestaat, was solche Verklappungen sehr wahrscheinlich machte. Kurz, die Sandersons hätten wissen können, dass ihr Besitz beeinträchtigt war, als sie ihn erworben haben. Das Berufungsgericht hob das Urteil jedoch auf und befand, dass der Gebrauch, den das Bergbauunternehmen von seinem eigenen Eigentum machte, es nicht rechtfertigte, dem Eigentum seiner Nachbarn einen Schaden zuzufügen.[49] Die Kammer sprach den Sandersons 250 Dollar Schadensersatz zu, was einem heutigen Wert von etwas mehr als 6000 Dollar entspricht. Dies war jedoch nur ein Bruchteil dessen, auf das die Sandersons angesichts des tatsächlichen von ihnen erlittenen Schadens meinten einen Anspruch zu haben. Deshalb brachten sie ihre Klage vor einem anderen Gericht an, wo ihnen eine Jury Schadensersatz in Höhe von 2872,74 Dollar (was gegenwärtig einer Kaufkraft von ungefähr 72 000 Dollar entspricht) zubilligte. Das Bergbauunternehmen setzte sich jedoch zur Wehr und rief den Obersten Gerichtshof des Staates Pennsylvania an. Dort stieß es endlich auf Gehör für ein Argument, das es bereits die ganze Zeit anzubringen versucht hatte – dass nämlich das *gesellschaftliche Interesse* an der Kohleförderung die Rechte individueller Landbesitzer wie der Sandersons überwiegen sollte. Denn wenn jeder Grundeigentümer entlang eines Flusses die Industrieansiedlung flussaufwärts verhindern könnte, würde der ökonomische Fortschritt unmöglich werden. Die Pennsylvania Coal Company aber entwickelte »die bedeutendsten natürlichen Ressourcen eines Landes« und sollte deshalb die Erlaubnis erhalten, damit fortzufahren, auch wenn dies anderen Kosten aufbürdete. Das Gericht stimmte dem zu. Und es entschied, dass die »Bedürfnisse einer großen Gemeinschaft« den individuellen Eigentumsrechten der Kläger übergeordnet seien, deren Verletzung folglich zu »einer bloßen privaten Unannehmlichkeit« herabgestuft wurde.[50]

Es ist wichtig zu bemerken, dass die Sandersons nicht versucht haben, den Betrieb der Kohlenmine insgesamt zu verhindern. Ihnen war es lediglich darum zu tun, einen Ausgleich für die von ihnen erlittenen Schäden zu erhalten. Schon allein diese Tatsache markierte eine Abkehr vom traditionellen Nachbar- und Immissionsschutzrecht. Denn dieses verlieh Eigentümern ein Recht auf Einspruch gegen jegliche Beeinträchtigung ihrer Eigentumsrechte durch andere. US-amerikanische Gerichte verwandelten dieses Vetorecht mit der Zeit immer mehr in ein Recht auf Entschädigung für etwas, das passenderweise als »juristisch gebilligte private Enteignung« bezeichnet worden ist.[51] Die Schadensersatzleistung erlaubt es nämlich finanziell gut ausgestatteten Unternehmen, der ökonomischen Entwicklung dadurch etwas auf die Sprünge zu helfen, dass sie eine Zahlung entrichteten, die oft kaum mehr als eine symbolische Entschädigung für die Verletzung der Eigentumsrechte anderer darstellte.

Die Gerichte in England hielten noch viel länger an der Vetoregel fest. Die Unantastbarkeit der Eigentumsrechte wurde von ihnen als ein Schutzschirm auch gegen die *gesetzliche* Macht verstanden.[52] So bemerkte ein englischer Richter einmal, dass »[d]as Gericht immer schon gegen die Vorstellung protestiert hat, dass es einen Übelstand einfach deshalb gewähren lassen sollte, weil der Übeltäter fähig und gewillt ist, für die von ihm verursachten Verletzungen zu zahlen«.[53] Nicht die Gerichte, sondern das Parlament sollte das letzte Wort darüber haben, wie kollidierende Eigentumsrechte behandelt werden sollten. Am Ende jedoch mussten sich auch die englischen Gerichte dem Druck mächtiger Klageführer beugen und »sich selbst die im Common Law eigentlich nicht vorgesehene Befugnis aneignen, anstelle einer einstweiligen Verfügung Schadenersatz für künftige Verluste zuzusprechen«.[54]

Indem die Gerichte einigen Eigentümern das Recht verweigerten, Handlungen zu verhindern, die ihr Eigentum vorhersehbar schädigen würden, und sie stattdessen zwangen, sich mit einer Entschädigung zu begnügen, sanktionierten sie private Enteignungen.

Die Wahl der Rechtsmittel im Falle einer Kollision von Eigentumsrechten hat tiefgreifende Auswirkungen auf die Verteilung von Macht und Wohlstand in der Gesellschaft. Guido Calabresi und Douglas Melamed haben in einer bahnbrechenden Arbeit erläutert, dass »die Gesellschaft« nicht nur entscheiden muss, welche Ansprüche (definiert als jedes gesetzlich geschützte Interesse, wie beispielsweise Eigentum) zu gewähren sind und »wer anspruchsberechtigt sein soll«, das heißt, wie diese Ansprüche zu verteilen sind. Sie muss vielmehr auf einer zweiten Ebene auch festlegen, wie Letztere geschützt werden sollen. Fehlen einschlägige Regeln dazu, dann ist es unmöglich, Konflikte zwischen zwei oder mehreren gleichrangigen Rechten zu lösen, so dass sich in der Folge das alte Prinzip »Macht macht Recht« erneut durchsetzen würde.[55]

Calabresi und Melamed bringen eine einfache Typologie von Regeln zur Lösung von Konflikten zwischen gleichen Rechten ins Spiel: eine *Eigentumsregel*, um sich gegen jegliche Eingriffe zu wehren, eine *Haftungsregel*, die das Vetorecht in Geldleistungen für Schäden umwandelt, und eine *Unveräußerlichkeitsregel*, die die Verletzung von Interessen gänzlich verbietet.[56] Selbst wenn also eine Gesellschaft lediglich die Ziele der Effizienz und einer (einigermaßen) gerechten Verteilung von Kosten und Nutzen verfolgt, ist die richtige Entscheidung nach diesen Regeln kompliziert und erfordert nicht nur großen Sachverstand, sondern auch moralisches Urteilsvermögen. Viele Kompromisse und Ermessensentscheidungen müssen getroffen werden, und einige davon könnten sich im Nachhinein als falsch herausstellen, wären aber nur schwer rückgängig zu machen.

Wichtig ist der Befund der beiden Autoren, dass die Haftungsregel, die von den Gerichten bevorzugt wird, weil sie praktisch jeden Konflikt lösbar macht, ohne nur eine Seite zu begünstigen, eine bestenfalls unvollkommene Alternative zur Eigentums- (oder Veto-)Regel darstellt. Denn Erstere kann zwar die Dinge in Bewegung bringen und auf diese Weise zur Überwindung von Hold-up-Problemen beitragen. Die Umwandlung aller Eigentums- in Haftungsregeln würde jedoch die Unantastbarkeit des Eigentums untergraben. Das ist Calabresi und Melamed zufolge auch der Grund dafür, dass die vom Strafrecht für Diebe vorgesehenen Sanktionen den wirtschaftlichen Wert ihrer Beute übersteigen. Denn warum sollte man sich auch die Mühe machen, vor der Wegnahme von etwas darum zu bitten, wenn die einzige Strafe darin besteht, den regulären Preis für die Sache zu bezahlen, falls man erwischt wird?

Darüber hinaus betonten die Autoren, dass Verhandlungen und Tauschgeschäfte zwischen Rechteinhabern nicht immer zu Ergebnissen führen werden, die mit den Zielen der Gesellschaft übereinstimmen.[57] In ihrer Schrift aus dem Jahr 1972 vertreten sie die Auffassung, dass die Unveräußerlichkeitsregel, die Verhandlungen verbietet und verbindliche Beschränkungen vorschreibt, die richtige Wahl sei, um künftige Generationen vor den Kosten von Umweltschäden zu schützen, die die Gesellschaft möglicherweise »nicht rückgängig zu machen imstande ist«. Dieser Empfehlung wurde jedoch nicht entsprochen. Unveräußerlichkeitsregeln, selbst in ihrer abgeschwächten Form als Umweltvorschriften, die Verschmutzern zwar gewisse Beschränkungen auferlegen, aber kaum ein vollständiges Verbot, wurden vielmehr von der Industrie abgelehnt, die sie mit allen Mitteln bekämpfte, vor allem durch Gerichtsprozesse und die Lobbyarbeit bei Regulierungsbehörden und Gesetzgebern.

Viele Umweltverschmutzer konnten sich der Haftung entziehen, indem sie sich der Form einer Kapitalgesellschaft bedienten, die ihren Anteilseignern auch dann noch Haftungsschutz bietet, wenn es sich bei dem einzigen Gesellschafter um die Muttergesellschaft mit 100-prozentiger Kontrolle über das Unternehmen handelt. Auf diese Weise konnten Kapitalgesellschaften ihre Tochtergesellschaften dazu einsetzen, anderen und der Umwelt Schaden zuzufügen, während die Aktionärinnen und Aktionäre der Muttergesellschaft Profite aus diesen Aktivitäten ziehen und der Haftung entgehen. Erst in den letzten Jahren ist es einigen Beschwerdeführern gelungen, Muttergesellschaften für Schäden haftbar zu machen, die eine ihrer Tochtergesellschaften verursacht hat. Ein bekanntes Beispiel ist die Klage von Fischern in Nigeria, deren Fanggründe durch die Ölverschmutzung zerstört wurden, gegen das Mineralölunternehmen Shell in Großbritannien und den Niederlanden. Es dauerte ganze 13 Jahre, bis ein niederländisches Gericht in dieser Angelegenheit entschied. Erst im Dezember 2022, mehr als 15 Jahre nach Einreichung der Klage, zahlte Shell schließlich 15 Millionen Euro an die Opfer.[58] Auch in einem parallelen Fall im Vereinigten Königreich wurde die Haftung der Muttergesellschaft bestätigt, indem sich das Gericht auf einen einfachen, jahrhundertealten Rechtsgrundsatz stützte: die Sorgfaltspflicht. Nach dem Vertretungsrecht haftet, wie das Gericht entschied, der Geschäftsherr für Vergehen, die von einem Vertreter begangen werden, den er kontrolliert.[59] Zumindest implizit stellt dieses Urteil die Doktrin des »Durchdringens des Unternehmensschleiers«, das heißt der Durchgriffshaftung, infrage, die Muttergesellschaften und andere Anteilseigner lange Zeit vor der Haftung geschützt hat, weil die Gerichte darauf bestanden haben, dass der legale Schleier zwischen zwei juristischen Personen geschützt werden müsse und nur dann durchbrochen werden dürfe, wenn die Muttergesellschaft ihre Tochtergesellschaft wie einen Spielball benutzt oder anderen ein Unrecht zugefügt habe.[60] Das in der Klage gegen Shell vorgebrachte Argument der »Sorgfaltspflicht« ist nun allerdings ein überzeugendes Beispiel dafür, dass das geltende Recht eine ganze Reihe von Argumenten und Grundsätzen bereithält, die gegen das Kapital in Stellung gebracht werden können.

Eigentumsrechte strukturieren die Beziehungen zwischen Eigentümern wie auch zwischen Eigentümern und Nichteigentümern, damit aber auch soziale Verhältnisse. Veränderungen in den Eigentumsrechten wirken sich auf gesellschaftliche Beziehungen aus und können sie transformieren, ohne dass es zu (offener) Gewalt kommt. Dies funktioniert tendenziell besser, wenn die Rechte der Schwachen und nicht die der Starken geopfert werden – was in der Vergangenheit häufig der Regelfall gewesen ist, wie empirische Befunde belegen. Diese zeigen, dass die Stärke der von Minderheiten gehaltenen Eigentumsrechte in einem umgekehrt proportionalen Verhältnis zum Wirtschaftswachstum steht.[61] Damit steht dieser Befund allerdings in einem deutlichen Kontrast zu der positiven Korrelation zwischen Eigentumsrechten und Wachstumsraten, die in den meisten ökonometrischen Studien herausgearbeitet wurde.[62] Hierbei wurde jedoch nicht berücksichtigt, wie und auf wessen Kosten Eigentumsrechte überhaupt entstanden sind.[63] Tatsächlich waren Bodenreformen, die Land von den Mächtigen auf die Armen umverteilt haben, ein seltenes Phänomen, obwohl empirische Daten darauf hindeuten, dass eine solche Umverteilung wirtschaftlich von Vorteil wäre.[64] Oftmals gelang diese nur unter dem Druck externer Kräfte, etwa einer Besatzungsmacht, wie im Japan der Nachkriegszeit, wo die amerikanischen Okkupanten Bodenreformen nicht aus Gründen der wirtschaftlichen Effizienz anregten, sondern mit dem Ziel, die Demokratie in Japan zu festigen.[65]

Ein weiteres instruktives Beispiel, um die gesellschaftlichen Dimensionen des Eigentumsrechts besser zu verstehen, ist Indien. Nach über zwei Jahrhunderten Kolonialherrschaft, zuerst durch die englische East India Company und dann durch die Krone selbst, erlangte das Land schließlich im Jahr 1947 seine Unabhängigkeit und gab sich drei Jahre später eine Verfassung.[66] Eine ihrer umstrittensten Klauseln war dabei der Artikel 31, der das Eigentum als individuelles Grundrecht unter Schutz stellte – eine interessante Entscheidung für ein Land, das versuchte, einem Entwicklungspfad zu folgen, der die Mehrheit seiner Bevölkerung aus der Armut herausführen sollte. Viele indische Politiker behaupteten damals, dass der starke Schutz von Eigentumsrechten das Fortleben kolonialer Strukturen verunmöglichen würde, welche die Landbesitzer den Bauern gegenüber privilegierten und sich durch den Schutz der Rechte Ersterer während der englischen Kolonialherrschaft verstetigt hatten.[67] Artikel 31 beinhaltete den üblichen Schutz von Eigentumsrechten in Gestalt von negativen Rechten gegen den Staat: »Niemand darf unrechtmäßig seines Eigentums beraubt werden.« Diese Klausel sah zwar Entschädigungszahlungen vor, verlangte allerdings nicht, dass diese Zahlungen »gerecht« sein oder dem gegenwärtigen »Marktwert« der betreffenden Güter entsprechen müssten. Am wichtigsten aber war, dass der Artikel 31 eine gerichtliche Überprüfung der geleisteten Entschädigungen ausschloss.

Dies hielt die Landbesitzer allerdings nicht davon ab, die Bodenreform dennoch dadurch torpedieren zu wollen, dass sie den in der Verfassung vorgesehenen Gleichbehandlungsgrundsatz – und damit das mächtige Argument der formellen Gleichheit – ins Feld führten. Und obgleich der oberste Gerichtshof Indiens diese Argumentation letztlich zurückwies, entschieden mehrere Vorinstanzen in ihrem Sinne. Aus Furcht vor weiteren Angriffen auf die Reformagenda konkretisierte das indische Parlament den Artikel 31 erstmals im Jahr 1951 und erneut im Jahr 1964 dahingehend, dass rechtmäßige Enteignungen von den Gerichten nicht mehr als nichtig erklärt werden konnten. Hinzu kam noch, dass eine »konstitutionelle Schatzkammer« eine ganze Reihe von Rechten und Gesetzen der gerichtlichen Prüfung überhaupt entzog. Der Kampf war damit zwar noch nicht beendet, aber Artikel 31 wurde schließlich von einer neuen Bestimmung, dem Artikel 300, ersetzt, der das Eigentum von einem Grundrecht zu einem einfachen Recht herabstufte. Auf den ersten Blick scheint das ein Sieg für die Gegner privater Eigentumsrechte gewesen zu sein, führte letztendlich aber zu einer Stärkung der Befugnisse von Eigentümern, weil dadurch auch der Schutz vor einer gerichtlichen Überprüfung wegfiel, den Artikel 31 noch festgeschrieben hatte.[68]

Der Kampf um das Eigentumsrecht in Indien wurde allgemein als ein Zusammenstoß zwischen Legislative und Judikative gedeutet, bei dem die Judikative umfassende sozialistische Reformen untergrub, indem sie die Eigentumsrechte der Wenigen hochhielt. Rashmi Venkatesan zeichnet hingegen ein anderes Bild, welches die juristische Auseinandersetzung um Eigentumsrechte als Teil einer »passiven Revolution« darstellt, die der kapitalistischen Moderne den Weg ebnete. Die Kernfrage für die indische politische Elite war ihr zufolge die, wie man »die Rechte am Eigentum so als ein fundamentales Recht schützen konnte, dass es dem postkolonialen Staat möglich war, koloniale Eigentumsrechte abzubauen (speziell die der *zamindari* [Grundbesitzer]), um auf diese Weise die ›Entwicklung‹ zu beschleunigen«.[69] Ohne die Überreste von Feudalismus und Kolonialismus zu beseitigen, wäre Entwicklung unmöglich. Die Schwächung der Eigentumsrechte unbeugsamer Landbesitzer, die Reformen mit hoher Wahrscheinlichkeit abzublocken versuchen würden (und es tatsächlich taten), war in Indien so nötig, wie die Bodenreform in Japan nötig war, um damit ökonomische Strukturen zu fördern, die mit demokratischen Werten besser im Einklang standen. Im Lichte dieser Beispiele lohnt es sich, über die

Notwendigkeit von Eigentumsreformen auch in den Kernländern des Kapitalismus nachzudenken – in den USA und in Großbritannien nämlich, wo gesetzlich abgesegnete Besitzansprüche auf Vermögenswerte in den Händen einer kleinen Elite festgeschrieben worden sind –, um das Überleben der Demokratie sicherzustellen und eine möglichst breit angelegte Entwicklung zu begünstigen.

Anders als die Verfassung Indiens hat die Post-Apartheid-Verfassung Südafrikas die dortige Gesetzgebung nicht dazu befugt, Umverteilung in einem Maße zu betreiben, das für die meisten Menschen im Land einen Unterschied gemacht hätte. Die Ungleichheit hat seit dem Ende der Apartheid eher noch zu- denn abgenommen, und die wertvollsten Ressourcen, darunter auch der größte Teil des fruchtbaren Bodens, befinden sich nach wie vor im Eigentum einer kleinen Elite, die immer noch überwiegend, wenn auch nicht mehr ausschließlich weiß ist.[70] Die südafrikanische Verfassung aus dem Jahr 1996 hatte versucht, eine andere Balance zwischen dem Schutz von Eigentumsrechten und einem inklusiven Wohlstand herzustellen als die indische. Ihr Artikel 25 schützt das Eigentum und verbietet seine willkürliche Beschlagnahme. Damit eine Enteignung rechtmäßig ist, muss sie auf einem allgemeinen Gesetz basieren, das eine Entschädigung vorsieht, über deren Ausmaß die Gerichte das letzte Wort haben. Die in der Verfassung festgeschriebene Klausel, der zufolge jene Entschädigung »gerecht und vernünftig« ausfallen und unter anderem »die Geschichte des Erwerbs und des Gebrauchs des betroffenen Eigentums« berücksichtigen muss, hat die Umverteilung von Grund und Boden sowie anderer natürlicher Ressourcen kaum verstärkt.

Getreu dem neoliberalen Paradigma wurde die Reallokation von Eigentumsrechten in Südafrika nicht durch eine staatlich gelenkte Bodenreform, sondern vermittels freiwilliger Verhandlungen vollzogen. Auf Anraten der Weltbank verfolgte die neue Regierung eine Strategie des »willigen (Ver-)Käufers«, die die Entscheidung zur Umverteilung von Grundbesitz in den Händen der weißen besitzenden Klasse beließ und die Regierung dazu zwang, den geforderten Preis zu bezahlen, wenn sie sich nicht in langwierige gerichtliche Streitereien verstricken wollte.[71] Selbst Angehörige der schwarzen Bevölkerung, die von ihrem Land vertrieben worden waren, wurden nicht entschädigt, sondern durch Barzahlungen auf die Hand ruhiggestellt, statt Eigentumsrechte zu erhalten. Im Jahr 2008 schließlich wurde ein Gesetzentwurf eingebracht, der *entschädigungslose* Enteignungen gestattete, wenn auch unter höchst restriktiven Bedingungen. So mussten sie einem öffentlichen Zweck dienen und waren nur erlaubt, wenn der betreffende Grundbesitz ungenutzt war oder in erster Linie zu Spekulationszwecken (also nicht für seine eigentlichen Funktionen) gebraucht wurde oder ein Eigentümer seinen Besitz aufgegeben hatte.[72] Nach mehreren gescheiterten Anläufen wurde das Gesetz schließlich im September 2022 verabschiedet, nur um sofort danach im In- und Ausland als Bruch mit dem Rechtsstaatsprinzip und Bedrohung der Unantastbarkeit von Eigentumsrechten kritisiert zu werden.[73] Kaum jemand fragte, *wessen* Eigentumsrechte hier eigentlich auf dem Spiel standen, unter welchen Bedingungen sie erworben worden waren oder ob dem sozialen Fortschritt und der ökonomischen Entwicklung nicht vielleicht dadurch besser gedient wäre, dass man mehr Menschen mit Ressourcen und Rechten ausstattete.

Wendet man den Blick vom individuellen Eigentümer hin zu den gesellschaftlichen Auswirkungen von Eigentumsrechten, so werden ihre Verteilungseffekte und ihre Tendenz zur Vertiefung sozialer Spaltungen offenbar. Nicht immer sind Eigentümer die Pioniere eines wirtschaftlichen Fortschritts oder Streiter für eine Effizienz, die auch für alle anderen günstige Folgen haben wird. Vielmehr ist es ebenso wahrscheinlich, dass sie einen Stillstand provozieren und den Fortschritt damit blockieren.[74] In Südafrika ist es alteingesessenen Grundbesitzern beispielsweise gelungen, eine tiefgreifende gesellschaftliche Transformation abzublocken, die der schwarzen Mehrheitsgesellschaft des Landes zugutegekommen wäre, deren politische und ökonomische Möglichkeiten ihr von der Apartheid genommen worden waren. Auf ähnliche Weise stehen heute die Unternehmen aus der fossilen Industrie einer Energiewende von braun (Umweltverschmutzung) nach grün (Nachhaltigkeit) im Wege, wobei sie jedes rechtliche Instrument aus ihrem Werkzeugkasten aufbieten. So haben sie gegen Regulierungen lobbyiert, souveräne Staaten verklagt, die ihren allmählichen Rückzug aus der Verbrennung von Kohle und Gas ankündigten, indem sie behaupteten, dass diese Staaten ihre Investitionen beschädigen würden, und Politikern Beifall gespendet, die Investitionen in Unternehmen beenden wollen, welche maßgeblich nach den sogenannten ESG-Kriterien Umweltschutz, soziale Verantwortung und gute Unternehmensführung betrieben werden.[75] Manche Regierungen haben sich dagegen zur Wehr gesetzt und sind aus dem Energiecharta-Vertrag ausgetreten, der es Energieunternehmen erlaubt, die Regierungen anderer Länder, in denen sie Investitionen getätigt haben, wegen Störung ebendieser Anlagetätigkeit zu verklagen. Dies ist ein wichtiger, wenn auch später Schritt auf dem Weg dahin, mächtige Energiekonzerne davon abzuhalten, ganze Staaten in Geiselhaft zu nehmen, die es wagen, deren Interessen im Namen einer nachhaltigen wirtschaftlichen Entwicklung infrage zu stellen.[76] Eigentumsrechte legalisieren die Kontrolle, die Eigentümer über eine Ressource ausüben können, und ihre Macht, zu bestimmen, was andere im Hinblick auf diese zu tun und zu unterlassen haben. Einmal anerkannt und formalisiert, werden über die Herkunft und Entstehung solcher Rechte kaum mehr Fragen gestellt. Wer hatte vor der Formalisierung einen Anspruch auf die betreffenden Vermögenswerte? Wessen Rechte sind durch sie erloschen? Und wie fair ist der Prozess verlaufen, in dem jene Werte formalisiert wurden? Die juristische Rechtfertigung gesetzlicher Eigentumsrechte löscht Fragen wie diese gemeinsam mit den Ansprüchen aus, die ihnen vorangingen.[77]

William Blackstone bezeichnete Eigentum bekanntlich als »despotische Herrschaft«.[78] Und obwohl Eigentumsrechte immer noch einer der Grundpfeiler des Kapitalismus sind, könnte man angesichts seiner gegenwärtigen Ausprägung als Finanz- und Informationskapitalismus argumentieren, dass Verträge das Eigentum als primären Modus der Ausübung von Herrschaft der einen über die anderen abgelöst haben.[79] Mithilfe der modernen Informationstechnologie kann ein einzelner Vertrag Millionen Menschen binden und sie im Zuge dessen dem Willen des Unternehmens unterwerfen, das ihn entworfen hat. Auf diese Weise werden Vertragsrechte dazu genutzt, Eigentumsrechte für die Partei mit der im Verhältnis zu all ihren Kontrahenten stärksten Verhandlungsposition zu etablieren.

Digitale Plattformen wie etwa Facebook, Google, Amazon und X illustrieren, wie Verträge in Kombination mit Netzwerkmacht (um David Grewals Ausdruck zu bemühen) eine neue Art der »despotischen Herrschaft« begründen. Jeder Nutzer, der sich bei diesen Plattformen registriert, akzeptiert den gleichen Standardvertrag, der nur an einigen wenigen Stellen an die besonderen Umstände seiner Jurisdiktion angepasst ist. Die Europäische Union zum Beispiel hat eine verpflichtende Zustimmung für die Sammlung persönlicher Daten eingeführt. Deshalb müssen die Nutzer von Plattformen mittlerweile fast überall auf einen »Zustimmen«-Button klicken, bevor sie auf diese zugreifen können.[80] Und die meisten tun das auch – wobei einige wenige der Anwendung von Technologien widersprechen, die die Überwachung ihrer persönlichen Informationen ermöglichen. Das Unternehmen im Zentrum dieses riesigen Netzwerks legt die Nutzungsbedingungen fest, darunter auch sein Recht, persönliche Informationen von seinen Kunden zu verwenden. Kurz, Verträge sind auf eine Weise universalisiert worden, wie es zuvor nur die Eigentumsrechte waren. Letztere wurden für absolut gehalten und gegen die Welt in Stellung gebracht, während man Verträge als relational, das heißt als für zwei Parteien auf Basis eines wechselseitigen Einverständnisses verbindlich ansah. Diese Illusion ist im digitalen Zeitalter nur noch schwer zu verteidigen.

Aus diesen Verträgen auszusteigen, bedeutet, eine ganze soziale Welt hinter sich zu lassen, weil ihre Bedingungen, abgesehen von ein paar frei wählbaren Optionen, nicht verhandelbar sind. Im Jahr 2024 haben nahezu 70 Prozent der Weltbevölkerung ein Mobilgerät genutzt, um sich mit dem Internet zu verbinden, und mehr als 5 der gegenwärtig 8 Milliarden Menschen auf der Welt verfügen über eine Social-Media-Identität.[81] In der Theorie haben die Leute immer noch eine Wahl. Schließlich gibt es mehr als eine Social-Media-Plattform und Milliarden Websites, die man besuchen kann – oder eben auch nicht. In der Realität hingegen binden mächtige Netzwerkeffekte die Nutzer allerdings an eine Plattform, sobald sie dort einmal genügend Kontakte geknüpft haben.[82]

Die Tatsache, dass Verträge tendenziell die schwächere Partei auf den Willen einer stärkeren verpflichten, ist natürlich nichts Neues. Über die ganze Geschichte hinweg war dies ein wesentliches Merkmal von Arbeitsverträgen und inspirierte Marx' Analyse der Ausbeutung der Arbeit durch das Kapital. Das Eigentum an den Produktionsmitteln verschafft dem Kapital die Kontrolle über die Arbeit, weil es ihm die Macht gibt, die Bedingungen für seine vertragliche Beziehung mit der Arbeit zu bestimmen. Seit dem 19. Jahrhundert ist eine Menge erreicht worden, was die Verbesserung der Arbeitsverhältnisse angeht – hauptsächlich durch legislative Eingriffe, die die Verhandlungsposition der Arbeitnehmerseite unter anderem durch Tarifverträge, Arbeitsschutzgesetze, die Festlegung einer täglichen Höchstarbeitszeit und das Verbot von Kinderarbeit, um nur einige wenige zu nennen, gestärkt haben. Eine der wirksamsten Maßnahmen zur Vergrößerung der Verhandlungsmacht der Arbeit war die Bildung von Gewerkschaften. In den Vereinigten Staaten erreichte der gewerkschaftliche Organisationsgrad der Arbeiter mit 35 Prozent in den 1930er- und dann erneut in den 1950er-Jahren einen Höhepunkt, ging dann aber in den 1980er-Jahren auf 20 Prozent zurück und beläuft sich heute auf etwa 10 Prozent.[83] Im Gegensatz dazu sind in Frankreich und Italien gegenwärtig nahezu 100 Prozent der Beschäftigten Mitglieder in einer Gewerkschaft, während der Durchschnittswert in den entwickelten OECD-Ländern etwa 31 Prozent beträgt.[84]

Es gibt viele Gründe für den Rückgang der gewerkschaftlich organisierten Arbeitnehmerschaft, und diese sind von Land zu Land unterschiedlich. Dazu zählt unter anderem der aktive Widerstand der Arbeitgeber, die, besonders in den USA, das Rechtssystem dafür einspannen konnten, die Macht der Gewerkschaften zu unterlaufen. Manche der wirtschaftlich schärfsten Waffen, die Letztere aufzubieten hatten – Solidaritätsstreiks und Boykotts –, gelten in den Vereinigten Staaten als Verstöße gegen die Antitrust-Gesetzgebung.[85] Darüber hinaus werden selbstständige Vertragsunternehmer – der in den Augen der sie beschäftigenden Unternehmen bevorzugte Status solo-selbständiger sogenannter Gig-Worker – nicht von den Bestimmungen des National Labor Relations Act erfasst und sind auch von der Bildung von Gewerkschaften ausgeschlossen, da dies als wettbewerbswidrig verstanden werden würde. Denn wie oben schon erwähnt, wurden Gesetzgebungen, die Gewerkschaftsvertretern das Betreten der Liegenschaften von Arbeitgebern zum Zwecke der Organisation erlaubten, als unrechtmäßige Enteignungsmaßnahmen verworfen.[86] Diese Beispiele zeigen, wie kunstvoll die Arbeitgeber ökonomische Beziehungen mithilfe des Eigentums- und Vertragsrechts so gestaltet haben, dass sie durch ihr Einwirken auf die Gesetzgebung jede Chancengleichheit zwischen sich und denjenigen, die für sie arbeiten, vermeiden konnten.

Manche multinationalen Konzerne haben auch nicht davor zurückgescheut, in Ländern, in denen sie Niederlassungen unterhalten, unverhohlen gegen die lokalen Regeln für Tarifverhandlungen zu verstoßen, um die Macht der Arbeitnehmerseite zu beschneiden. So hat sich der US-amerikanische Elektroautobauer Tesla unter der Führung von Elon Musk in Schweden einfach geweigert, einen von der dortigen Gesetzgebung vorgesehenen Kollektivvertrag abzuschließen.[87] Zwar verfügt das Unternehmen gar nicht über bedeutende Fertigungskapazitäten in dem Land, betreibt vor Ort aber mehrere Reparaturstützpunkte für seine Fahrzeuge. Im Herbst des Jahres 2023 traten 130 dort beschäftigte Mechaniker in den Ausstand und sind seitdem nicht wieder an die Arbeit zurückgekehrt.[88] Mehrere andere schwedische Gewerkschaften riefen zu Solidaritätsstreiks auf, und selbst die Postangestellten weigerten sich, Nummernschilder an neue Tesla-Kunden auszuliefern. Daraufhin verklagte das Unternehmen die Postgesellschaft und gewann.[89] Zudem setzte Tesla zeitweise Mechaniker aus Nachbarländern ein – ein Schritt, der durch das Bekenntnis der EU zur Arbeitnehmerfreizügigkeit möglich war. Für die schwedischen Gewerkschaften wurde dieser Streik zu einer Sache des Prinzips: Sobald es einem multinationalen Konzern einmal erlaubt würde, lokale arbeitsrechtliche Bestimmungen durch schlichte Missachtung zu umgehen, werden andere es ihm gleichtun. Für Tesla geht es hier allein um den weltumspannenden Kapitalismus, ein System, in dem Unternehmen und nicht die Arbeiter die Spielregeln festlegen.

Dieser Fall illustriert den Kampf zwischen verschiedenen Modi des Kapitalismus. Die Literatur zu seinen unterschiedlichen Spielarten charakterisiert die kontinentaleuropäischen und skandinavischen Länder als »koordinierte« und Großbritannien und die Vereinigten Staaten als »liberale« Marktwirtschaften.[90] Für die These, dass beide Systeme beharrlich sind und trotz der starken Kräfte der globalen Kapitalflüsse mit hoher Wahrscheinlichkeit nicht zu einem einzigen verschmelzen, wurden starke Gründe ins Feld geführt.[91] Dennoch macht der Fall Tesla die Macht multinationaler Konzerne deutlich, die die notwendigen Ressourcen sowie einen so langen Atem haben, dass sie es nicht bloß mit einigen Gewerkschaften, sondern sogar mit dem Rechtssystem souveräner Staaten aufnehmen können. Um Galanters Beobachtung noch einmal zu wiederholen: Sie spielen um die Regeln und nicht bloß um die Ergebnisse eines einzelnen Falls.[92]

Der Schutz der Arbeitnehmerrechte in Europa begann allerdings schon lange vor der Ankunft von Tesla zu bröckeln. Vorboten dieser Schwächung waren das globale Outsourcing von Arbeitsplätzen, das Aufkommen der Zeitarbeit sowie die Zunahme von sogenannter Ghost Work. Ausländische Direktinvestitionen wurden oft als ein Transfer von Kapital aus den entwickelteren in die weniger entwickelten Ländern und als mächtiger Anstoß zur Neustrukturierung der empfangenden Volkswirtschaften begrüßt.[93] Diese Sichtweise hat allerdings mit mehreren Problemen zu kämpfen. Ausländische Direktinvestitionen schaffen nicht notwendigerweise Kapital von außen heran, sondern gewinnen es oft lokal. Und in den vergangenen Jahrzehnten ist mehr Kapital aus dem globalen Süden in den globalen Norden geflossen als in die entgegengesetzte Richtung, wie es diese These vorhersagt.[94] Ausländische Direktinvestitionen sind zudem unmittelbar – und negativ – mit Arbeitsschutzgesetzen korreliert: Die niedrigeren Arbeitsstandards in den meisten Ländern des globalen Südens ziehen Unternehmen aus dem globalen Norden an.[95] In einer wirklich freien Marktwirtschaft würde sich dieser Arbitrageeffekt natürlich schnell verringern, weil die Arbeiter sich gen Norden bewegen würden; dies ist allerdings in einer globalen Wirtschaftsordnung, in der die Staaten die Personenfreizügigkeit begrenzen, während sie den ungehinderten Austausch von Gütern, Dienstleistungen und Kapital sogar fördern, nicht möglich. Eine wichtige Ausnahme von dieser Regel ist die Europäische Union, die die Freizügigkeit als eine der vier Freiheiten – des Personen-, Dienstleistungs-, Kapital- und Warenverkehrs – in den Römischen Verträgen festgelegt hat.[96]

Die Europäische Union ist eine der wenigen transnationalen Regierungsformen, die die Arbeitnehmerfreizügigkeit gesetzlich schützen. Sprachbarrieren und nationale Vorbehalte stellen aber trotzdem starke faktische Hindernisse für diese dar. Zudem hat der gnadenlose Wettbewerb mit dem Rest der Welt die Entschlossenheit zur Stärkung der Arbeitnehmerrechte in ihren Mitgliedstaaten geschwächt; die Einführung und rechtliche Anerkennung der Zeitarbeit legen ein beredtes Zeugnis für diesen Trend ab. Durch die Umstellung der Beschäftigung von unbefristeten auf zeitlich begrenzte Verträge und die Zulassung von in Mitgliedsländern möglichen Zeitarbeitsfirmen sind die Unternehmen in die Lage gekommen, die Kosten für Vollzeitbeschäftigte, die ihnen von den Sozialstaaten auferlegt werden, zu vermeiden. Und außerdem haben die Staaten die Macht der Gewerkschaften geschwächt, die immer dann am stärksten ist, wenn die Beschäftigten unbefristete Verträge haben und, wie in vielen europäischen Ländern, nur aus sachlichen Gründen und nicht, wie in den USA, nach Belieben entlassen werden können.[97] Der Anteil der Zeitarbeiter an der Gesamtzahl der Beschäftigten ist in den OECD-Mitgliedsländern bis auf durchschnittlich 11 Prozent gestiegen und liegt in den Niederlanden, in Chile und in Finnland sogar über 25 Prozent.[98]

Eine weitere Strategie zur Umgehung von Arbeitsschutzregeln, die in der sogenannten Sharing Economy populär geworden ist, ist die Neueinstufung von Beschäftigten als unabhängige, temporäre Auftragnehmer, die selbst dann vorgenommen wird, wenn die Unternehmen wiederholt auf ihre Dienste zurückgreifen.[99] Dies erlaubt es ihnen, Arbeitskräfte für eine bestimmte Aufgabe zu beschäftigen, ohne ihnen zugleich jenen sozialen Schutz gewähren zu müssen, der mit regulären Arbeitsverhältnissen verbunden ist. Als unabhängige Auftragnehmer stehen sie buchstäblich alleine da. Das bekannteste Beispiel dafür sind Uber-Fahrer, doch das Phänomen geht weit über sie hinaus. Mary Gray und Siddharth Suri haben den Ausdruck »Ghost Work« geprägt, um die Situation von Arbeitnehmern zu beschreiben, die überall auf der Welt verteilt sind und jeweils für sich Gebote für einzelne Aufträge von ihrem persönlichen Computer aus abgeben, wobei die Höhe der Entlohnung die Konkurrenzsituation auf einem globalen Marktplatz widerspiegelt.[100] Amazon preist seine »Mechanical-Turk«-Arbeiter als »Belegschaft auf Abruf« an.[101] Für die Arbeitgeber ist dies die beste aller möglichen Welten: Sie bezahlen nur für das, was sie an einem bestimmten Tag brauchen. Die Arbeitnehmerschaft hingegen trägt nicht nur die Kosten der Reproduktion der Arbeitskraft (wie Marx bereits herausgestellt hat), sondern auch die für das Gerangel um Aufträge, um über die Runden zu kommen, ohne die Möglichkeit, sich mit anderen zusammenschließen zu können.

In diesem Kapitel habe ich zu zeigen versucht, dass Eigentumsrechte und Verträge als rechtliche Ermächtigungen für private Akteure fungieren, aber eben nicht für alle gleichermaßen. In der Theorie gewähren Eigentumsrechte den Eigentümern einen potenten Schutz, da sie mit ihnen Vorzugsrechte erwerben, die sie gegen die Welt durchsetzen können.

Wenn Eigentumsrechte jedoch miteinander in Konkurrenz treten, dann erhält oft der ökonomisch mächtigere Akteur den Vorrang, was dann ironischerweise mit dem gesellschaftlichen Nutzen begründet wird, den sie vermeintlich erzeugen, selbst während sie die Umwelt verschmutzen und die Eigentumsrechte anderer zerstören. Auch ein näherer Blick auf Verträge offenbart, dass der Gedanke, sie würden dem beidseitigen Interesse der beteiligten Parteien an der Übereinkunft dienen, ist oft illusorisch. Vielmehr setzen mächtige Akteure standardisierte Verträge ein und bieten ihren Kunden lediglich die Option »Friss oder stirb«. Unterm Strich spiegeln sie die Interessen der einen Partei damit oft eher wider als die der anderen. Besonders im digitalen Zeitalter verschaffen Verträge nicht den Datenproduzenten, sondern Big Tech mehr rechtliche Befugnisse, und das nicht zuletzt deshalb, weil die Informationstechnologie den Abschluss von Massenverträgen viel einfacher macht und sogleich die Verhandlungsposition sowohl von Verbrauchern als auch von Arbeitnehmern fragmentiert und marginalisiert. Das Recht ignoriert diese Entwicklungen zum großen Teil und hält vielmehr daran fest, von der Vertragsfreiheit und der formellen Gleichheit der Parteien auszugehen. Diese unrealistische Annahme rechtfertigt es, eine bloß formelle Zustimmung als ausreichend dafür zu betrachten, Millionen Verbraucher und Beschäftigte dem Diktat mächtiger Unternehmen zu unterwerfen.

4
Zugang zu rechtlichen Zwangsmitteln

Jede Gesellschaft steht vor der Herausforderung, die Ausübung von Gewalt zu kontrollieren.[1] Das soziale Leben zerbricht und der ökonomische Wohlstand schwindet dahin, wenn eine Gesellschaft die Anwendung von Gewalt nicht begrenzt und keine Regeln dafür festlegt, wann, auf welche Weise und von wem sie legitimerweise gebraucht werden darf.[2] Dem modernen Nationalstaat wird nachgesagt, die Zwangsmittel in der öffentlichen Hand zentralisiert zu haben. Um den inneren Frieden zu sichern, hat der Staat Selbstjustiz und Familienfehden verboten.[3] Und zur Sicherung des äußeren Friedens hat er stehende Armeen eingeführt und Möglichkeiten zu ihrer Finanzierung gefunden.[4] Die Macht zur Ausübung von Zwangsgewalt wurde also aus den Händen von Einzelpersonen und Clans genommen und auf ausgewiesene staatliche Institutionen übertragen, wozu in erster Linie die Polizei, die Gerichte und die Gerichtsvollzieher, später aber auch Regulierungsbehörden gehörten.[5]

Allerdings es ist den Staaten nicht vollständig gelungen, die Kontrolle über die Zwangsmittel zusammenzufassen. Machtvakua in der Folge von Kriegen und zerfallenden Reichen schufen ideale Bedingungen für den Aufstieg der Mafia und anderer krimineller Organisationen.[6] Das Phänomen der gescheiterten Staaten (»*failed states*«) spiegelt den Verlust der zentralen Kontrolle über die Zwangsmittel im Verbund mit der Unfähigkeit wider, einen Konsens darüber zu erreichen, wie ein Staat geführt werden sollte.[7] Wie Charles Tilly angemerkt hat, weist die Staatenbildung eine unheimliche Ähnlichkeit zum organisierten Verbrechen auf: Krieger, die darum ringen, die Oberherrschaft zu erhalten, mussten ihren Feinden wie ihren Freunden gegenüber Konzessionen machen.[8] Und diese Konzessionen legten seiner Darstellung zufolge die Grundlagen für Verfahren der Machtkontrolle – von der Magna Carta (1215) bis hin zu den modernen Verfassungen.[9]

Die Zentralisierung des Zwangs führt allerdings ihre eigenen Schwierigkeiten mit sich. Der Staat, der es vermocht hat, seinen inneren wie äußeren Frieden sicherzustellen, könnte sich nun daranmachen, seine Macht gegen jeden etwaigen Gegner in Stellung zu bringen, um alle Handlungen nach Belieben unterdrücken zu können.[10] Das Hobbes'sche Dilemma ist zumindest teilweise durch in der Verfassung festgeschriebene Mechanismen zur Kontrolle und Herstellung von Rechenschaftspflichten der Macht adressiert worden.[11] Und diese Mechanismen sind bemerkenswert erfolgreich dabei gewesen, staatliche Macht einzuhegen. Ein wichtiger Grund dafür könnte der sein, dass nicht sämtliche Kontrollrechte über die Zwangsmittel in die Hand eines einzigen zentralen Akteurs gelegt worden sind. Vielmehr hatten auch private Akteure Zugriff auf sie, solange sie dafür die dafür vom Recht vorgesehenen Kanäle – besonders das Prozessrecht – verwendeten. Diese Vorschriften legen als Zulassungsvoraussetzung fest, dass Kläger ein rechtlich anzuerkennendes Interesse hegen und dazu fähig sind, für ihre eigenen Rechte zu kämpfen, und dass die Gerichte für die Angelegenheit zuständig sind. Diese Bedingungen werden für gewöhnlich als Maßnahmen gerechtfertigt, die sicherstellen sollen, dass sich die Zahl frivoler Klagen in Grenzen halten. Wie wir aber noch sehen werden, bestimmen sie auch, wer Sieger und wer Verlierer in individuellen Streitigkeiten sein wird, mehr allerdings noch, wer in den Kämpfen um die Regeln obsiegt, die festlegen, wer recht hat und wer sich beugen muss. Die Rechtsdurchsetzung dringt nicht in alle Sphären des sozialen Lebens vor. Man kann dies als ein Zeichen der Achtung vor der individuellen Autonomie betrachten; oft eröffnet es aber den Raum für private Regierungen, denen jene Beschränkungen fehlen, die der moderne Konstitutionalismus der staatlichen Macht auferlegt hat. Die Inhaber von Privatmacht mögen zwar keine Gefängnisse oder Armeen unter Aufsicht haben, aber ihr Handeln kann trotzdem zwangsartig sein, weil sie nicht gesetzlich eingeschränkt werden oder die Kunst gemeistert haben, Zugriff auf die Zwangsmacht zu erlangen, mit der sie anderen Beschränkungen auferlegen können.

Manche Bereiche des sozialen Lebens, die Familie und bis zu einem bestimmten Grad auch das Unternehmen, waren in der Vergangenheit tabu und als private Bereiche mit nur begrenzter gesetzlicher Beaufsichtigung geschützt. Unter dem Common Law hatte das Familienoberhaupt die Macht, seine Frau, seine Kinder und die Tiere, die zu seinem Haushalt gehörten, ob ihres Betragens zu »züchtigen« oder zu »korrigieren«, auch mit physischen Mitteln.[12] Und obwohl die juristische Lehrmeinung seine Macht auf »moderate Korrekturen« restringiert hat, sind die Gerichte in der Praxis unter Verweis auf die Privatsphäre der Familie kaum jemals eingeschritten.[13] Sogar Gewaltdelikte wie Vergewaltigungen waren, wenn sie innerhalb der Ehe stattfanden, noch bis vor relativ kurzer Zeit in vielen Jurisdiktionen von der Strafverfolgung ausgenommen – oder sind es immer noch.[14] Auch Sklavenhalter wurden weithin vor der strafrechtlichen Verfolgung für die Gewalt bewahrt, die sie ihren Sklaven antaten. Als Eigentümer menschlicher Körper durften sie diese ge- und missbrauchen. Und obwohl die Tötung oder Vergewaltigung von Sklaven nicht offiziell erlaubt war, gab es in der Praxis dafür kaum Sanktionen.[15] Kurz, die Eigentumsrechte an ihren Sklaven schufen Sphären der Autonomie für die Sklavenbesitzer, aber Sphären der Gewalt für die Sklaven selbst.

Die Zeiten haben sich geändert. Mittlerweile ist die Sklaverei in fast allen Ländern verboten, und die meisten Staaten gewähren Frauen und Kindern Schutzrechte gegen übergriffige Ehemänner oder Väter. Trotzdem erhalten viele gesellschaftliche Untergruppen, etwa religiöse Gemeinschaften, immer noch eine recht große Autonomie dazu, ihre eigenen inneren Angelegenheiten zu regeln, selbst wenn ihr Verhalten in einem Spannungsverhältnis zu den fundamentalen normativen Prinzipien der jeweiligen politischen Gemeinschaft steht, zum Beispiel zum Grundsatz der Geschlechtergerechtigkeit.[16] Das öffentliche Recht hat sich sehr schwergetan damit, patriarchale Strukturen zu durchdringen, und viele Gesetze, die zu diesem Zweck erlassen wurden, bestanden letztlich nur auf dem Papier.[17] Auch Unternehmen sind Schauplätze privater Regierung, wo Investoren und Geschäftsführungen über die Arbeitnehmerschaft als deren ausführendes Organ herrschen.[18] Zwar legt das Arbeitsschutzrecht dem, was Arbeitgeber legalerweise tun dürfen, Beschränkungen auf, aber Papier ist eben geduldig; die Implementierung von Gesetzen kann schwer zu kontrollieren sein, besonders dann, wenn die Nutznießer einer rechtlichen Schutzmaßnahme wirtschaftlich von denjenigen abhängig sind, die sie ignorieren. Regelungslücken in Recht und Gesetz – ob bewusst offengelassen oder nicht – erweitern die Macht der Firmen über ihre Beschäftigten noch weiter. In den Vereinigten Staaten sind die Firmen unter dem Regime des National Labor Relations Board nur dazu verpflichtet, mit ihrem Beschäftigten über »Löhne, Arbeitsstunden und die Arbeits- und Beschäftigungsbedingungen« zu verhandeln; die Vorrechte von Geschäftsführungen, darunter beispielsweise die Entscheidung darüber, ob eine

Betriebsstätte stillgelegt werden soll, um die gewerkschaftliche Organisierung der Belegschaft zu verhindern, ist von dieser Pflicht hingegen ausgenommen.[19] Andere Jurisdiktionen gewähren der Arbeit großzügigere Teilhaberechte, unter anderem das Recht auf die Bildung von Betriebsräten und auf Entsendung von Arbeitnehmervertretern in die Aufsichtsräte ihrer Unternehmen. Deren Stimmen mögen zwar nicht so laut sein wie die der Anteilseigner, aber die Mitbestimmung in Deutschland beispielsweise verschafft ihnen Zugang zu Informationen und damit auch die Fähigkeit, gegen Strategiewechsel mobilzumachen.[20] Wie weit das Recht reicht, wen es schützt und wie effektiv diese Mechanismen sind, steht daher nicht bereits im Vorfeld fest. Es ist vielmehr eine Sache politischer Entscheidungen und normativer Grundorientierungen, um gewährleisten zu können, dass Freiheit nicht für diejenigen mit der größeren wirtschaftlichen Macht reserviert ist.

Gelegentlich weigert sich das Recht, einen Anspruch durchzusetzen, weil es diesen für unmoralisch oder für grundlegend ungerecht hält. Viele Rechtssysteme sperren sich beispielsweise dagegen, Verträge über Geschlechtsverkehr gegen Bezahlung durchzusetzen, weil sie Prostitution für nicht moralisch halten. Andere Verträge hingegen wurden bereitwilliger von sozialen Stigmata gereinigt. So galten Wetten, auch Spekulationsgeschäfte genannt, bei denen die Parteien auf ein finanzielles Resultat tippten, ohne den zugrunde liegenden Vermögenswert selbst zu halten (so ähnlich, als ob man eine Feuerversicherung auf das Haus des Nachbarn abschließen würde), unter dem Common Law als nicht durchsetzbar. Dies unterband oder eliminierte die Spekulation auf den Märkten zwar nicht, hielt aber die Spekulation im Griff, weil die Parteien das reale Risiko eingingen, von ihren Kontrahenten über den Tisch gezogen zu werden. Sobald dieses Stigma in den USA durch die Einführung des Commodity Futures Modernization Act im Jahr 2000 einmal überwunden war, schoss der Einsatz von Derivaten (der heutzutage angesagtesten Form von Finanzwetten) in die Höhe.[21] Wie dieses Beispiel illustriert, bildet die rechtliche Durchsetzbarkeit – die Option also, eine andere Partei wegen Vertragsbruchs vor Gericht zu ziehen – das Rückgrat der Hochrisikomärkte, ungeachtet aller Versuche, diese als sich selbst regierend zu charakterisieren.

Ubi ius ibi remedium – »Wo Recht ist, ist auch Abhilfe« – ist ein altes Sprichwort, das eigentlich bedeutet, dass da, wo ein *gesetzliches* Recht ist, es auch eine *gesetzliche* Abhilfe geben muss.[22] Es zählt also nicht irgendein Recht, sondern nur solches, das gesetzlich anerkannt ist. Ein Eigentumsrecht, eine Forderung aufgrund eines Vertragsbruchs oder ein Recht auf Kompensation für erlittene Schäden (ein Schadensersatzanspruch) kann zwar als Eintrittskarte zu einem gerichtlichen Verfahren dienen, aber nur dann, wenn der erhobene Anspruch den Bedingungen genügt, die das Gesetzes- und das Fallrecht für das betreffende Recht vorsehen. Die Leute mögen der Meinung sein, ein Eigentumsrecht an ihren eigenen Daten oder an dem Geld auf ihrem Bankkonto zu besitzen, oder dass sie als Opfer von Umweltverschmutzung die Firma verklagen können, die diese verursacht hat – das Gesetz sieht all das hingegen oft anders.

Beschwerdeführer, die Tech-Unternehmen wegen unerlaubter Datenerhebungen verklagten, mussten zum Beispiel erleben, wie viele ihrer Ansprüche abgeschmettert wurden, weil das Gesetz kein Eigentumsrecht an Daten anerkennt – zumindest nicht in den Händen der Datenproduzenten.[23] Auch Klagen, die auf einer Verletzung des Rechts auf Privatsphäre fußten, sind regelmäßig mit dem Argument zurückgewiesen worden, dass ein großer Teil der gesammelten Informationen außerhalb der Privatsphäre der Kläger zu verorten ist. Dazu zählen auch die eigene Adresse oder der eigene

Aufenthaltsort. Solche Informationen zu sammeln, ist nach Ansicht der Gerichte »alltägliches Geschäftsgebaren«, welches gegen keine gesellschaftlichen Normen verstößt.[24] Allerdings ist dieses Gebaren nur deshalb alltäglich geworden, weil Recht und Gesetz es nicht vermocht haben, die Einzelnen früh genug vor einer solchen Invasion der Privatsphäre zu bewahren, um ihrer Normalisierung vorzubeugen.

Grundsätzlich kann man sagen, dass Vorschriften eine »Klagebefugnis« betreffend, die die Gerichte entwickelt haben, um anhand ihrer gerechtfertigten Ansprüche auf ein bestimmtes Tun oder Unterlassen einzuschätzen, ein komplexes Bündel von Hindernissen erzeugt haben, die potenzielle Kläger erst einmal überwinden müssen, wenn sie ihren Auftritt vor Gericht haben wollen. Irgendwelche besonderen Regeln für die Befugnis zur Klageerhebung werden in den verfassungsrechtlichen Bestimmungen, die den Zugang zum Recht beziehungsweise zum Zivilprozessrecht bestimmen, allerdings gar nicht erwähnt. Artikel III der Verfassung der Vereinigten Staaten von Amerika stellt dies klar und deutlich fest: »Die richterliche Gewalt soll sich auf alle Fälle, im gemeinen Recht wie im Billigkeitsrecht, erstrecken, die im Geltungsbereich dieser Verfassung, der Gesetze der Vereinigten Staaten und der Verträge entstehen, die unter deren Hoheit abgeschlossen wurden oder künftig geschlossen werden [...].«[25] Trotzdem haben Gerichte entschieden, dass ein Fall »im gemeinen Recht« nur dann als solcher gelten kann, wenn er sich nach dem existierenden Gesetzes- und Fallrecht dafür qualifiziert – und das bedeutet, dass ein Beschwerdeführer eine »*injury in fact*«, das heißt eine »tatsächliche Schädigung« erlitten haben muss, die »konkret« (»*concrete*«) wie auch »besonders« (»*particularized*«) sein muss. Was diese Begriffe jeweils genau bedeuten und wie zwischen ihnen zu unterscheiden ist, ist nicht klar; nicht einmal, so wie es aussieht, den Richterinnen und Richtern am Supreme Court. So schrieb Richter Samuel Alito im Urteil Spokeo v. Robins, dass eine Schädigung dann »besonders« ist, wenn sie »gegenwärtig erfolgt oder unmittelbar bevorsteht, also nicht nur mutmaßlich oder hypothetisch ist«, und »konkret«, wenn sie »de facto« erfolgt, das heißt »real existiert«.[26] Der Unterschied zwischen »nur mutmaßlich oder hypothetisch« und »real existierend« bleibt damit vage, aber das half dem Kläger nicht, dessen Antrag abgewiesen wurde.

Das Interessante an diesem Verfahren ist nicht nur die interpretative Akrobatik, sondern das gesetzliche Recht, das hier in Rede steht. In einer Sammelklage beanstandete der Hauptkläger eine Suchmaschine, die falsche Angaben zu seinen persönlichen Verhältnissen machte, unter anderem über sein Aussehen, sein Alter, seinen Familienstand und seine Ausbildung. Er berief sich dabei auf den Fair Credit Reporting Act of 1970, den der Kongress verabschiedet hatte, um Einzelpersonen vor Fehlern in solchen Informationen zu schützen, vor allem, da diese ihre Bonität negativ beeinflussen könnten.[27] Dieses Gesetz räumt Betroffenen zudem das Recht ein, jeden zu verklagen, der falsche Informationen über sie verbreitet, ohne ihnen dafür jene Bedingungen aufzuerlegen, die die von Richter Alito verfasste Mehrheitsmeinung erfüllt sehen wollte. In ihrer abweichenden Meinung betonten die Richterinnen Ruth Bader Ginsburg und Sonia Sotomayor hingegen, dass der Kongress die Befugnis habe, solche Rechte zu schaffen, und dass die Gerichte keine eigenen Kriterien vorgeben sollten – schon gar nicht dann, wenn sie dies in der Vergangenheit nicht bereits in einheitlicher Weise getan hätten.[28]

Gerichte sind nicht nur die primären Interpretatoren des Gesetzes, sondern auch die Hüter des Gerichtsgebäudes, das den Schlüssel zu den Zwangsmitteln in der Hand hält. Es ist verständlich, warum gewisse Einschränkungen notwendig sind, um zu verhindern, dass Gerichte mit frivolen Klagen überflutet werden. Ebenso wichtig ist es aber auch, sicherzustellen, dass die Zugangsvoraussetzungen zu einem Verfahren keine berechtigten Ansprüche ausschließen, weil dies den Klägern den Rechtsweg versperren würde. Dieses Ergebnis ist besonders besorgniserregend, wenn die Zugangsvoraussetzungen so unklar formuliert sind, dass sie den Richtern einen großen Ermessensspielraum bei der Abweisung von Fällen einräumen. Die Bedeutung von Regeln für den Zugang zur Justiz war im römischen Recht noch deutlicher: Nur bei solchen Klagen, die der Magistrat ausdrücklich charakterisiert hatte, wurde dem Kläger eine gerichtliche Anhörung gewährt. Ernest Metzger, ein Experte auf diesem Gebiet, hat dies so formuliert: »Eine Klagebefugnis zu haben bedeutete, dass man Anspruch auf ein Gerichtsverfahren hatte.«[29] Die Liste der vom Magistrat zugelassenen Klagen änderte sich jedoch im Laufe der Zeit, und es war nicht ungewöhnlich, dass potenzielle Beschwerdeführer beim Magistrat dafür warben, einen neuen Klagegrund unter einen bestehenden »Klagetypus« zu subsumieren oder ihn in die Liste aufzunehmen.[30] In einem Rechtssystem, das nicht klar zwischen Rechten und Verfahren unterschied, war der Zugang zu Letzterem entscheidend. Dennoch reicht auch in rechtzentrierten kapitalistischen Regimen ein Recht allein nicht aus, um einen Fall zu begründen. Ohne Klagebefugnis und ohne noch weitere verfahrensrechtliche Zugangsbedingungen zu erfüllen, gibt es schlicht und ergreifend keine rechtliche Abhilfe.

Eine finale Hürde, die auf dem Weg in den Gerichtssaal (und damit zu den Zwangsmitteln) genommen werden muss, ist die, dass nur zulässige Rechteinhaber juristische Ansprüche erheben können. Kindern und eingeschränkten Personen ist es zum Beispiel nicht gestattet, Ansprüche ohne Hilfe ihrer Eltern oder Vormünder geltend zu machen. In vielen Jurisdiktionen wurde der Besitz von Eigentum den Frauen erst Mitte des 19. Jahrhunderts erlaubt (obwohl es ihnen schon lange gestattet war, ihre Arbeitskraft zu veräußern), und bei der Kreditvergabe dauerte es noch länger, bis Geschlechterneutralität erreicht war. Im Jahr 1848 war der US-Bundesstaat New York der erste, der verheirateten Frauen das Recht auf Eigentum gewährte.[31] Auch die *Race*-Zugehörigkeit hat lange beeinflusst, ob ein Einzelner ein Recht und die Fähigkeit besaß, es durchsetzen. Versklavte schwarze Menschen galten nicht als Personen mit den gleichen Rechten wie die weißen. Einige Sklaven, die entgegen aller Wahrscheinlichkeit lesen und schreiben gelernt hatten, kämpften vor Gericht um ihre Rechte, und manchmal sogar mit Erfolg; die meisten jedoch standen ohne irgendeinen wirksamen Rechtsschutz da.[32] Die Forderung ehemaliger Sklaven (und ihrer Nachfahren) nach Schadensersatz für die erlittene Ausbeutung ist in den USA bis heute ein heißumstrittenes Thema.[33] Die Befreiung aus der Sklaverei war anscheinend genug Abhilfe. Nicht die Sklaven, sondern die Sklavenbesitzer erhielten Entschädigungen – auf jeden Fall in Großbritannien, aber auch in Teilen der Vereinigten Staaten, da, wie argumentiert wurde, die Abschaffung der Sklaverei Enteignung gewesen sei.[34] Und selbst wenn keine Entschädigung gezahlt wurde, machten die Sklavenhalter ihre Verluste an ökonomischen Werten in erstaunlich kurzer Zeit wett. Den ehemals Versklavten gelang dies hingegen nie, und das aus Gründen, die zumindest teilweise dem Recht geschuldet waren: dass dieses es nämlich nicht vermocht hatte, ihnen einen adäquaten rechtlichen Schutz zu verschaffen, und seiner Bereitschaft, Dritte juristisch abzuschirmen, die ihnen Gewalt angetan hatten.

Die Sklavenemanzipation konnte den schwarzen Amerikanern für sich genommen keine echte Freiheit geben und tat es auch nicht. Sie hatten nämlich schlicht keinen Zugang zu den Ressourcen, die es braucht, um erfolgreich zu sein. Um als Empfänger kostenlosen öffentlichen Grund und Bodens unter dem Homestead Act aus dem Jahr 1862 infrage zu kommen, mussten sie nach Westen gehen. Doch da vielen die dafür nötigen Mittel fehlten, mussten sie notgedrungen da bleiben, wo sie waren, und sich ihren Lebensunterhalt als Teilpächter verdienen.[35] Drei Jahre nach der Befreiung wurde der 14. Verfassungszusatz verabschiedet, der es den Staaten verbietet, *irgendeiner* Person »Leben, Freiheit oder Eigentum« ohne »ordentliches Gerichtsverfahren nach Recht und Gesetz« zu nehmen, und der die Bundesgerichte beauftragt, diese Rechte durchzusetzen.[36] Angesichts der Tatsache, dass die Gerichte im Verbund mit den Gesetzgebern in vielen Südstaaten zur Festschreibung des Rassismus weiterhin ihr einzelstaatliches Recht in Stellung brachten, gab es gute Gründe dafür, ihnen in solchen Angelegenheiten nicht zu trauen. Dies war die Ära von Jim Crow, die Zeit, in der schwarzen Menschen der Zugang zu den Gerichten und zu fairen Anhörungen verwehrt wurde und Polizei und Justiz physische Gewalt gegenüber Schwarzen offen billigten, indem sie die staatlichen Zwangsmittel zurückhielten, mit denen Lynchmorde vermeidbar oder eine juristische Verfolgung ihrer Peiniger möglich gewesen wäre. Das Weißsein war an sich schon eine Art Eigentumsrecht, wie Cheryl Harris es ausgedrückt hat, ein weiterer Fall von »Status-Besitz«.[37]

Diese Beispiele zeigen, dass die meisten Menschen jahrhundertelang darum kämpfen mussten, als legitime Inhaber jener Rechte anerkannt zu werden, die weiße Männer oft als ihre selbstverständlichen »natürlichen Rechte« betrachtet haben. Auch die moderne Kapitalgesellschaft wurde von Anfang an mit dem Recht auf Eigentum, auf Vertragsfreiheit sowie darauf, zu klagen und verklagt zu werden, ausgestattet. Das war es, was es hieß, eine »juristische Person« zu sein. Und sogar Unternehmen ohne Rechtspersönlichkeit wie etwa Personengesellschaften können heutzutage in vielen Rechtssystemen Ansprüche im Namen der Firma selbst statt ihrer Eigentümer erheben.[38] Zweifellos macht es dies für solche Unternehmen einfacher, ihre Rechte zu schützen; vergleichbare Privilegien werden aber nicht notwendigerweise auch auf Dritte wie etwa Gewerkschaften oder die Opfer der Umweltverschmutzung ausgedehnt.[39] Bestrebungen aus jüngerer Zeit mit dem Ziel, die Natur mit ähnlichen Rechten auszustatten, wurden oft lächerlich gemacht; angeblich können unbeseelte Dinge keine Rechteinhaber sein.[40] Allerdings hat das Kapitalgesellschaften nie davon abgehalten, ihre Rechte in Anspruch zu nehmen oder diese sogar bis in die Sphäre des Menschenrechtskanons auszudehnen, inklusive des Rechts auf freie Rede und religiöse Freiheiten.

Aufgrund der zentralen Bedeutung zivilrechtlicher Prozeduren für die Rechtsgleichheit wurde das Instrument der Sammelklage in den USA im Jahr 1938 in den neuen Federal Rules of Civil Procedure festgeschrieben und im Jahr 1966 erweitert.[41] Bei einer Sammelklage, auch Gruppenklage genannt, kann ein Einzelner, der als Repräsentant einer Gruppe betrachtet wird, in deren Namen Klage erheben. Das hat zur Folge, dass jeder Angehörige dieser Gruppe im Erfolgsfall Anteil am Gewinn hat, aber auch rechtlich an das Ergebnis gebunden ist.[42] Dies hat die juristische Ausgangslage zwischen kleinen und oft verstreut agierenden Klageführern und großen Unternehmen verändert und es für Konsumenten, Arbeitnehmer, Mieter und andere einfacher gemacht, kollektiv vor Gericht zu ziehen.

Als die Bestimmungen für Sammelklagen erstmals in Kraft traten, glaubten viele, dass dieses Recht nur selten in Anspruch genommen werden würde. Tatsächlich hat es sich zu einem wichtigen Werkzeug ausgebildet, um Rechtsansprüche zu bündeln und die Rechte von Konsumenten und Aktionären gegenüber Unternehmen geltend zu machen. Das »goldene Zeitalter« der Sammelklage war das erste Jahrzehnt, nachdem die sie betreffenden Vorschriften im Jahr 1966 erweitert worden waren. Sehr zum Missfallen der Unternehmenswelt nahm die Zahl der einschlägigen Verfahren stetig zu, und die zu zahlenden Schadensersatzsummen explodierten. Die Empirie warnt jedoch vor dem Schluss, dass die Armen und Schwachen – und nicht etwa die Anwälte der Klägerseite, die die entsprechenden Ansprüche vertreten – die hauptsächlichen Nutznießer dieses rechtlichen Instruments seien.[43] Wie Linda Mullenix es formuliert, treten Rechtsanwälte oft als »weiße Ritter (oder weiß-behutete Cowboys)« auf, »als Beschützer der geknechteten Opfer unternehmerischer Fahrlässigkeit und Gier«, verweist zugleich aber auch auf ihre dunklere Seite als Schatzjäger.[44] In den USA werden solche Anwälte auf Basis von Erfolgshonoraren tätig und erhalten im Erfolgsfall einen Anteil der für ihre Klienten errungenen Summen, was für sie einen Anreiz dazu bildet, sich Fälle zu suchen, geeignete Kläger zu finden und Prozesse anzustrengen. In der Theorie sollten diese Anreize klagenden Parteien zugutekommen, denen es an den für einen Prozess erforderlichen Mitteln gebricht. In Wirklichkeit aber bringen sie eine vielleicht unbeabsichtigte Folge mit sich: Rechtsanwälte widersetzen sich der gesetzlichen Regulierung des Arbeitsschutzes und bevorzugen lieber den nachträglichen Rechtsweg, da dies lukrativer für sie ist.[45] Doch auch wenn die Anwälte mehr profitieren als der normale Gruppenangehörige, haben Sammelklagen doch dazu beigetragen, unternehmerische Handlungen zum Nachteil jener Parteien besser zu sanktionieren, deren Ansprüche zu klein sind, um individuelle Verfahren lohnend zu machen, und die vor kollektiven Handlungsproblemen stehen, die dieses prozedurale Werkzeug überwinden helfen kann.[46]

Der beste Beleg für die Auswirkungen von Sammelklagen auf die Unternehmenswelt ist der scharfe Widerstand, den die US Chamber of Commerce gegen sie zum Ausdruck gebracht hat. In den 1980er-Jahren startete sie einen Gegenangriff, der am Supreme Court auf wohlwollende Richter stieß. Diese halfen dabei, einige der wesentlichen Prinzipien rückabzuwickeln, die die Sammelklage zu einem so mächtigen Disziplinierungsinstrument gemacht haben. Als Erstes wurde die Offenlegung (*discovery*) eingeführt, die ein zentraler Bestandteil der Reform der Federal Rules of Civil Procedure aus dem Jahr 1938 war und den Klägern das Recht gab, auf wichtige Informationen im Besitz des Beklagten zuzugreifen.[47] Als Nächstes verschärfte das Verfassungsgericht die Anforderungen an das Vorbringen von Schriftsätzen bei Sammelklagen, und zwar nicht nur bei Wertpapier-Sammelklagen, bei denen es häufig zu Scheinklagen kam, sondern auch bei Verbraucher- und Arbeitnehmerklagen, bei denen dies weniger der Fall war.[48] Mit der Rücknahme der Zivilprozessreformen aus den 1930er-Jahren stand der Supreme Court übrigens nicht alleine da. Auch der Kongress machte mit und verabschiedete Gesetze, die die Voraussetzungen für Sammelklagen wegen Betrugs verschärften, nachdem sich die Berufungsgerichte uneins darüber waren, was die Antragsteller im Rahmen einer Gruppenklage nachweisen mussten, um ein vorsätzliches Fehlverhalten des Beklagten zu belegen.[49] Doch auch der Kongress war in dieser Frage geteilter Meinung, und die von ihm verabschiedeten Gesetze waren so uneindeutig, dass sie zu einem weiteren »*circuit split*« führten, das heißt zu widersprüchlichen Auslegungen ein und desselben Gesetzes durch verschiedene Bezirksgerichte.[50] Die Frage ist also noch längst nicht geklärt, aber das Beispiel zeigt, wie Verfahrensregeln, die den Zugang zu den Gerichten bestimmen, das Machtgleichgewicht zwischen verschiedenen wirtschaftlichen Akteuren prägen können, und verdeutlicht die entscheidende Rolle, die Gerichte dabei spielen, das Gleichgewicht in die eine oder andere Richtung kippen zu lassen.

Globalisierte Märkte scheinen die Bedeutung von Recht und staatlichem Zwang für die kapitalistische Ökonomie zu widerlegen. Denn solche Märkte existieren offenbar außerhalb von Territorialstaaten und deren rechtlichen und reformatorischen Apparaten, nämlich als jener leere Raum, in dem private Parteien aufeinandertreffen und die Bedingungen für ihre Übereinkommen ohne staatliche Bevormundung oder Gängelung aushandeln. In Wirklichkeit aber werden die weltweiten Märkte zutiefst nach dem Recht strukturiert, und das auffallend häufig und im großen Maßstab von denjenigen Parteien, die das Recht auswählen, welches ihre Transaktionen bestimmen soll.[51] Die Fähigkeit, die Rechtsordnung auszusuchen, durch die man regiert zu werden wünscht, und zusammen mit ihm die Gerichte, die Streitigkeiten beilegen werden, ist eine Eigentümlichkeit kapitalistischer Rechtsregime, die eine enorme Macht in die Hände privater Akteure gespült hat. Staaten haben in dem Glauben, dass es den internationalen Handel fördern würde, Kollisionsnormen beschlossen und Gerichtsstandsklauseln befürwortet; in Wirklichkeit aber vergaben sie damit quasi Lizenzen für ihr Rechtssystem und ihre Durchsetzungskraft gratis an private Parteien.

Ein solches Lizenzierungssystem (»Franchise« genannt) ist ein Vertrag, mit dem ein Unternehmen seinen Namen, seine Rezepturen oder Produktionsanleitungen für unabhängige Vertragsnehmer verfügbar macht, die das operative Geschäft gegen eine Gebühr oder einen Anteil der Gewinne – und, ganz wichtig, unter dem Namen des Franchisegebers – führen.[52] Robert Hockett und Saule Omarova haben mit diesem Begriff den Prozess der Geldschöpfung in kapitalistischen Systemen beschrieben, der großteils an private Banken ausgelagert worden ist.[53] Ich verwende diesen Ausdruck in einem ähnlichen Sinne zur Bezeichnung der Praxis vieler Staaten, ihre Zwangsgewalt anzubieten, um die Urteile privater Tribunale und ausländischer Gerichte durchzusetzen. Staaten üben viel weniger Kontrolle über ihre Franchisenehmer aus als der typische Franchisegeber. Sie wählen weder das Rechtssystem noch die Gerichte aus, deren Sprüche sich durchsetzen werden, sondern überlassen die Entscheidung darüber den

Privaten. Ja sie unterziehen nicht einmal Franchisenehmer wie zum Beispiel Schiedsgerichte einer Qualitätskontrolle nach ihren eigenen rechtlichen Standards. Das internationale Recht verlangt von ihnen vielmehr, dass sie die Urteile ausländischer und internationaler Schiedsgerichte durchsetzen, solange diese einige grundsätzliche Verfahrensprinzipien einhalten. Nur in Ausnahmefällen, in denen ein Schiedsspruch fundamentale Grundsätze ihrer eigenen Rechtsordnung (*ordre publique*) verletzt, ist es staatlichen Gerichten erlaubt, die Erzwingung eines Schiedsspruchs zu verweigern.[54] Kürzlich ist das Franchise von Schiedsgerichten auf ausländische Gerichte ausgedehnt worden, was Gerichtsurteile portabel macht und das transnationale Forum-Shopping noch weiter verstärkt hat.[55]

Geschichtlich betrachtet wurde das Recht auf einen Richter lang und schwer erkämpft, und zwar nicht nur in strafrechtlichen, sondern auch in zivilrechtlichen Angelegenheiten. Die Vorstellung im modernen Recht, dass die Einzelnen Rechte haben, wurde so interpretiert, dass es auch das Anrecht auf ein unabhängiges und unparteiisches Gericht umfasste. Mit der Demokratisierung der Staaten erweiterten diese den Zugang zu den Gerichten und überprüften deren Verfahrensvorschriften, um faire, kostengünstige und transparente Verhandlungen gewährleisten zu können.[56] Dies beinhaltet oft zusätzlichen Schutz und mehr juristische Munition für die schwächere Partei, etwa Rechtsberatung, den Einsatz der Praxis der Offenlegung oder eben Sammelklagen. Der Erfolg der Reformen selbst, die auf eine Demokratisierung der Gerechtigkeit abzielten, hat dazu beigetragen, ihre Effektivität mit der Zeit zu unterlaufen – vor allem deshalb, weil die Zuweisung von Ressourcen an die Judikative nicht mit der wachsenden Nachfrage nach juristischer Gerechtigkeit Schritt gehalten hat. Die Zahl der Verfahren und die damit zusammenhängenden Kosten für die Besetzung des Gerichtssystems schossen in die Höhe und führten zu überarbeiteten Kammern und einem massiven Verfahrensstau.[57] Statt in die Judikative zu investieren, haben viele Länder lieber den Zugang zu ihr begrenzt, indem sie ihre zivilprozessualen Regularien strafften, die Zahl der mündlichen Anhörungen begrenzten und den Mindeststreitwert erhöhten, um Verfahren anzustoßen oder sie vor ein (höheres) Appellationsgericht zu bringen. Und obwohl es zutreffend ist, dass aufgeschobene Gerechtigkeit verweigerte Gerechtigkeit ist, haben diese Reformen den Zugang zur erzwungenen Rechtsdurchsetzung für viele kleinere Fälle effektiv limitiert.[58]

In manchen Fällen ging der Rückschritt sogar noch weiter, indem die Streitbeilegung faktisch privatisiert wurde. Der US-amerikanische Supreme Court etwa gestattete die Festlegung von Regeln für eine Schiedsgerichtsbarkeit nicht nur im Rahmen von Handelsbeziehungen zwischen geschickten und erfahrenen Unternehmern, die üblicherweise auf eine kompetente Rechtsberatung zurückgreifen können, sondern auch in standardisierten Verbraucher- und Arbeitsverträgen.[59] In einem wegweisenden Fall, der sich für die gesamte weitere Entwicklung als prägend erwies, legte Richter Antonin Scalia den Federal Arbitration Act aus dem Jahr 1925 so aus, dass er die Präferenz des Kongresses für die Schiedsgerichtsbarkeit statt für die ordentliche Gerichtsbarkeit offenbare – ohne irgendeinen Beleg für diese Behauptung anzuführen.[60] Tatsächlich haben amerikanische Gerichte vor der Verabschiedung dieses Gesetzes im Jahr 1925 regelmäßig gegen die juristische Durchsetzbarkeit von Schiedsgerichtsklauseln entschieden.[61] Scalias neuer und unbegründeter Geschichtsdeutung zufolge war der Federal Arbitration Act allerdings darauf ausgelegt, die Gesetzgebung auf Bundes- und bundesstaatlicher Ebene daran zu hindern, es Parteien mit einer überlegenen Verhandlungsposition zu untersagen, Konsumenten in die Schiedsgerichtsbarkeit hineinzuzwingen, die über nur wenig

Verhandlungsstärke verfügen und oft nicht ganz verstehen, welche Folgen das Eingehen solcher Verträge haben kann.[62] In späteren Verfahren urteilte der Oberste Gerichtshof zugunsten von Schiedsgerichtsklauseln in Arbeitsverträgen, die Sammelklagen ausschließen.[63]

Diese Entwicklungen haben ganzen Gruppen von Verfahren, ja sogar ganzen gesellschaftlichen Gruppen unter dem Strich den Zugang zu den Gerichten verwehrt. Eine kürzlich vom Consumer Financial Protection Bureau (CFPB) durchgeführte Studie über Verbraucherkreditverträge ergab, dass die Mehrheit der mit Endkunden abgeschlossenen Vereinbarungen über Finanzdienstleistungen Schiedsklauseln vorsahen, nämlich 53 Prozent der Kreditkartenverträge, 44,4 Prozent der Scheckkontoverträge, über 82 Prozent der Verträge für Prepaid-Karten, 98,5 Prozent der Vereinbarungen über Kleinkredite und 99,9 Prozent der Mobilfunkverträge.[64] Derselben Studie zufolge enthielten damit zwischen 87 und 100 Prozent aller Verbraucherverträge über Finanzdienstleistungen Klauseln, die »Sammelklagen im Rahmen von Schiedsgerichtsverfahren ausdrücklich nicht erlaubten«[65] – wobei diese Daten das tatsächliche Aufkommen von Schiedsgerichtsklauseln wahrscheinlich sogar noch untertreiben. Denn der Gegenstandsbereich dieser Untersuchung ist auf Verbraucherverträge im Finanzwesen begrenzt, und außerdem sind private Verträge nicht leicht zugänglich, was die Datenerhebung schwierig macht.

Die Europäische Union hat einen anderen Weg eingeschlagen und bildet deshalb eine interessante Kontrastfolie. Auch sie hat sich der Schiedsgerichtsbarkeit zugewandt, um die Gerichte zu entlasten, nicht aber ohne ein umfassendes regulatorisches Rahmenwerk für eine alternative Streitbeilegung (ADR) in Verbraucherangelegenheiten zu verabschieden.[66] Das erklärte Ziel dieses Rahmenwerks war es, die ADR für Verbraucher als Option zu ermöglichen, ohne ihnen aber den

Zugang zur ordentlichen Gerichtsbarkeit zu verweigern. Die einzelnen Mitgliedstaaten dürfen Schiedsgerichtsverfahren für Unternehmen verpflichtend machen, wenn die Verbraucher dies wünschen; bis jetzt ist dies aber nur in relativ wenigen Staaten tatsächlich implementiert worden. Im Ergebnis ist die alternative Streitbeilegung in Europa nicht wirklich ein Erfolgsmodell geworden; die Unternehmen sind anscheinend viel weniger darauf erpicht, zur Schiedsgerichtsbarkeit zu wechseln, wenn die Entscheidung dafür in der Hand der Verbraucher liegt und die Schiedsgerichte gut beaufsichtigt werden.[67] Der Vergleich zwischen den USA und der Europäischen Union macht deutlich, dass die Frage gar nicht so sehr die ist, ob das Schiedsgericht oder das ordentliche Gericht Streitfragen mit Blick auf Verbraucherverträge effizienter oder gerechter klären kann, sondern ob die Unternehmensseite die Bedingungen für eine solche Klärung bestimmen kann. Und er bestätigt auch die zentrale Bedeutung von Verfahrensregeln für das Machtgleichgewicht zwischen verschiedenen Akteuren und für die Leichtigkeit, mit der sie Zugriff auf die zentralisierten Zwangsmittel nehmen können. Wenn Staaten diese Regeln einführen, haben sie die Wahl: Sie können die Balance entweder zugunsten mächtiger Unternehmensvertreter unter dem Deckmantel rechtlicher Neutralität kippen lassen und es diesen Akteuren erlauben, auf Schiedsgerichte zurückzugreifen, um ihre Kontrahenten daran zu hindern, die ordentlichen Gerichte anzurufen. Oder sie können das Gegenteil tun und Verfahrensvorschriften dazu nutzen, die Hand der strukturell schwächeren Partei zu stärken, wie es die Federal Rules of Civil Procedure aus dem Jahr 1938 in den USA sowie in jüngerer Zeit die EU-Regeln zur Schiedsgerichtsbarkeit in Verbraucherangelegenheiten getan haben. Solche Entscheidungen über verfahrenstechnische Fragen beeinflussen die materiellen Ergebnisse zutiefst. Oder wie es der Kongressabgeordnete John Dingell einmal in Bezug auf die relative

Bedeutsamkeit prozeduraler im Verhältnis zu substanziellen Regeln auf bemerkenswerte Weise ausgedrückt hat: »Ich lasse Sie die Substanz schreiben und Sie mich die Verfahrensvorschriften, und ich werde Sie jedes Mal drankriegen.«[68]

Ein Rechtssystem, welches durch etablierte Zwangsmittel gedeckt wird, sozialisiert die Kosten für den Schutz der Rechte. Wo ein solches System besteht, müssen private Akteure keinen eigenen Sicherheitsdienst anheuern, um ihre Ressourcen zu schützen. Sie können sich stattdessen auf das Recht und seine Durchsetzbarkeit verlassen, welches sie, wie andere öffentliche Güter auch, im Grunde kostenlos erhalten. Sie müssen lediglich die tatsächlichen Gerichtskosten begleichen, sollten sie in einen spezifischen Fall involviert werden, oder die Gebühren zahlen, die ihnen von den Regulatoren auferlegt werden könnten. Solange die meisten anderen die Regeln die meiste Zeit befolgen, können sie sich des Rechtssystems im Grunde genommen als Trittbrettfahrer bedienen. Nicht alle Rechtsansprüche müssen mit Zwang durchgesetzt werden; die meisten werden freiwillig erfüllt. Trotzdem verwandelt die Erzwingungsoption das formelle Recht in ein mächtiges Werkzeug für die Ausdehnung ökonomischer Beziehungen über die Grenzen einzelner Gemeinschaften hinaus, innerhalb derer soziale Normen und Mechanismen der gegenseitigen Kontrolle genügen, um die öffentliche Ordnung aufrechtzuerhalten.[69] Der Schatten des formellen Rechts leistet aber noch mehr, als bloß den Umfang der sozioökonomischen Beziehungen zu erweitern; er vertieft auch bereits bestehende Machtverhältnisse und bietet zusätzliche Instrumente zu ihrer weiteren Verfestigung an. Dies lässt sich zeigen, indem man Mechanismen der Selbsthilfe und der Durchsetzung der eigenen Interessen untersucht, die vermeintlich bereits im »Naturzustand« existiert haben – einer idealisierten Welt ohne Rechtssystem und ohne einen Staat, der es hätte absichern können. Diese Mechanismen sind im Zuge der Ausdehnung des formellen Rechts nicht verschwunden und auch heute noch weithin in Gebrauch, eben nur versehen mit der zusätzlichen Macht der staatlichen Erzwingungsgewalt.[70]

Ein gutes Beispiel für die Erzwingung von Verpflichtungen wie der, ein Darlehen zurückzuzahlen, ohne sich dabei auf einen rechtlichen Durchsetzungsapparat stützen zu müssen, ist die Geiselnahme. Eine »Geisel« ist dabei eine Sache, die für den Schuldner von Wert ist und die er dem Gläubiger abliefert, der sie zerstören darf, falls Ersterer seine Schulden nicht weiter zurückzahlt.[71] Eine Geisel fungiert damit als ein psychologischer Zwang und nicht (oder zumindest nicht in erster Linie) als Wertersatz, der verkauft werden könnte, sollte der Schuldner bei seiner Rückzahlung in Schwierigkeiten kommen. Denn der Wert der Geisel ist oft persönlich und übersetzt sich nicht in einen pekuniären Wert. Dies mag sich nach einem Phänomen aus längst vergangenen Zeiten anhören; formelle gesetzliche Pfandgeschäfte wie Hypotheken oder Bürgschaften können allerdings ebenfalls einen substanziellen persönlichen Wert für den Schuldner haben, der über ihren finanziellen Wert hinausgeht. Ein Haus ist nicht nur ein Vermögenswert, sondern auch ein Zuhause. Deshalb sind Banken auch so gerne bereit, Geld an angehende Hausbesitzer zu verleihen; sie wissen, dass nur wenige von ihnen einen Zahlungsausfall riskieren würden.[72] Dennoch stützen sich dieselben Banken auch auf das Recht und die Befugnis des Staates, einen säumigen Hausbesitzer zwangsweise zu räumen, falls er mit seinen Zahlungen in Rückstand geraten sollte. Geiselnahmen mögen da funktionieren, wo es keine Staatsgewalt gibt, doch am besten funktionieren beide im Verbund miteinander.

Der alte Mechanismus des »Händebindens« (»*hands-tying*«) hat ebenfalls von seiner Ergänzung durch eine rechtliche Absicherung profitiert.[73] Sein Ziel ist es, es für alle beteiligten Parteien fast unmöglich zu machen, sich der verbindlichen Natur eines bestimmten Vertrages zu entziehen. So kann es zum Beispiel als Händebinden beschrieben werden, wenn man einem Gläubiger einen automatischen Zugriff auf den künftigen Cashflow seines Schuldners gewährt, weil es dadurch für ihn unmöglich wird, zu defektieren, und für den Gläubiger unwiderstehlich, ihm weiterhin Geld zu leihen. Walmart hatte in den USA einen solchen Mechanismus eingeführt, indem es seinen Mitarbeitern die Möglichkeit einräumte, bereits verdiente, aber noch nicht gezahlte Gehälter als Sicherheiten für Darlehen einzusetzen, und es den Darlehensgebern zugleich gestattete, auf diese Gehälter zuzugreifen, sobald sie ausgezahlt waren, um ihre Forderungen zu befriedigen.[74] Für die Mitarbeiter konnte es in der Folge kostspieliger sein, sich dem wachsenden Schuldenberg durch Kündigung zu entziehen, als dabei zuzusehen, wie ihr magerer Gehaltsscheck – der oft zu klein war, um auch nur die laufenden Lebenshaltungskosten zu decken – vor ihren Augen dahinschwand. Umgekehrt hatten aber auch die Gläubiger wenig andere Möglichkeiten, als ihre Kreditlinien offenzuhalten und ihre Schuldner mit genügend liquiden Mitteln auszustatten, damit sie bis zum nächsten Gehaltsscheck durchhalten konnten, wenn sie ihre Investitionen jemals wiedersehen wollten. Beide Parteien haben sich somit die Hände gebunden. Dies und das Geisel-Beispiel machen zudem deutlich, dass der »Naturzustand« uns immer noch im Griff hat. Die formellen Rechtssysteme haben diese alten Selbstverpflichtungsmechanismen nicht ersetzt, sondern ins offizielle Recht überführt und sie um die staatliche Zwangsgewalt ergänzt, damit sie auch weiterhin eingesetzt werden können. Das Recht erteilt Mechanismen seinen Segen, die Ausgeburten der Macht sind, und verwandelt sie in Rechte.

Neuere Entwicklungen in der Anwendung digitalisierter verbindlicher Vereinbarungen, sogenannter Smart Contracts, drohen, die Situation noch einseitiger zugunsten von Verkäufern oder Gläubigern gegenüber Käufern oder Schuldnern zu verschieben.[75] Einmal in Bewegung gesetzt, spulen diese smarten Verträge ihr Programm so unaufhaltsam ab wie ein Zug, der den Bahnhof verlassen hat und nur noch mit der Notbremse gestoppt werden kann. Kevin Werbach und Nicolas Cornell schreiben dazu: »Smart Contracts versuchen, den kontraktuellen Prozess zu atomisieren. Sie sparen die zeitliche Dimension der Interaktionen zwischen den Parteien ebenso formell aus wie die Unwägbarkeiten einer zukünftigen Rechtsprechung.«[76] Auf diese Weise verschieben sie das Gleichgewicht weiter zugunsten der Partei, die mächtig genug ist, um ihre Vertragsbedingungen allen anderen aufzwingen zu können. Die Zahlung ist bereits vor der Lieferung gesichert, und die Beweislast im Falle einer mangelnden Qualität der gelieferten Waren und Dienstleistungen fällt in Gänze dem Empfänger zu, der nun keine Möglichkeit mehr hat, im Falle einer Schlechtleistung der anderen Seite seine Zahlung zurückzuhalten oder zu reduzieren. Man kann daher sagen, dass smarte Verträge – vollkommen ungehindert von moralischen Bedenken oder normativen Prinzipien – den Prozess der Entbettung der Rechtsbeziehungen aus den sozialen Beziehungen generell auf die Spitze treiben und vollenden.[77] Die Form – in diesem Fall die rechtliche in Kombination mit der digitalen Form – triumphiert über den Inhalt und über die Moral.[78]

Dieses Kapitel hat gezeigt, dass der Zugang zu den in Händen des Staates und seines Durchsetzungsapparats zusammengefassten Zwangsmitteln nicht nur öffentlichen, sondern auch privaten Akteuren möglich ist. Diese Zugangsmöglichkeit ist jedoch höchst ungleich verteilt und entspricht strukturell den etablierten ökonomischen und sozialen Machtverhältnissen. Private Akteure mit genügend Ressourcen auf ihrer Seite können sich aussuchen, wann und wie oft sie Gerichtsprozesse führen wollen. Sie spielen dieses Spiel mit einer langfristigen Perspektive und sind darum bemüht, Einfluss auf seine Regeln zu nehmen. Weniger gut ausgestattete Parteien hingegen haben es schwer, ihre Klagen vor Gericht zu Gehör zu bringen, und besitzen selten genug Geld oder Durchhaltevermögen, um Berufungsverfahren anzustrengen, und erst recht nicht dafür, dasselbe Problem immer wieder neu verhandeln zu lassen. Versuche, durch die Einführung von Offenlegungs-Regeln, Sammelklagen oder Vorschriften darüber, dass die Schiedsgerichtsbarkeit regelgebunden und verbraucherfreundlich sein muss, eine größere Chancengleichheit herzustellen, waren zumindest mittelfristig einigermaßen erfolgreich. Sie vermochten es allerdings nicht, gleiche Zugangsmöglichkeiten zu den geballten Zwangsmitteln auch im realen – und nicht nur im formalen – Sinne herzustellen.

5
Rechtsarbitrage

Im Finanzbereich bezeichnet Arbitrage die Idee, Profitmöglichkeiten zu ergreifen, während man sich zugleich gegen Verluste absichert, oder um »[d]en gleichzeitigen Kauf und Verkauf derselben oder im Grunde gleichen Wertpapiere auf zwei verschiedenen Märkten zu vorteilhaft unterschiedlichen Preisen«.[1] Angewendet auf das Recht bedeutet das die Sicherstellung des Schutzes und der Macht des Rechts für die eigenen Interessen und die gleichzeitige Vermeidung seiner Kosten und Beschränkungen.[2] Die Rechtsarbitrage überschneidet sich mit dem häufiger genutzten Begriff der regulatorischen Arbitrage, auch definiert als »formale Akzeptanz der Regeln, während man zugleich gegen ihren Geist verstößt«, oder als Ausnutzung von Widersprüchen im Recht.[3] Ich bevorzuge jedoch den weitergefassten Begriff der Rechtsarbitrage, weil er betont, dass diese Praxis viel verbreiteter ist und viel mehr Rechtsgebiete berührt als die Regulierung allein.

In einer friktionslosen Welt ohne Informationskosten und mit vollkommener Kenntnis der Zukunft gäbe es nur wenig Platz für Rechtsarbitrage. Mit vollkommenem Wissen über alle möglichen künftigen Kontingenzen würden die Rechtsgeber einfach ein vollständiges Recht beschließen. In einer komplexen Welt mit Informationskosten hingegen ist das Recht inhärent unvollständig – mehr noch als Verträge.[4] Und ohne volle Kenntnis der Zukunft wird sich selbst die am besten gestaltete Rechtsgebung an sich wandelnde Umstände anpassen. Weitere Friktionen können sich aus politischen Kompromissen und redaktionellen Fehlern ergeben. Manche Gesetze werden mit einer »multiplen Persönlichkeitsstörung« geboren – insofern ungelöste politische Kontroversen Eingang in sie gefunden haben, was viel Raum für Interpretationen wie auch für ihre Zweckentfremdung schafft.[5] Auch dieses Problem ist in kompetitiven politischen Systemen unvermeidlich, obgleich es sich noch verschärft, je tiefer die politische Spaltung ist. Sich überlappende Rechtssysteme sind ebenfalls eine bedeutende Quelle für Rechtsarbitrage. In föderalen Systemen mit einem Bundes- und einem einzelstaatlichen Recht etwa wird selbst die sorgfältigste Abgrenzung der Jurisdiktionen die Möglichkeit nicht ganz ausschließen können, dass dieselben Gegenstände sowohl von einzelstaatlichen wie auch von Bundesbehörden reguliert werden. Und auch in der Welt des transnationalen Handels und Investments bieten verschiedene Staaten unterschiedliche Rechtspakete an oder zwingen ihre verbindlichen Regeln auch solchen Akteuren auf, die auch dem Recht anderer Jurisdiktionen unterstehen. In all diesen Fällen sind Friktionen zwischen Vorschriften und Regeln nahezu unvermeidlich und lassen sich für eine Rechtsarbitrage ausnutzen.

Die ökonomische Theorie erkennt an, dass Verträge unvollständig sind. Unter Bedingungen fundamentaler Ungewissheit ist es für die Vertragsparteien unmöglich, alle künftigen Eventualitäten zu antizipieren und Regelungen für sie in ihren Verträgen zu treffen.[6] Dies zu versuchen, wäre kostenmäßig untragbar und letztendlich auch vergeblich. Daraus folgt, dass auch das Recht unvollständig sein muss, ja wahrscheinlich sogar noch unvollständiger. Denn seine Aufgabe ist es nicht nur, eine einzelne Transaktion oder einen langfristigen

Vertrag zwischen zwei Parteien, sondern viele verschiedene Fälle abzudecken; deshalb findet es auch auf eine Vielzahl von Akteuren, Transaktionen und Umständen Anwendung, und das nicht nur heute, sondern bis weit in die Zukunft hinein.[7] Gesetze haben nur selten Ablaufdaten; die meisten bleiben einfach immer weiter in den Büchern bestehen, selbst wenn sie nicht länger relevant sind, und können deshalb immer wieder ausgegraben werden, um künftige Fälle zu entscheiden – auch solche, für die sie gar nicht gedacht waren. Recht ist Recht, und solange es nicht außer Kraft gesetzt wird, bleibt es auch »gutes« Recht.

Trotzdem haben die Rechtsgeber einen Ermessensspielraum mit Blick darauf, wie unvollständig das Recht sein soll. Sie können es vollkommen grenzenlos oder höchst konkret gestalten.[8] So lassen allgemein formulierte Grundsätze oder Normen – wie »Verhältnismäßigkeit«, »Billigkeit« oder »Erheblichkeit« – mehr Raum für Interpretation offen als spezifische Regeln, die die Schwelle zu den Handlungen, die erlaubt oder nicht erlaubt sein können, genauer benennen. Solche exakteren Regeln können ihrerseits allerdings daran scheitern, ein Verhalten schon nicht mehr richtig in den Blick nehmen zu können, das auch nur leicht vom genauen Wortlaut der Regel abweicht. Grundsätzlich tendieren Normen dazu, zu inklusiv zu sein, während Regeln zu wenig inklusiv sind. Nicht alle Handlungen, die ein Recht verletzen könnten, werden aber natürlich von einem Vertreter des Staates oder einem privaten Akteur moniert. Dem stehen beschränkte Mittel ebenso im Weg wie Hürden beim Zugang zu den Gerichten, wie bereits im vorigen Kapitel gesehen.

Daraus folgt, dass die Wahl zwischen Normen und Regeln unterschiedliche Akteure auf unterschiedliche Weise betrifft. Als grobe Regel lässt sich festhalten, dass die Business-Community Regeln gegenüber Normen bevorzugt, wie sich an ihrer ständigen Forderung nach »Rechtssicherheit« ablesen lässt. Ist das Recht präzise, dann wird es berechenbarer – ein großes Plus im Lichte der vielen weiteren Ungewissheiten, vor denen die ökonomischen Akteure stehen. Exakte, aber wenig inklusive Regeln schaffen zudem viel Raum für die Rechtsvermeidung. Im Gegensatz dazu legen umfassend formulierte Normen viel Macht in die Hände der Hüter von Recht und Gesetz, die nachträglich darüber befinden, ob eine bestimmte Handlung gegen eine herrschende Norm verstoßen hat. Sie können allerdings nur dann aktiv werden, wenn ihnen ein Fall auch bekannt wird, weshalb ihr Einfluss und ihre Macht letztlich von den Prozessanwälten abhängen. Ob man die eigentlichen Nutznießer der Unvollständigkeit des Rechts identifiziert, hängt deshalb von der Neigung verschiedener Akteure ab, die Legalität einer Handlung in Zweifel ziehen zu können, und das nicht nur einmal, sondern immer wieder. Denn um Prozesse führen zu können, braucht es Ressourcen, wie wir in den vorigen Kapiteln gesehen haben, und Akteure, die sich ihrer bestehenden juristischen Befugnisse sicher sein können, werden weniger davon benötigen als solche, die versuchen, neue Vorstöße in die Rechtsauslegung zu unternehmen, um ihre Interessen voranzubringen. Diese Ressourcen zu investieren, kann sich sehr auszahlen, aber nur für diejenigen, die über die Mittel verfügen, um auf einen Wandel der Regeln zu ihren Gunsten zu wetten. Für sie können die Kosten für die Exhumierung alter Rechtsvorschriften und deren Umwidmung zur Befriedigung ihrer Interessen ein lohnender Aufwand sein, während Akteure mit knapperen Ressourcen davor zurückschrecken werden.

Ein gutes Beispiel dafür ist die Nutzung der Rechtsform der Personengesellschaft bei der Gründung von Unternehmen zum Zwecke der Steuerarbitrage. Sie ist eine der am häufigsten genutzten Rechtsformen, da dafür weder eine Satzung noch eine Registrierung erforderlich ist. Das Gesetz geht einfach davon aus, dass eine Personengesellschaft vorliegt, sobald sich zwei oder mehr Personen zu einer gewinnorientierten Tätigkeit zusammenschließen. Da Personengesellschaften für die meisten Kleinunternehmen die gängige Rechtsform sind, beschloss der US-Kongress in den 1950er-Jahren, ihnen bestimmte Steuervergünstigungen zu gewähren. Die unmittelbaren Auswirkungen dieser Regelung waren moderat. In den letzten Jahren hat die Rechtsform der Personengesellschaft jedoch stark an Beliebtheit zugenommen – allerdings nicht bei den Kleinunternehmen, sondern bei Investoren, die ihre Gewinne vor der Steuer schützen wollen, indem sie ihre Gewinne durch die Personengesellschaft schleusen und die ursprünglich für kleine selbstständige Unternehmer gedachten Steuervorteile nutzen. Der Anreiz für die Nutzung der Personengesellschaftsform liegt darin, dass Gewinne und Verluste nach Belieben der Gesellschafter auf verschiedene Gesellschafter verteilt werden können. Eine solche Verlagerung ist für Gesellschafter mit hoher Steuerlast am sinnvollsten, die aber eben keine typischen Kleinunternehmer darstellen. Nur drei Prozent der vermögenden Personengesellschaften betreiben eine solche Steuerverlagerung, sind jedoch für den größten Teil davon verantwortlich. In Geldwert ausgedrückt, »entfallen 99 Prozent der insgesamt verschobenen Dollar auf das oberste Prozent der Verschiebenden«.[9] Es versteht sich von selbst, dass es einen Anwalt braucht, um dies zu bewerkstelligen, und das erhöht die Kosten für die Nutzung dieser Strukturen, was erneut die Wohlhabenden begünstigt. Das Beispiel zeigt auch, dass die Kombination und Neuzusammenstellung verschiedener Rechtsinstitutionen (beispielsweise des Steuerrechts mit dem Gesellschaftsrecht) gute Möglichkeiten zur Rechtsarbitrage bieten.

Eine Untersuchung der Praxis der Rechtsarbitrage warnt jedoch vor der Vorstellung, dass selbst die bestgemeinten Gesetzesreformen tatsächlich zu den dauerhaften Veränderungen führen werden, auf die sie ursprünglich abgezielt haben. Die

Geschichte weist manchmal »Umschlagspunkte« auf, die eine Gelegenheit für Reformen schaffen.[10] Doch selbst wenn diese Reformen umgesetzt werden, können Techniken der Rechtsarbitrage deren Wirkung zunichtemachen. Die eben erwähnte Steuervergünstigung für Personengesellschaften zum Beispiel spiegelte den gesellschaftlichen Konsens der 1950er-Jahre wider, wonach kleinere Unternehmen staatliche Unterstützung erhalten sollten. Letztendlich brachten diese Reformen den größten Gewinn allerdings mächtigen ökonomischen Akteuren ein, die mit Unterstützung ihrer Anwälte diese Reformen umfunktionierten, und das Jahrzehnte nach Inkrafttreten der betreffenden rechtlichen Bestimmungen. Menschen sind strategische Wesen und reagieren nicht einfach passiv auf vorgegebene Rahmenbedingungen (wie viele ökonomische Modelle annehmen); vielmehr versuchen sie, Institutionen nach ihren Vorstellungen zu gestalten. Rechtsarbitrage kann auf vielfältige Weise funktionieren. Wie im soeben genannten Beispiel kann sie genutzt werden, um Steuervorteile auszunutzen, die ursprünglich für andere Zielgruppen gedacht waren; sie kann aber auch dazu dienen, regulatorische Kosten zu vermeiden oder sich für ein Rechtssystem zu entscheiden, das Vorteile bietet, die andere nicht bieten. Wichtig ist, dass sie ohne explizite Gesetzesänderungen auskommt. Kein Gesetzgeber muss dafür ein neues Recht beschließen und kein Gericht einen Präzedenzfall revidieren. Ein Großteil der Rechtsarbitrage basiert einfach darauf, dass sie Friktionen innerhalb des bestehenden Rechts ausnutzt und geltend macht, dass die von ihr angewandte Strategie rechtmäßig ist. Auf diese Weise trägt sie zum Prozess eines allmählichen institutionellen Wandels bei, der zwar klein und sogar langsam sein mag, aber in seinen kumulativen Auswirkungen weitreichende Folgen haben kann.

Kathleen Thelen und Wolfgang Streeck haben die in der Neuen Institutionenökonomik vorherrschende Theorie des institutionellen Wandels kritisiert. Danach ist Veränderung tendenziell pfadabhängig, was es unwahrscheinlich macht, dass das System von einem Kurs abweicht, der durch frühere Entscheidungen festgelegt wurde, so dass die einzige realistische Möglichkeit für radikale oder transformative Veränderungen in exogenen Schocks besteht. Thelen und Streeck vertreten stattdessen die Auffassung, dass der institutionelle Wandel ein fortlaufender Prozess ist, der zwar inkrementell sein, aber auch zu transformativen Veränderungen führen kann. Zudem unterscheiden sie verschiedene Formen des allmählichen institutionellen Wandels, die sie als Ersatz, Erweiterung, Drift, Umbau und Erschöpfung bezeichnen.[11] Der Umbau ist das eindeutigste Beispiel für ein strategisches Vorgehen, das darauf abzielt, eine bestehende Rechtsinstitution für einen neuen Zweck umzuwandeln, der den eigenen Bedürfnissen entspricht (so wie eine Steuererleichterung für kleine Unternehmen dazu beitrug, dass versierte Investoren Jahrzehnte später ihre Steuern umschichten konnten). Der Niedergang, der die Idee aufgreift, dass sich die Gesellschaft weiterentwickelt, ohne ihre Institutionen zu aktualisieren, könnte das Ergebnis einer kollektiven Amnesie oder einer bewussten Entscheidung sein, ein Gesetz nicht zu aktualisieren, um auf diese Weise seine Wirksamkeit zu untergraben. Der Mindestlohn etwa, der in den USA auf Bundesebene seit dem Jahr 2009 bei 7,25 Dollar liegt, ohne an die Lebenshaltungskosten und die Inflation angepasst worden zu sein, ist ein Beispiel dafür, wie ein Gesetz, das nicht an die sich wandelnden Umstände angepasst wird, einfach langsam seine Bedeutung verliert.[12]

Die Fähigkeit der Akteure, rechtliche Arbitragemöglichkeiten auszunutzen, kann nicht per Gesetz abgeschafft werden, weil die dem Recht inhärente Unvollständigkeit und die Dynamik des kontinuierlichen sozialen und technologischen Wandels unweigerlich zu Friktionen innerhalb des bestehenden Rechts führen, die sich für diese Praxis anbieten. Und die Codierung des Kapitals macht sich diese Reibungen zunutze – tatsächlich ermöglichen diese sogar die Codierung von immer neuen Vermögenswerten als Kapital. Die rechtlichen Regeln, die für das Eigentum an beweglichen Sachen galten, wurden zum Beispiel im 16. und 17. Jahrhundert auf das Grundeigentum ausgedehnt, um den Boden von einer kollektiv genutzten Ressource in eine Ware zu verwandeln; später wurde die Rechtsform der Kapitalgesellschaft von einem Instrument zur Verbreiterung der Investorenbasis für kapitalintensive Industrien zu einer Gelddruckmaschine für Aktionäre umgewandelt, und geistige Eigentumsrechte wurden genutzt, um Daten zu generieren und die Kontrolle über sie zu monopolisieren, obwohl die Daten selbst nicht patentiert werden können.[13] Eine solche Umfunktionierung des Rechts ist dann möglich, wenn es auf eine höchst positivistische Art und Weise ausgelegt wird, für die lediglich die Treue zum Buchstaben des Gesetzes gilt und dessen Zweck und normative Grundlage dabei vollkommen außer Acht gelassen werden. Die einzige Verteidigung gegen eine übermäßige, wenn nicht sogar missbräuchliche Anwendung der Rechtsarbitrage ist daher die Feststellung, dass der Zweck des Ganzen wichtig ist, ebenso wie eine solide normative Grundlage, auf der diese Praxis beruht und die zwar die Autonomie des Einzelnen, aber auch die Rechte und Bedürfnisse anderer respektiert.

Die Unvollständigkeit des Rechts ist nur ein Grund für Rechtsarbitrage; ein anderer ist die Vielfalt der normativen Ordnungen, sowohl im Inland als auch auf internationaler Ebene. In jedem Staat sind mehrere sich überlappende Rechtsregime am Werk: konstitutionelle und gewöhnliche, öffentliche und private, gesetzliches Recht und Richterrecht, zentrale und kommunale, aber auch formelle und informelle, staatliche und religiöse und – in föderativ strukturierten Ländern – bundesstaatliche und einzelstaatliche. Etwaige Friktionen zwischen diesen erzeugen dann noch zusätzliche rechtliche Arbitragemöglichkeiten.[14] Diese können zwar durch bestimmte Vorschriften reduziert werden, die Hierarchien zwischen den verschiedenen Rechtsregimen einziehen, beispielsweise »Verfassungsrecht geht vor Gesetzesrecht«, »Bundesrecht bricht Landesrecht« oder »das lokale Recht hat Vorrang vor nationalem oder supranationalem Recht«, wie es das Subsidiaritätsprinzip im europäischen Gemeinschaftsrecht vorsieht.[15] Es ist jedoch unmöglich, gerade im transnationalen Bereich alle Reibungspunkte zu beseitigen. Um sie aber wenigstens zu minimieren, verlangt das Prinzip des guten Einvernehmens im Völkerrecht, dass die Staaten den Geltungsbereich ihres nationalen Rechts auf ihr eigenes Territorium beschränken. Finden aber Verstöße gegen das nationale Recht außerhalb des nationalen Hoheitsgebiets statt, zum Beispiel wettbewerbswidriges Verhalten, das im Ausland organisiert wird, oder Wertpapierbetrug, der sich gegen ausländische Investoren richtet, so weiten Staaten häufig den Geltungsbereich ihrer Gesetze aus und schaffen auf diese Weise zusätzliche Friktionen.[16]

Und auch das Privatrecht ist in den einzelnen Ländern unterschiedlich genug, um Raum für Rechtsarbitrage zu schaffen, wenn Transaktionen über die Grenzen der eigenen rechtlichen Hoheitsgebiete hinweg durchgeführt werden. Um solche Störungen zu verringern, harmonisieren oder vereinheitlichen sie ihr Recht deshalb oft formal über das Vertragsrecht oder manchmal auch durch »*soft law*« wie Verhaltenskodizes oder Modellgesetze, die auf Überzeugung und nicht auf Zwang beruhen. In den Vereinigten Staaten war die weiche Standardisierung des Privatrechts, für das die einzelnen Staaten zuständig sind, die bevorzugte Strategie.[17] Im Gegensatz dazu verfolgte die Europäische Union jahrzehntelang ein ehrgeizigeres Harmonisierungsprogramm, bevor sie feststellte, dass dies zu schwerfällig und zeitaufwendig war.[18]

Sie hat daher den Schwerpunkt auf die Harmonisierung der Rechtswahlklauseln (oder das internationale Privatrecht) in Kernbereichen wie beispielsweise dem Vertrags- und dem Schadensersatzrecht verlagert.[19] Diese Regeln ignorieren die Unterschiede in der Substanz der nationalen Rechtsordnungen. Stattdessen werden die Vorschriften gestrafft, die die für einen Fall geltende Rechtsordnung auswählen, wenn mehrere infrage kommen, und so versucht, sicherzustellen, dass das anwendbare Recht dasselbe ist, auch wenn Gerichte in verschiedenen Mitgliedstaaten dazu aufgerufen sind, es zu bestimmen.

Eine Harmonisierung des gesamten Rechts in der Europäischen Union oder weltweit ist und bleibt jedoch unmöglich und wäre auch nicht wünschenswert. Gegen eine Vielfalt von Normen und unterschiedlichen Präferenzen, die in Gesetzen und Vorschriften zum Ausdruck kommen, ist nichts einzuwenden. Die Straffung des gesamten Rechts zur Senkung der Transaktionskosten für das globale Kapital ist nämlich nichts, was die Präferenzen der verschiedenen Gemeinschaften und Staaten ausschalten sollte. Und selbst wenn das gesamte formale Recht standardisiert wäre, so würden sich Unterschiede in den ihm zugrunde liegenden Normen, Werten und Praktiken sowie unterschiedliche Formen des sozialen Wandels auf die Bedeutung und Anwendung des Rechts auswirken, was unweigerlich zu einer unterschiedlichen Nutzung und Auslegung dieser Regeln führen würde. Die Schaffung einer einzigen, einheitlichen Rechtsordnung würde zudem rechtliche Experimente als wichtige Quelle der juristischen Innovation ausschalten.

Wenn Rechtsordnungen von Natur aus intern und in ihrem Verhältnis zueinander plural sind, kann die Rechtsarbitrage also nicht vermieden werden. Das macht deutlich, dass sie keine besondere Eigenheit des kapitalistischen Rechts ist. Der entscheidende Punkt ist vielmehr der, dass nicht jeder im Rahmen des kapitalistischen Rechts gleichermaßen von den Möglichkeiten der Rechtsarbitrage profitieren kann; für einige gelten nämlich Rechtsnormen, die ihnen auferlegt worden sind – nicht unbedingt vom Staat, sondern von wirtschaftlichen Akteuren, die versuchen, ihre Transaktionskosten zu senken und ihre Vertragspartner zu kontrollieren. Für diejenigen, die sich eine umsichtige juristische Beratung leisten können, sind weite Teile des Rechts inzwischen übertragbar geworden. Sie können sich die Regeln und Gerichte aussuchen, die ihnen am ehesten zusagen. Andere hingegen bleiben auf das lokale Recht und auf Standardverträge angewiesen und wissen vielleicht nicht einmal, dass sie eine Wahl haben.

Auf globaler Ebene ist die Rechtsarbitrage an der Tagesordnung, denn versierte Akteure können sich »*un vaste bricolage normatif*« zunutze machen, ein »riesiges normatives Do-it-yourself« (DIY) in der Übersetzung von Jean-Bernard Auby.[20] Und dieses DIY zeigt, wo die Handlungsmacht in der globalen Rechtsordnung beheimatet ist: nicht bei den öffentlichen Gesetzgebern wie Parlamenten oder Gerichten, sondern bei den Normunternehmern, die das umfangreiche normative Material aus den verschiedenen Rechtsordnungen, das ihnen zur Verfügung steht, vermischen und aufeinander abstimmen: hartes und weiches Recht, Völkerrecht und die vielen nationalen Gesetzgebungen, die von jedem unabhängigen Staat hervorgebracht werden, sowie das subnationale Recht. Normative Bricolage ist aber nicht nur ein Charakteristikum der globalen Ordnung; der Rechtspluralismus ist vielmehr allen komplexen Rechtsordnungen inhärent, die die Rechtsetzung oder Rechtsdurchsetzung mehreren Akteuren überlassen.[21] Dies ist auch aus normativer Sicht wünschenswert, da es Gemeinschaften ermöglicht, ihre eigenen normativen Präferenzen in politischen Entscheidungen und rechtlichen Regeln zum Ausdruck zu bringen. Für Akteure, die nach jedem Schlupfloch und jeder Gelegenheit suchen, rechtliche Mittel zu kombinieren und zu rekombinieren, um ihre eigenen Interessen durchzusetzen, bietet dieses inhärente Merkmal komplexer Rechtssysteme allerdings hervorragende Arbitragemöglichkeiten. Sie können formelle Rechtmäßigkeit mit mindestens einer Weisung geltend machen und darauf warten, dass andere nachziehen und ihre Strategie herausfordern.

Das Kollisionsrecht (auch als internationales Privatrecht bezeichnet) ist jenes Regelwerk, das eine gewisse Ordnung in diese Gemengelage bringen soll. Es ist Teil jeder innerstaatlichen Rechtsordnung und legt Kriterien fest, nach denen bestimmt wird, welches Recht eines Landes auf einen bestimmten Fall anwendbar ist, wenn mehrere Gerichtsbarkeiten berührt sein können. Die Gründe dafür können vielfältig sein. So könnten die Parteien eines Rechtsstreits aus verschiedenen Ländern stammen oder zumindest an einem dritten Ort aufeinandergetroffen sein. Oder sie könnten sich von sich aus für ein anderes Rechtssystem als ihr eigenes entschieden haben, weil es Neutralität verheißt oder Merkmale besitzt, die in ihren heimischen Systemen fehlen.

Schon vor der Entstehung der Nationalstaaten gab es ein Bedürfnis nach kollisionsrechtlichen Regelungen. Denn der Fernhandel verlief über die Grenzen von Städten, Regionen, Lehen und Königreichen hinweg, von denen jedes seine eigenen Rechtsregeln hatte.[22] Um sich nicht mit vielen verschiedenen und ungewohnten Rechtsordnungen auseinandersetzen zu müssen, stützten sich diese Händler auf Verwandte vor Ort oder vertrauenswürdige Mittelsmänner, um Streitigkeiten zu schlichten, die unterwegs auftreten konnten.[23] Dadurch wurde der Umfang möglicher Handelsbeziehungen auf diese Netzwerke beschränkt.[24] Ansonsten vertrieben diese Kaufleute ihre Waren auch auf zentralen Handelsmessen. Die Städte, die diese Messen veranstalteten, unterwarfen auswärtige Händler nun aber oft ihrem jeweiligen Ortsrecht. Auf

Antrag gewährten sie fremden Kaufleuten, die aus demselben Ort stammten, aber auch das Privileg, ihr eigenes Recht zur Beilegung von Streitigkeiten untereinander anzuwenden.[25]

Durch die Anwendung des lokalen Rechts wurden zumindest für die *fremden* Kaufleute, die allesamt nicht mit diesem vertraut waren, gleiche Voraussetzungen geschaffen, denn niemand konnte seine intime Kenntnis eines auswärtigen Regelwerks zum Nachteil seiner Handelspartner ausnutzen. Zwar mag dies den einheimischen Kaufleuten in der Messestadt einen relativen Vorteil verschafft und den lokalen Rechtsanwälten die Möglichkeit zur Erschließung dauerhafter Einkommensquellen geboten haben, aber das war unter dem Strich ein geringer Preis dafür, dass für alle anderen gleiche Wettbewerbsbedingungen herrschten. Die Territorialstaaten schmiedeten dann auf der Grundlage der partikularen Rechtsordnungen, die ihnen vorausgegangen waren, ihre nationalen Rechtssysteme und reduzierten auf diese Weise deren Vielfalt im Inneren. Aber sie schufen damit auch eine neue Quelle der Bricolage, nämlich ihre eigenen Landesgrenzen, die ihre Jurisdiktionen voneinander separierten und von denen viele zwingende Vorschriften für all jene enthielten, die auf ihrem Territorium Geschäfte machten oder Eigentum besaßen. Diese Prinzipien vertrugen sich allerdings nicht gut mit der Internationalisierung des Handels und der Investitionstätigkeit; tatsächlich wäre eine strikte Priorisierung des nationalen Rechts für die Globalisierung sogar eher hinderlich gewesen.

Um aus diesem Dilemma herauszukommen, boten sich zwei Wege an: die Harmonisierung des Rechts über die Grenzen der Staaten hinweg oder die Schaffung von Kollisionsregeln mit der damit verbundenen Ausweitung der Privatautonomie bei der Auswahl des Rechts aus der Vielzahl der angebotenen Rechtssysteme. Die Europäische Union entschied sich für Ersteres, während die Vereinigten Staaten Letzteres – in Kombination mit Empfehlungen für einheitliche Standards im weichen, nicht aber im harten Recht – wählten.[26] Für die Entwicklungsländer haben die Weltbank und in geringerem Ausmaß auch der Internationale Währungsfonds einen juristischen Wandel vorangetrieben, indem sie für »Best-Practice«-Vorschriften plädierten, bei denen es sich ausnahmslos um die Gesetze der weiter entwickelten Länder handelt.[27] Die Harmonisierung ist mühsam und wird zudem durch die Unvereinbarkeit einiger Rechtsinstitutionen erschwert, die es in dem einen Land vielleicht gibt, in einem anderen aber nicht, oder durch unterschiedliche Vorschriften darüber, was ein gültiges Recht ist, die nur schwer miteinander in Einklang zu bringen sind. Unterschiede in der Rechtskultur, politische Machtkämpfe und Nationalstolz trugen ebenfalls zu dem überaus langsamen Prozess der Rechtsharmonisierung in der Europäischen Union bei. Das alles führte dazu, dass der Vereinheitlichung der Kollisionsnormen letztlich der Vorzug gegenüber dem Versuch der Harmonisierung des materiellen Rechts gegeben wurde.[28]

Letztere bringt zwangsläufig eine Verringerung der Wahlmöglichkeiten mit sich. Für die Befürworter wirtschaftlicher Effizienz und individueller Freiheit mutet dies daher geradezu paternalistisch an.[29] Würde aber jeder Einzelne das Recht aussuchen können, nach dem er oder sie regiert zu werden wünscht, so würde die Idee der kollektiven Selbstbestimmung ad absurdum geführt. Entscheidend ist daher die Frage, wer in unterschiedlichen Machtkonstellationen von der Wahl des Rechts profitiert und wer verliert. Ebenso ist es zu einfach, die Standardisierung des Rechts als im Vergleich zur privaten Rechtswahl suboptimal zu verurteilen. Denn dabei wird außer Acht gelassen, wessen Interessen diese Standardisierung eigentlich schützt, wenn beispielsweise ein vereinheitlichtes Kaufrecht oder Ähnliches angeboten wird, das für schwächere oder relativ uninformierte Parteien gebrauchsfertig »von der Stange« erhältlich ist.[30] Darüber hinaus lässt der Gedanke, dass private Parteien am besten fahren, wenn sie ihr eigenes Rechtssystem frei wählen können, die Konsequenzen außer Acht, die solche Entscheidungen für die Gesellschaft und für das Recht selbst haben. Denn private Autonomie bei der Rechtswahl führt häufig zur Vorherrschaft einer einzigen Rechtsordnung.

Das US-amerikanische Rechtssystem lässt erahnen, wie die Pluralität der Rechtsordnungen in Verbindung mit der Rechtswahl eine solche Hegemonie hervorbringen kann. Die Kernbereiche des Privatrechts, also das Eigentumsrecht, das Vertragsrecht und das Schadensersatzrecht, liegen in der Zuständigkeit der einzelnen Bundesstaaten. Dies fördert die Vielfalt und eine Gesetzgebung, die den regionalen Präferenzen gerecht wird. Die Handelsklausel der US-Verfassung wurde jedoch so ausgelegt, dass einzelne Bundesstaaten sich nicht weigern dürfen, das Recht anderer Bundesstaaten anzuerkennen.[31] Die Kombination aus Rechtswahl und dem gesetzlichen Auftrag, fremdes Recht (in diesem Fall das der anderen Staaten) anzuerkennen und durchzusetzen, hat die Rechtswahl somit zu einer hervorragenden Gelegenheit für Rechtsarbitrage gemacht, besonders für geschickt vorgehende Akteure. Darüber hinaus hat sie zu Beinahe-Rechtsmonopolen geführt, da verschiedene Staaten versucht haben, diejenigen Parteien anzuziehen, die typischerweise solche Rechtswahlen treffen. Vor allem Delaware ist nach wie vor Marktführer im Bereich des Gesellschaftsrechts, weil der Staat lange Zeit den Interessen der Führungsebenen von Kapitalgesellschaften entgegengekommen ist, denen die Entscheidung über eine Neueintragung obliegt.[32] Auch wenn Elon Musk die Aktionäre des von ihm geleiteten Autokonzerns Tesla davon überzeugen konnte, sich in Texas neuzugründen, nachdem er einen Prozess über seine Vergütung in Delaware verloren hatte, wird dies kaum die starken Netzwerkeffekte untergraben, die die jahrzehntelange gesellschaftsrechtliche Spruchpraxis dort hervorgebracht hat.[33] Darüber hinaus ist die Legislative von Delaware bereit, die Rechtsprechung zu korrigieren, die die Vorherrschaft des kleinen Staates bedroht, wie sie dies zum Beispiel mit der Verabschiedung »marktfreundlicher« Reformen im Jahr 2024 getan hat, die eine ausdrückliche Rüge der eigenen Judikative darstellten.[34] Und es kommt noch hinzu, dass die Bundesstaaten Delaware und South Carolina für den Banken- und Versicherungssektor deshalb so attraktiv geworden sind, weil sie lediglich weiche Bestimmungen gegen Wucher vorsehen, die nur extrem unverhältnismäßige Zinssätze verbieten, welche dem Rest des Landes auferlegt werden können.[35] Texas hat sich mittlerweile als der attraktivste Staat für Unternehmensinsolvenzen in Stellung gebracht, und zwar nicht für die Liquidation oder gar Neugründung von Firmen, sondern für den »Texas Two-Step«.[36] Dabei handelt es sich nicht nur um den Namen eines Country-Paartanzes, sondern auch um ein juristisches Manöver, das es einem Unternehmen ermöglicht, sich der Haftung aus Sammelklagen zu entziehen, indem es sich in zwei Unternehmen aufspaltet und seine gesamten Verbindlichkeiten in einem davon bündelt (das daraufhin in Konkurs geht).

In Europa hat die Ausweitung der Rechtswahl im Gesellschaftsrecht ähnliche Ergebnisse hervorgebracht. So gibt der Gerichtshof der Europäischen Union Kapitalgesellschaften seit dem Jahr 1999 die Möglichkeit, den Ort ihrer Gründung frei zu wählen, unabhängig davon, ob sie an diesem Ort auch wirtschaftlich tätig sind.[37] Dies hat dazu geführt, dass neue Unternehmen vornehmlich nach Großbritannien und in die Niederlande abgewandert sind – zum Nachteil von Ländern mit weniger flexiblen Regelungen wie Frankreich oder Deutschland.[38] Solche Urteile berühren oft auch lange erkämpfte gesellschaftliche Vereinbarungen wie zum Beispiel die Mitbestimmung der Beschäftigten in den Aufsichtsräten großer Aktiengesellschaften.[39] Im Gegensatz dazu kann nationales Recht einige der lukrativsten Strategien für die Codierung von Kapital auch erschweren, die darin bestehen, sich für ein ausländisches Recht zu entscheiden, um irgendwelche Einschränkungen im einheimischen zu umgehen. Eine neue Modeerscheinung bei Unternehmenstransaktionen ist der Einsatz von Special-Purpose Acquisition Companies (SPACs), das heißt von Unternehmensvehikeln, die als leere Mantelgesellschaften gegründet und dann mit Vermögenswerten – in der Regel einem anderen Unternehmen – bestückt werden, sobald sich eine lukrative Übernahmechance ergibt.[40] Dabei handelt es sich um spekulative Investitionsinstrumente, die mit verschiedenen seit Langem bestehenden gesellschaftsrechtlichen Vorschriften zum Schutz von Gläubigern und Minderheitsaktionären kollidieren, unter anderem solchen zu eingezahltem Kapital oder über Beschränkungen der Rückkaufbarkeit von Aktien. Deutschland, das für ein eher rigides Gesellschaftsrecht bekannt ist, hat die Entwicklung dieses Marktes im Keim erstickt, weshalb die einzigen SPACs, die an einer deutschen Börse registriert sind, in Luxemburg gegründet wurden.[41] Doch wie dem auch sei: Nur weil so mancher diese Möglichkeit der Rechtsarbitrage willkommen heißen mag, ist nicht klar, warum das Recht spekulative Praktiken dulden sollte, die zwar Rechtsanwälten und Finanzinvestoren lukrative Geschäfte ermöglichen, aber kaum Investitionen in irgendeine Art von Produktion mit sich bringen. Das Argument, dass jedes Land in der Lage sein sollte, mit den modernsten Rechtstechniken zu konkurrieren, die in New York oder London, den Zentren des globalen Kapitals, erdacht worden sind, dient lediglich als Vorwand für Finanzspekulanten und deren Rechtsbeistände, kann sachlich aber nicht überzeugen.

Die Tendenz der Rechtswahl, die Optionen für alle zu verringern statt zu erweitern, ist selbst keine Folge einer willkürlichen Rechtswahl. Ebenso wenig kann sie aber auch auf die tatsächlichen Präferenzen der an einer Transaktion beteiligten Parteien für die von ihnen letztendlich gewählten Rechtssysteme zurückgeführt werden, da diese Auswahl selten von diesen selbst getroffen wird, sondern weitaus öfter von ihren Anwälten.[42] Und nicht einmal diese Anwälte kennen genügend Rechtssysteme, um eine informierte Entscheidung zu treffen. Sie wählen daher dasjenige, mit dem sie vertraut sind, in der Regel also das System, in dem sie selbst praktizieren, und vielleicht noch ein anderes, das sie im Studium kennengelernt haben.[43] Ihre Mandanten bevorzugen in der Regel Rechtssysteme, die flexibel sind und eine Tendenz zur Bevorzugung der Interessen des Kapitals gegenüber anderen aufweisen, und auf dieser Skala schneidet das Common Law, das in den USA und in Großbritannien praktiziert wird, in der Regel besser ab als das Civil Law des römisch-germanischen Rechtskreises.[44]

Um DIY-Strategien vorzubeugen, die die Reichen gegen die Armen stärken, sollten die Rechtsgeber die Leichtigkeit begrenzen, mit der ökonomische Akteure zwischen verschiedenen Rechtsordnungen wählen oder versuchen können, das Recht ihrer Wahl durchzusetzen. Dies ist notwendig, um die Integrität der demokratischen Ordnung, das heißt der kollektiven Selbstbestimmung durch das Recht, sicherzustellen und diejenigen zu schützen, die aufgrund von beschränkten Mitteln nicht in der Lage sind, sich vergleichbarer Wahlmöglichkeiten zu bedienen. Eine bessere Lösung wäre es, sich bei der Bestimmung des anwendbaren Rechts stärker auf objektive Faktoren zu stützen, anstatt sie der freien Wahl zu überlassen.[45] Bei Unfallopfern (Schadensersatzrecht) stützen sich viele Rechtssysteme bereits heute auf sachliche Gesichtspunkte wie etwa den Ort, an dem sich der Unfall ereignet hat; ein Beispiel hierfür ist die EU-Verordnung, die die Rechtswahlregeln für Schadensersatzansprüche harmonisiert hat.[46] Bemerkenswert ist, dass die Europäische Union in Fällen von Umweltverschmutzung, deren Auswirkungen oft weit entfernt vom Ort der Schadstoffemission zu spüren sind, Abweichungen von dieser Regel zulässt. In derartigen Situationen können die Mitgliedstaaten den Geschädigten (und nicht einfach irgendeiner Partei) eine größere Wahlmöglichkeit bei der Bestimmung des anwendbaren Rechts einräumen.[47] Damit wird ein sorgfältig austariertes Gleichgewicht zwischen der Rechtssicherheit, die objektive Faktoren zur Bestimmung des anwendbaren Rechts bieten, einerseits und einer größeren Flexibilität zum Schutz der schwächeren Partei andererseits hergestellt. Außerdem wird auf diese Weise dem im europäischen Gemeinschaftsrecht verankerten Vorsorgeprinzip im Bereich des Umweltschutzes Genüge getan.[48]

Die Rechtsarbitrage findet in erster Linie im Privatrecht statt, betrifft aber auch Bereiche des öffentlichen Rechts, etwa das Steuer- und Ordnungsrecht. Tatsächlich sind die diesbezüglichen Regelungen oft der Hauptgrund dafür, warum Kontrahenten überhaupt auf eine privatrechtliche Arbitrage zurückgreifen. Die meisten Staaten erkennen die meisten Privatrechtsordnungen an und setzen sie durch, gewähren dem ausländischen öffentlichen Recht diesen Gefallen allerdings nicht, da dies ihre Souveränität infrage stellen würde. In Wirklichkeit gilt dies für den Ausverkauf des Privatrechts natürlich ebenso, denn auch dieses sollte die Normen der Gesellschaft und nicht den Wunschzettel des Kapitals widerspiegeln. Das öffentliche Recht ist durch das Hoheitsgebiet der Staaten, die es erlassen, begrenzt; seine extraterritoriale Ausdehnung stößt an völkerrechtliche Grenzen, und für die Durchsetzung der Rechtsvorschriften anderer Staaten sind zwischenstaatliche Vereinbarungen, beispielsweise Auslieferungsabkommen, erforderlich. Im Gegensatz dazu ist das Privatrecht übertragbar, und seine Übertragbarkeit wurde durch die Bereitschaft der Staaten, ihre Gerichte zur Durchsetzung ausländischen Rechts zu verpflichten, ohne zu prüfen, ob die Vorschriften mit den Normen übereinstimmen, die die sozialen und wirtschaftlichen Beziehungen regeln, erheblich gesteigert. Doch das Privatrecht ist für die Gesellschaft nun einmal nicht weniger wichtig als staatliche Bestimmungen. Wenn es ein Gewinnstreben ohne Rücksicht auf die Kosten für andere erlaubt, wird es schwierig sein, dies durch Umverteilung zu beheben. Und das macht die Aufgabe der demokratisch gewählten Legislative und Exekutive fast unmöglich, weil die von ihnen verabschiedeten Gesetze gerade von den mächtigsten Akteuren häufig umgangen werden, die auf der Suche nach dem für sie passenden Recht ungehindert in anderen Jurisdiktionen wildern. Das Konzept des selbstgebastelten Rechts schließt die Fähigkeit ein, sich die Unterschiede zwischen fundamentalen Normen zunutze zu machen – was ein Garant für die weitere Zersplitterung der Gesellschaften und eine größere Prekarität der Menschen am Rande der Gesellschaft ist.[49] Diese haben es ohnehin schon schwer, sich gegen die Macht der Privaten zu behaupten; ihre Fähigkeit, sich dafür auf die Macht des Staates zu stützen, wird jedoch durch die Rechtsarbitrage noch weiter geschwächt, die es den Mächtigen ermöglicht, sich von den nationalen Rechtsordnungen »transnational abzuheben«.[50]

Theoretisch kann jeder ein juristischer Arbitrageur sein. Ein unvollständiges Recht, die normative Bricolage und die Möglichkeit der Rechtswahl sind für jedermann gleichermaßen verfügbar. In der Praxis kommt dies alles aber vor allem den Parteien zugute, die über mehr Macht, Ressourcen und Mobilität verfügen. Mit genügend finanziellen Mitteln ist es möglich, bessere Anwälte zu engagieren, hartnäckig zu bleiben und, wenn nötig, Prozesse oder Lobbymaßnahmen immer wieder neu anzustrengen, was sich andere kaum auch nur ein einziges Mal leisten können. Gerichtsverfahren sind eine wirksame Strategie, um die Gesetzgebung mit einem Verfahren nach dem anderen zu den eigenen Gunsten zu beeinflussen. Hartnäckigkeit hat sich oft ausgezahlt, selbst bei Rechtsgrundsätzen, die einst als »unverrückbar und unveränderlich« galten.[51] So charakterisierte Richter Benjamin Cardozo die Loyalitätspflicht, die Treuhänder einem Partner, einem Begünstigten oder einer Kapitalgesellschaft und ihren Anteilseignern gegenüber haben. Noch im Jahr 1989 konnte Jack Coffee schreiben, dass ein Großteil des Gesellschaftsrechts von Delaware zwar befähigend und nicht verpflichtend sei, dies aber nicht für die Treuepflichten gelte.[52] Gesetzliche Änderungen aufgrund jahrzehntelanger Rechtsstreitigkeiten haben es den Unternehmen jedoch ermöglicht, die Corporate Opportunity Doctrine (ein Klassiker unter den Verstößen gegen die Treuepflicht)[53] abzulehnen, und es fast unmöglich gemacht, auf der Grundlage der weniger anspruchsvollen Sorgfaltspflicht zu prozessieren.[54] Darüber hinaus wurden die Treuepflichten für Kommanditgesellschaften und Gesellschaften mit beschränkter Haftung zunehmend fakultativ gestaltet.[55] In Anbetracht dieser Entwicklung sollte es nicht überraschen, wenn die Treuepflichten am Ende auch für börsennotierte Aktiengesellschaften optional werden.

Mobilität ist ein weiterer Faktor, der das Kapital zum Hauptnutznießer der Rechtsarbitrage macht. Nicht alle von Recht betroffenen Personengruppen sind mobil. Die meisten sind es nicht, weil ihnen die Mittel fehlen oder es ihnen nach dem geltenden Recht verwehrt ist, zu migrieren. Visabestimmungen und Einreisevorschriften schränken die Möglichkeiten natürlicher Personen ein, auf der Suche nach einem Arbeitsplatz Ländergrenzen zu überschreiten. Die Tatsache, dass Arbeit ausgebeutet wird, wurde nie als Asylgrund anerkannt, und auch wenn das US-Recht Arbeitnehmern ohne Papiere, die in den Vereinigten Staaten ausgebeutet wurden, die Möglichkeit gibt, ein Visum oder eine Arbeitsgenehmigung zu beantragen, verweigert es undokumentierten Einwanderern eine Lohnnachzahlung, wenn sie wegen ihrer normalerweise geschützten gewerkschaftlichen Betätigung unrechtmäßig entlassen wurden; ein Umstand, der ihren Arbeitgebern in die Hände spielt.[56] Im Vergleich dazu sind Unternehmen niemals »ohne Papiere«. Sie können überall gegründet werden und werden auch überall anerkannt. Häufig gehen sie in Länder mit schwächeren statt mit strengeren Arbeitsschutzbestimmungen, wie es die weltweite »Migration« von Unternehmen von Nord nach Süd auf der Suche nach einem schwächeren Arbeitsrecht zeigt.[57] Da sowohl Arbeitnehmer als auch Verbraucher strukturell angreifbar sind, warnen Hanoch Dagan und Sagi Peari davor, die Rechtswahl auch auf diese Bereiche auszudehnen.[58] Doch das Problem der freien Rechtswahl, das sie in der Theorie als Grundprinzip des liberalen Rechts unterstützen, hat noch weitere Aspekte. Wenn die einen ihre Rechtswahl ausüben, sind andere davon betroffen, und zwar häufig diejenigen, die nicht mobil sind und sich daher den Auswirkungen der von diesen anderen getroffenen Wahl nicht entziehen können. Ein gutes Beispiel ist die Regulierung des Wertpapierhandels. Roberta Romano hat die Auffassung vertreten, dass die Wahlfreiheit vom Gesellschaftsrecht auf das Wertpapierrecht ausgedehnt werden sollte.[59] Anleger könnten dann mit den Füßen abstimmen, indem sie ihre Anteile an Unternehmen verkaufen, die eine schlechte Entscheidung getroffen haben. Merritt Fox hat jedoch darauf hingewiesen, dass es im Wertpapierrecht nicht nur um Anleger geht, die weltweit handeln und ihr Kapital leicht umschichten können, sondern auch um die Gemeinden, in denen diese Unternehmen tätig sind, und um Arbeitnehmer, die nicht mobil sind und nur wenige Möglichkeiten haben, in einen anderen Rechtsraum abzuwandern.[60] Aufgrund dieses strukturellen Unterschieds sollten laut Fox die ortsgebundenen Bevölkerungsgruppen und nicht die mobileren Akteure das anzuwendende Recht bestimmen. Ganz generell sollte überlegt werden, ob dieselben Grundsätze der Rechtswahl, die die Freiheit des Einzelnen stärken sollen, zwangsläufig auch für juristische

Personen oder für Finanz- und andere Kapitalvermögen gelten müssen. Denn dies sind keine Freiheitskämpfer, sondern Profitmacher. Zum Allermindesten sollte ein Staat, der aufgefordert wird, seine Zwangsbefugnisse zur Durchsetzung ausländischen Privatrechts einzusetzen, das diese Akteure oder Vermögenswerte privilegiert, die Möglichkeit haben, dies zu verweigern, wenn die Durchsetzung dieses Rechts mit den Interessen wichtiger lokaler Gruppen, beispielsweise der abhängig Beschäftigten, kollidieren würde.[61] Diese Position stünde auch im Einklang mit Dagans und Pearis Feststellung, dass die Freiheit der Rechtswahl »sowohl durch die zwischenmenschliche Gerechtigkeit als auch durch die Einhaltung der Verpflichtung der Parteien, die gerechten Institutionen ihrer Staaten zu stützen, inhärent limitiert ist«.[62]

Die Rechtsarbitrage resultiert aus Merkmalen, die allen juridischen Systemen gemeinsam sind, nämlich aus der dem Recht innewohnenden Unvollständigkeit und der Koexistenz mehrerer Rechtsordnungen, die sich häufig überschneiden. Sie kann daher nur dann als ein zentrales Merkmal des kapitalistischen Rechts bezeichnet werden, wenn sie strukturell zugunsten des Kapitals ausgerichtet ist. Und die vorangegangene Analyse bestätigt, dass dies tatsächlich der Fall ist. Die Eigentümer des Kapitals verfügen über größere Ressourcen, profitieren am meisten von der Ausnutzung rechtlicher Arbitragemöglichkeiten, haben außer Geld nur sehr wenig zu verlieren und verfügen über Zugang zu den bestbezahlten Rechtsanwälten, die wissen, wie sie rechtliche Arbitragestrategien zugunsten ihrer Mandanten entwickeln können, während sie gleichzeitig behaupten, dass alles, was sie tun, legal ist. Am deutlichsten wird dies bei den Strategien zur Steuervermeidung. Als ein internationaler Zusammenschluss von Investigativjournalisten im Jahr 2021 die Pandora Papers veröffentlichte, die auf frühere Enthüllungen in den Panama- und Paradise Papers folgten, wiesen der ehemalige britische Premierminister Tony Blair und viele andere, die legale Steueroasen genutzt hatten, um ihre Abgabenlast zu senken, den Vorwurf des Fehlverhaltens mit dem Hinweis auf die Legalität ihres Handelns zurück.[63] Gleiches gilt definitionsgemäß für alle erfolgreichen Strategien der Rechtsarbitrage: Sie sind so angelegt, dass sie formell rechtmäßig sind, faktisch aber Unklarheiten, Schlupflöcher und Friktionen ausnutzen, die gegen den Zweck des Rechts und die normativen Grundsätze einer gerechten sozialen Ordnung verstoßen. Und die Gerichte haben solche Praktiken oft gebilligt. So äußerte etwa Bundesrichter Learned Hand, dass »jeder seine Angelegenheiten so regeln kann, dass seine Steuern so niedrig wie möglich ausfallen; er ist nicht verpflichtet, das Modell zu wählen, das dem Fiskus am meisten einbringt; es gibt nicht einmal eine patriotische Pflicht, die eigene Steuerlast zu erhöhen«.[64] Dies ist eine pauschale Absegnung eines ungezügelten Egoismus und reduziert das Recht auf eine Ware, die auf Geheiß privater Akteure erworben und entsorgt werden kann. Für Vorstellungen von sozialer Gerechtigkeit und demokratischer Selbstbestimmung ist das ein Gräuel. Denn beide erfordern die Bereitschaft, andere und ihre Lebenschancen zu respektieren und sich an dieselben Regeln zu halten, die faktisch auch für alle anderen verbindlich sind.

Dieses Kapitel beschließt die Analyse der drei Merkmale des kapitalistischen Rechts, die den Vorrang der privaten vor der gemeinschaftlichen Ordnung im juristischen System festschreiben. Wenn das Recht jedoch zu einem Werkzeug in den Händen von Machtakteuren wird, die es zu ihrem eigenen Vorteil instrumentalisieren, dann läuft es Gefahr, seine Legitimität in den Augen der Allgemeinheit zu verlieren, und kann nicht mehr als normative Basis für eine auf der freiwilligen Einhaltung des Rechts beruhende Gesellschaftsordnung dienen.[65] Die Rechtsarbitrage, das in diesem Kapitel erörterte

Merkmal, ist vielleicht das unangenehmste der besonderen Merkmale des kapitalistischen Rechts, weil sie Eigenschaften ausnutzt, die jedem Recht inhärent sind, nämlich seine Unabgeschlossenheit und seine Pluralität. Allerdings wäre sie kein so mächtiges Instrument für private Akteure, wenn Staaten nicht bereit wären, die Privatautonomie mit Freuden anzuerkennen und ihre Durchsetzungsbefugnisse an private Akteure auszulagern. Auch die übrigen Merkmale des kapitalistischen Rechts, die in den beiden vorangegangenen Kapiteln erörtert wurden, vertiefen die soziale Spaltung: die rechtliche Ermächtigung privater Akteure ohne wirksame Kontrolle ihrer Macht durch diejenigen, die ihr unterworfen sind, und die Leichtigkeit, mit der diese privaten Akteure auf die in den Händen des Staates zentralisierten Zwangsmittel zugreifen können, um ihre Rechte durchzusetzen, selbst wenn sie die Rechte anderer verletzen. Die Kombination und das Zusammenspiel dieser drei Merkmale haben das Privatrecht zu einem mächtigen Instrument in den Händen gewiefter Akteure gemacht. Dieselben Merkmale haben zugleich aber auch viele andere orientierungslos in eine Welt geworfen, in der sie feststellen müssen, dass das Recht für die Reichen da ist und nicht unbedingt für sie. Die beiden folgenden Kapitel des Buches befassen sich daher mit der Frage, ob es einen Ausweg gibt, ob das kapitalistische Recht also transformiert werden kann, und was nötig wäre, um über dieses System hinauszugelangen.

6
Das System neu verdrahten

Die Analyse in den vorangegangenen Kapiteln hat gezeigt, dass der Kapitalismus ein Rechtssystem ist, das die Aneignung gesellschaftlicher Ressourcen zum Zwecke des privaten Profits ermöglicht, und sie hat erläutert, wie er dies tut. Das System hat zwar viele Gewinner, aber noch mehr Verlierer, darunter Menschen, die keinen Zugang zum Recht und zu den Ressourcen haben, um ihre eigenen Bedürfnisse zu befriedigen, und die nicht auf Augenhöhe an ihm partizipieren können. Die Behauptung, das System sei alternativlos, verschleiert lediglich die Ungerechtigkeiten der bestehenden Ordnung und die von ihr ausgehenden Gefahren für genau die Werte, die die Befürworter des Kapitalismus für sich in Anspruch nehmen: Freiheit, Autonomie und Selbstbestimmung, und das nicht nur für einige, sondern für alle. Darüber hinaus prallen in der Kollision zwischen Kapitalismus und Natur ein Gesellschaftssystem, das um jeden Preis expandieren will, und ein System mit natürlichen Grenzen aufeinander, das umso heftiger reagiert, je öfter das Maximum seiner Belastbarkeit überschritten wird. Deshalb braucht es einen Wandel, auch wenn er schwierig ist.

In den 1960er-Jahren, als der Kampf zwischen Kapitalismus und Sozialismus noch in vollem Gange war, vertrat André

Gunder Frank die Ansicht, dass die Überwindung des Kapitalismus mehr verlangen würde als nur Reformen, die darauf abzielten, das System an der Oberfläche freundlicher zu gestalten, die tiefer liegenden Strukturen der Ungleichheit und Abhängigkeit aber außer Acht ließen.[1] Die Zentralisierung der wirtschaftlichen Macht im Herzen des kapitalistischen Systems und ihr Gebrauch für die Abschöpfung von Mehrwert aus der Peripherie waren nach Frank die tieferen strukturellen Merkmale dieses Regimes. Die Beziehungen zwischen dem Kapital und allem Übrigen werden von ihm als Beziehungen zwischen Zentrum und Peripherie begriffen, und zwar sowohl auf nationaler als auch auf globaler Ebene. Auf der weltpolitischen Ebene fungieren die ehemaligen Kolonien als Satelliten der Metropolen, und obwohl viele von ihnen ihre Unabhängigkeit erlangt haben, blieb ihre Abhängigkeit von den Metropolen auch nach dem Ende der Kolonialherrschaft bestehen. Zwar gesteht Frank zu, dass sich die Dinge seither sehr verändert haben, unter anderem die Art der wirtschaftlichen Aktivitäten im Zentrum wie auch an der Peripherie sowie die Institutionen, die sie unterstützen. Dies ändert jedoch seiner Ansicht nach nichts an der strukturellen Abhängigkeit der Peripherie vom Zentrum. »Wenn ich diese institutionellen Änderungen in dieser Abhandlung vernachlässigte«, schrieb er, »geschah dies, um die Aufmerksamkeit auf die wesentliche strukturelle Kontinuität des Kapitalismus und seine Wirkungen während der Geschichte Chiles zu lenken.«[2] Die logische Schlussfolgerung aus dieser Argumentation ist, dass der einzige Ausweg aus dem Kapitalismus und den von ihm geschaffenen Abhängigkeiten darin besteht, das globale kapitalistische System durch den Rückzug der peripheren Volkswirtschaften zu destabilisieren. Die ehemaligen Kolonien hätten die Aufgabe, die »bürgerliche Ideologie und Theorie«, einschließlich der »reformistischen und revisionistischen Politik und des Opportunismus«, zu überwinden und stattdessen eine »revolutionär[e] marxistisch[e] Strategie und Taktik« zu verfolgen.[3] Dies ist offensichtlich nicht geschehen. Im Gegenteil, der Sozialismus sowjetischer Prägung ist zusammengebrochen, und die meisten Länder, die sozialistisch waren oder sich zumindest einige seiner Ideen zu eigen gemacht hatten, haben sich der kapitalistischen Wirtschaftsweise zugewandt. Das hat zu dem Gefühl beigetragen, dass der Kapitalismus unausweichlich ist, und hat die Suche nach Alternativen nicht nur zu ihm, sondern auch zum real praktizierten Sozialismus lahmgelegt.

Vor einiger Zeit hat die Soziologin Joanna Kusiak angeführt, dass »der Sturz des Kapitalismus (eine Systemrevolution) [...] höchstwahrscheinlich nicht durch das Recht erfolgen wird«.[4] Der Grund dafür sei, dass das Recht dem Kapitalismus zwar vorausgehe, aber auch »eine konstitutive Rolle für sein Funktionieren« spiele. Denn es operiere auf der Grundlage einer rechtlichen Fiktion von Menschen als »freien« und »gleichen« Subjekten, »die – wie Marx gezeigt hat – die strukturelle Ungleichheit zwischen Kapital und Arbeit performativ verschleiert«.[5] Dennoch beruft sich auch Kusiak, wie der Titel ihres Aufsatzes andeutet, auf die Idee einer »Überschreitung des Gesetzes« als Strategie für einen transformativen Wandel. Darüber hinaus zeigt sie in ihrem neueren Buch *Radically Legal*, wie das Recht genutzt werden kann, um einen Weg zur gesellschaftlichen Veränderung zu skizzieren.[6]

Dem stimme ich zu: Gerade *weil* das Recht konstitutiv für den Kapitalismus ist, muss es im Zentrum des Wandels stehen, der über dieses System hinausführen soll.[7] Bei komplexen Systemen lässt sich die Richtung der Transformation nur schwer steuern. Identifiziert man jedoch die konstitutiven Elemente des Kapitalismus – das heißt die Art und Weise, wie Kapital im Recht codiert ist, und die rechtlichen Mechanismen, die seine Reproduktion befördern –, dann ist es möglich, Schwachstellen innerhalb des Systems aufzudecken, die für einen Wandel nutzbar gemacht werden könnten.

Zum Allermindesten kann das bestehende System disruptiert werden. Dies wird kurzfristig zwar die Unsicherheit erhöhen, aber auch das Experimentieren mit alternativen Institutionen fördern. Und auch wenn Stabilität danach vielleicht nicht sofort in Reichweite ist, so bietet das bestehende System angesichts der zunehmenden Unbeständigkeit der politischen und ökologischen Umwelt doch nur wenig Trost. Tatsächlich sind bereits zahlreiche Bottom-up-Innovationen in der rechtlichen Organisation politischer und wirtschaftlicher Beziehungen im Gange, was auf das dringende Bedürfnis hindeutet, Alternativen zu einem System zu finden, das von vielen als ungerecht und nicht nachhaltig empfunden wird.

Krisen werden oft gefürchtet, und das aus gutem Grund. Sie sind von Unsicherheit geprägt, und es gibt keine Garantie dafür, dass sich das System wieder stabilisiert, anstatt weiter zu destabilisieren, was eher zu mehr Gewalt und Leid als zu positiven Veränderungen führen dürfte. Dennoch können Krisen einen *transformativen* Wandel herbeiführen und tun dies oft auch. Das griechische Verb *krínein*, von dem sich das Wort »Krise« herleitet, bedeutet so viel wie »urteilen« oder »entscheiden«.[8] Eine Krise ist also nicht nur ein Zustand der Unruhe und Unsicherheit, sondern eine Zeit und ein Raum, um Probleme zu lösen und Lösungen zu finden, die eine bessere Zukunft versprechen. Krisen bringen oft Veränderungen mit sich, nicht indem sie die Vergangenheit auslöschen, sondern indem sie neue Verbindungen zwischen dem Bestehenden und dem Neuen ermöglichen. John Padgett bemerkte dazu einmal: »Neuerungen machen die Vergangenheit niemals ungeschehen; sie verdrahten sie lediglich auf neue Weise.«[9] In ruhigeren Zeiten reproduzieren komplexe Systeme sich in der Regel selbst, weil eingespielte Praktiken für Stabilität auch in der Zukunft sorgen. Die Tatsache, dass genau diese Praktiken zur Destabilisierung des Systems beitragen, indem sie den sozialen Zusammenhalt untergraben, wird aber oft übersehen. Deshalb lassen sich gewaltsame Disruptionen meist nicht vorhersagen und offenbaren ihre Ursachen oft erst im Nachhinein. Trotzdem kann die Suche nach neuen Lösungen »neue Lebensformen« hervorbringen, wenn auch nur als unbeabsichtigte »Nebenprodukte« einer Krise.[10]

Historische Transformationen vollziehen sich meist inmitten langwieriger Krisen, die Jahre, Jahrzehnte oder Jahrhunderte andauern können. Padgett führt das Beispiel der Niederlande an, die aus den Wirren des Krieges mit Spanien, inneren Unruhen und religiösen Konflikten in der Zeit zwischen den Jahren 1560 und 1610 in ihr Goldenes Zeitalter eintraten. Rückblickend können wir heute sagen, dass dies der Zeitpunkt war, an dem der Kapitalismus entstand. Padgett macht deutlich, dass dieser Wandel zu einem großen Teil auf parallele institutionelle Veränderungen in verschiedenen Teilen des gesellschaftlichen Systems zurückzuführen war, die alle auf einen gemeinsamen Feind und den Charakter seiner herrschaftlichen Regeln ausgerichtet waren, nämlich auf die zentralistische Regentschaft des spanischen Königs, die eine politische, wirtschaftliche und religiöse Unterordnung verlangte. Innerhalb eines halben Jahrhunderts entstand damit ein völlig anderes System, und zwar in Gestalt von sich überschneidenden föderalistischen Strukturen in Wirtschaft, Regierung und religiösem Leben.[11] Als Nebeneffekt brachte dieser Wandel organisatorische Innovationen mit sich, darunter auch die moderne Kapitalgesellschaft. Deren Kernmerkmale wurden zunächst für die Niederländische Ostindien-Kompanie entwickelt, ein von der Republik der Vereinigten Niederlande gegründetes und vorwiegend von Kaufleuten finanziertes Kolonialunternehmen.[12] Dieses diente primär der Kontrolle der Handelsrouten nach Fernost und der Erzielung von Gewinnen für seine Aktionäre. Seine ursprüngliche Satzung hatte noch viele Gemeinsamkeiten mit den ihr vorausgegangenen Handelsgesellschaften, darunter eine begrenzte

Laufzeit und das Recht der Anteilseigner, ihre Kapitaleinlage schließlich zurückzufordern – allerdings erst nach zehn Jahren statt nach jeder Reise. Als diese zehn Jahre jedoch abgelaufen waren, wurde die Satzung geändert, um die Investitionen unkündbar zu machen. Diese Kapitalbindung wurde zum zentralen Faktor für die Entwicklung großer Aktiengesellschaften mit öffentlich gehandelten Aktien und unbegrenzter Lebensdauer – genau jener Institutionen also, die heute als private Regierungen über andere herrschen.[13] Die langwierigen Krisen, die dem niederländischen Goldenen Zeitalter vorangegangen waren, begünstigten institutionelle Neuerungen, die das bestehende System transformierten. Ein solcher institutioneller Wandel veränderte aber auch das Verhalten und – was entscheidend ist – die Erwartungen hinsichtlich des Verhaltens anderer. Sobald sich neue Muster herausbildeten und die Ungewissheit ersetzten, die unweigerlich mit Suchprozessen einhergehen, wurde der Wandel institutionalisiert.

Heute befindet sich der Kapitalismus in einem anhaltenden Krisenzustand, von dem die »Weltfinanzkrise« des Jahres 2008 nur der sichtbarste Ausdruck war. Deren Ursachen hatten sich über Jahrzehnte hinweg aufgebaut, und ihre Folgen wirken bis heute nach.[14] Darüber hinaus folgten auf die Weltfinanzkrise mehrere kleinere Finanzkrisen und schließlich die Corona-Pandemie. Viele beschreiben die heutige Welt als von »Mehrfachkrisen« geprägt, deren augenfälligste Symptome Ungleichheit, soziale Spaltung, Klimawandel und Pandemien sind.[15] Bislang konnten diese Krisen dank massiver Interventionen von Regierungen und Zentralbanken im Kerngebiet des Kapitalismus – den USA, Großbritannien, der Europäischen Union und Japan – weitgehend unter Kontrolle gehalten werden. Und tatsächlich verhinderten diese Maßnahmen zwar den Zusammenbruch, führten jedoch nicht zu dauerhafter Stabilität. Vielmehr macht die fortwährende Instabilität des globalen Finanzkapitalismus diesen zunehmend von lebenserhaltenden Maßnahmen abhängig, für die nur die reichsten Staaten der Welt die notwendigen Ressourcen aufbringen können.[16]

Die Eliten in den Kernländern des globalen Kapitalismus haben natürlich das größte Interesse an der Aufrechterhaltung des Systems, und ihre Unterstützung für staatliche Interventionen lässt sich am besten als Versuch verstehen, es wieder dorthin zurückzuführen, wo es vor der Krise vermeintlich gestanden hatte. Die Unterstützung, die die Regierungen dieser Länder insbesondere dem Finanzsystem gewährten, erwies sich jedoch als schwer wieder zurückfahrbar. Und das überrascht nicht, denn wäre das System stabil gewesen, dann hätte die Krise gar nicht erst stattgefunden, und wäre sie nur eine vorübergehende Schwankung in einem ansonsten stabilen System gewesen, so hätte sich Letzteres von selbst wieder erholen können. Stattdessen ist die kontinuierliche Bereitstellung von Liquidität für das Finanzsystem zur Normalität geworden. Durch ihre an den Tag gelegte Bereitschaft, bei Bedarf jederzeit zusätzliche Mittel – unabhängig von einem gesetzlichen Anspruch auf diese – einzuschießen, haben die führenden Zentralbanken das gesamte Finanzsystem abgesichert, einschließlich des Systems der Schattenbanken.[17] Das Ergebnis war, dass die Finanzierungskosten faktisch sozialisiert wurden und die Fassade der Trennung zwischen Geld- und Finanzsphäre, der zufolge erstere von öffentlichen Akteuren verwaltet und letztere dem freien Markt überlassen bleibt, zusammengebrochen ist.[18] Es gibt kaum ein besseres Beispiel dafür, wie der Staat sich in seiner selbstgestellten Falle verfangen kann.[19]

Möglicherweise hat nicht jeder die Auswirkungen dieser Weltlage vollständig erkannt. Es ist ja auch durchaus angenehmer, an Weltanschauungen und Erklärungen festzuhalten, die bestehende Überzeugungen immer wieder bestätigen. Die zunehmenden Forderungen an die Zentralbanken, der Ungleichheit oder der Ökologisierung der Wirtschaft mehr Gewicht beizumessen, indem sie die Vermögenswerte, mit denen sie ihre Kredite absichern, unter dem Gesichtspunkt ökologischer Nachhaltigkeit auswählen, deuten jedoch auf ein wachsendes Bewusstsein dafür hin, wie tief ihre Politik nicht nur das Finanzsystem, sondern die gesamte Gesellschaft sowie die Umwelt durchdringt. Und falls es noch eines weiteren Beweises für die Bedeutung sozialer Ressourcen für das Überleben des Kapitalismus bedurfte, so kam dieser in Form der Reaktion auf die Corona-Pandemie. Erneut griffen die Zentralbanken ein, um das System zu stabilisieren, doch dieses Mal wurde eine umfassendere Unterstützung durch die Regierungen, unter anderem durch gesetzgeberische Maßnahmen, auf Unternehmen außerhalb des Finanzsektors, kleine Betriebe und Haushalte ausgeweitet.[20] Der Staat bewies damit, dass er in der Lage war, für den Großteil seiner Bevölkerung zu sorgen – zumindest einige Staaten taten dies. Eine der bleibenden Lehren sowohl aus der Weltfinanzkrise als auch aus der Pandemie ist daher die, dass die Beziehungen zwischen Zentrum und Peripherie ein starkes Gefälle aufweisen und die Fähigkeit der Regierungen in den peripheren Ländern zum Schutz ihrer Bevölkerung beeinträchtigen. Diesen fehlt oft die volle Währungshoheit, um die Geldmenge zu erhöhen, und außerdem der Zugang zu Impfstoffen und anderen Medikamenten, da diese hinter einer aus Patenten errichteten Bezahlschranke liegen.[21] Die Länder des globalen Nordens hätten zusätzliche Hilfe leisten können. Sie hätten den Zentralbanken an der Peripherie Swap-Linien zur Verfügung stellen können, um sicherzustellen, dass sie Zugang zum Dollar bekämen, und sie hätten auf den Patentschutz für lebensrettende Corona-Impfstoffe verzichten können, um die legale Herstellung von Generika zu ermöglichen, oder Lizenzen zur Produktion der patentierten Impfstoffe vergeben können.[22] Stattdessen versteckten sich die Staaten der sogenannten entwickelten Volkswirtschaften hinter ihrer Verpflichtung zum

Schutz privater Rechte an geistigem Eigentum und dem Auftrag ihrer Zentralbanken, die Preisstabilität im Inland (und eben nicht weltweit) zu sichern. Besagte Banken selbst zogen sich auf ihre alten monetaristischen Positionen zurück, sobald sich die Inflation wieder bemerkbar machte. Sie erhöhten also die Zinsen, um die Wirtschaft abzukühlen, obwohl keineswegs klar war, dass die Ursachen der Inflation etwas mit zu hohen Löhnen oder zu lockeren Kreditvergabebedingungen zu tun hatten.[23] Es ist jedoch bemerkenswert, dass diese Kurzschlussreaktion der Zentralbanken von Ökonomen stark kritisiert wurde, die die Behauptung infrage stellten, dass Inflation immer und zwangsläufig ein monetäres Phänomen ist, wie Milton Friedman behauptet hatte.[24] Alternative Maßnahmen wie Preisobergrenzen wurden ins Spiel gebracht, um kriegsbedingten (Russlands Einmarsch in der Ukraine) Energieengpässen und pandemisch bedingten Unterbrechungen globaler Versorgungsketten zu begegnen.[25] Es ist noch zu früh, um zu sagen, welche Seite in der theoretischen Debatte gewinnt, aber die nachhaltige Infragestellung der monetären Orthodoxie, welche die Vorstellungskraft von Politikern und Forschern gleichermaßen jahrzehntelang gelähmt hat, kann als Zeichen einer offeneren Haltung gewertet werden.

Die Unzufriedenheit mit dem real existierenden Kapitalismus wird allmählich spürbar. Das deutlichste Zeichen dafür ist die »populistische« Welle, die in mehreren Ländern, auch in den alten Demokratien, neue politische Führer ins Amt gespült hat, die sich offen gegen die verfassungsmäßigen Zwänge und die Normen, auf denen sie beruhen, wenden und bereit sind, ein System zu erschüttern, von dem viele glauben, dass es ihnen nicht mehr dient.[26] Die verschiedenen Bewegungen, die oft als »populistisch« bezeichnet werden, mögen sich nicht in vielem einig sein, aber eine Botschaft dringt laut und deutlich durch: Die Menschen akzeptieren die Vorstellung nicht mehr, dass es »keine Alternative« zum bestehenden System gibt.[27] Sie geben dabei allerdings vielleicht nicht dem Kapitalismus die Schuld, sondern »dem Staat« oder »den Eliten« oder, schlimmer noch, den Schwächsten von allen: Migranten, Menschen ohne Papiere und Staatenlose. An diesem Punkt stand die Welt in der Vergangenheit schon einmal. Zu Beginn des 20. Jahrhunderts wurde die politische und wirtschaftliche Stabilität durch eine große Umwälzung auf den Kopf gestellt, als diejenigen, die benachteiligt waren oder deren Leben durch den Krieg und seine Nachbeben auf den Kopf gestellt war, auf den Kommunismus oder den Faschismus als Vorboten einer besseren Welt blickten.[28] Das soll nicht heißen, dass solche extremen Ergebnisse unvermeidlich sind. Aber wenn man sich nicht darum kümmert, könnte die sich entfaltende Dynamik der Unzufriedenheit und des Misstrauens gegenüber dem bestehenden System eine nur schwer zu kontrollierende Krise auslösen.

In der Tat scheint die Lage reif für einen transformativen Wandel. Die Frage ist, ob diese Bedingungen verwendet werden können, um ein System zu überwinden, das selbst noch angesichts einer sich verschärfenden Klimakrise nach seiner eigenen Logik Ungleichheit und soziale Spaltung vertieft und die Umwelt rücksichtslos zerstört. Es bleibt zu hoffen, dass sich verschiedene Stränge des Wandels genauso miteinander verbinden werden wie in den Niederlanden am Vorabend des Siegeszugs des Kapitalismus, nur eben in einer anderen Ausrichtung. Heute ist die Situation komplizierter, nicht zuletzt weil der Kapitalismus nicht nur tief in die wirtschaftlichen und politischen Beziehungen eingebettet ist, sondern auch eine Rechtsordnung ist. Er ist durch das Recht fest mit unserem wirtschaftlichen und politischen System verdrahtet, was es schwierig macht, das System zu stürzen, ohne die Grundlagen der sozialen Ordnung zu zerstören. Und die Tendenz des Rechts zur Konservierung der Verhältnisse wirkt auch weitgehend gegen und nicht für den Wandel. Daraus folgt aber auch, dass eine andere Verdrahtung das System durchaus verändern könnte.

Die Identifizierung des Rechts als Vorbote des Wandels weicht von konventionellen marxistischen Darstellungen ab, die stattdessen die Notwendigkeit der Änderung der materiellen Bedingungen als Voraussetzung für die Überwindung des Kapitalismus betonen. Wenn das Recht jedoch als konstitutiv für den Kapitalismus verstanden wird, verschwimmt die Unterscheidung zwischen den materiellen Bedingungen einerseits und den Institutionen andererseits.[29] Wie bereits erwähnt, ist es nicht das Land als Natur oder die Maschine als technische Errungenschaft, sondern das Recht auf ein Stück Land oder auf die Erfindung, die den Bauplan für die Maschine hervorgebracht hat, das dem rechtmäßigen Eigentümer die Fähigkeit verleiht, ihren Wert in Form von Geld zu erlangen. Oder anders ausgedrückt: Der Kapitalismus gewinnt seine Anpassungsfähigkeit und Langlebigkeit nicht primär aus physischer Macht und Kontrolle, sondern aus der Nutzung zentraler *sozialer* Ressourcen zur Schaffung privaten Wohlstands – insbesondere des Rechts, einschließlich der staatlichen Zwangsbefugnisse, sowie des Geldsystems.

Der Aufstieg des Kapitalismus fiel eingangs mit der Einhegung und Privatisierung von Land zusammen. Nur wenn Grund und Boden verkauft und mit Hypotheken belastet werden können, können seine Eigentümer seinen zu erwartenden künftigen Wert schon heute realisieren. Die gleichen Techniken – die rechtliche Einhegung von Vermögenswerten, die Übertragung von Eigentumstiteln auf einige wenige und die Vergesellschaftung der mit ihrer Nutzung verbundenen Risiken – wurden später auch auf andere Objekte und Ansprüche sowie auf Wissen und Daten ausgeweitet. Immaterielle Vermögenswerte wie offene Forderungen und Ansprüche auf geistiges Eigentum verdanken ihre Existenz dem Recht.

Schulden sind ein Verpflichtungsverhältnis zwischen zwei Personen, bei dem die eine von der anderen etwas (Geld oder Güter) leiht und verspricht, es – oder ein Äquivalent – in der Zukunft zurückzugeben.[30] Die Verwandlung von Schulden in Kapital erforderte einen rechtlichen Wandel, der Schulden fast so fungibel wie Geld machte.[31] Kredit ist privates Geld und untrennbar mit staatlichem Geld verbunden, weil privates Geld durch öffentliches Geld benannt wird und die Inhaber von privatem Geld erwarten, dass sie dieses auf Verlangen in staatliches Geld umtauschen können.[32] Die Privatisierung sozialer Ressourcen hat aber nicht beim Geld aufgehört, sondern erstreckt sich auch auf Wissen und Kultur. Patente, Urheberrechte und Warenzeichen sind rechtliche Instrumente, die Monopole schaffen. Ohne diese Instrumente hätte jeder Zugang zu dem Wissen, den Innovationen, den Fähigkeiten oder den Kunstwerken, die Menschen geschaffen haben. Da sie nichtrivalisierend sind, würde ihre Nutzung oder ihr Konsum durch einige nichts von anderen wegnehmen. Wenn einige das Privileg erhalten, sie zu monopolisieren, dann nur, weil das Gesetz sie dazu ermächtigt. Daten sind ein weiteres Beispiel dafür. Informationen über Individuen und soziale Gruppen entstehen als ein Nebenprodukt ihres Lebens. Als die Informationstechnologie es letztlich möglich machte, Verhalten in großem Maßstab zu erfassen und auf einem Gerät zu speichern, sicherten sich die Technologieunternehmen als Eigentümer dieser Geräte zunächst die faktische Kontrolle darüber, doch dabei blieb es nicht.[33] Sie lobbyierten zudem bei den Gesetzgebern dafür, dass ihre physische Kontrolle als rechtmäßig anerkannt wurde, und beriefen sich dabei auf Gesetze zum Schutz von Geschäftsgeheimnissen und, was besonders kritisch ist, auf das Fehlen eines wirksamen Rechtsschutzes für die Rechte der Datenproduzenten.

Wie diese Beispiele zeigen, wird das Kapital im Recht gemacht, und der Kapitalismus – das System – lebt und zehrt von der Fähigkeit des Systems, zu expandieren, indem es immer mehr Vermögenswerte als Kapital codiert und die Autorität des Gesetzes und die Zwangsmittel des Staates einsetzt, um diese Vermögenswerte zu schützen. Die Entwicklung des Kapitalismus ist durch Kontinuität und Wandel gekennzeichnet.[34] Wie bereits erwähnt, erblickte Frank die Kontinuität in der tiefen strukturellen Kluft zwischen der (kolonialen) Metropole und ihren Satelliten, nicht aber in den Institutionen, die diese Beziehungen organisieren, weil diese zu veränderlich wirkten, um die Persistenz struktureller Hierarchien über die Zeit hinweg zu erklären. Im Gegensatz dazu vertrete ich die Auffassung, dass die Rechtsinstitutionen im Herzen der strukturellen Kluft zwischen Zentrum und Peripherie sowie zwischen den Besitzenden und den Besitzlosen lokalisiert sind. Die Anpassungsfähigkeit des Rechts an neue technologische und wirtschaftliche Entwicklungen ermöglicht es ihm, Autorität auszustrahlen und damit Erwartungen an die Zukunft zu stabilisieren, selbst wenn sich die Beschaffenheit der wirtschaftlichen Aktivitäten oder der Vermögenswerte ändert. Es ist wichtig zu verstehen, *wie* das Recht dies bewerkstelligt, denn nur unter dieser Bedingung wird es möglich sein, diejenigen Aspekte an ihm zu ermitteln, deren Neuverdrahtung für eine Änderung des Systems am wichtigsten wäre.

Einige Antworten auf diese Frage finden sich in Niklas Luhmanns Analyse des Rechts als soziales System.[35] Sein Versuch, das Recht als autopoietisches, das heißt selbstreferentielles und akteursloses System zu erklären, ist für diesen Punkt vielleicht weniger relevant.[36] Vieles an seiner Darstellung der Entwicklung des Rechts bleibt aber auch ohne diese Aspekte gültig, wie etwa die Vorstellung, dass das Recht nach einer Logik funktioniert, die sich von der der Politik ebenso wie von der Logik der Ökonomie unterscheidet. Die Funktion des Rechts besteht darin, normative Erwartungen zu stabilisieren, und das nicht in Bezug darauf, was die Menschen genau tun werden – eine unmögliche Aufgabe –, sondern in Bezug auf das, was passiert, wenn ihr Verhalten von den Erwartungen abweicht. Indem es abweichendes Verhalten sanktioniert, sei es durch das Strafrecht oder dadurch, dass es privaten Akteuren das Recht einräumt, Schadensersatz einzuklagen oder eine einstweilige Verfügung zu erwirken, schafft das Recht normative Erwartungen, die zur Stabilisierung der sozialen Beziehungen beitragen. Nur das Recht bestimmt, was rechtmäßig oder unrechtmäßig ist, schreibt Luhmann, und es tut dies in Übereinstimmung mit »geltenden« Normen.[37] Letztlich werden die endgültigen Entscheidungen in diesen Fragen von den Gerichten getroffen, die zumindest im Prinzip an das Recht und nicht an wechselnde politische oder wirtschaftliche Stimmungen gebunden sind. Wichtig ist, dass sich die Gültigkeit von Normen im Laufe der Zeit wandeln kann, auch ohne formale Gesetzesänderung, und zwar durch die »ständig reproduziert[e] Differenz von Variation und Selektion«.[38] Entscheidend sind die Auswahlkriterien, inklusive der ihnen zugrundeliegenden normativen Prinzipien. Viele Gesetze, die einmal normative Kraft besaßen, wurden nicht mehr angewendet und schließlich durch eine formale Gesetzesänderung aufgehoben.

Man könnte dies als ein Beispiel dafür abtun, dass mächtige Lobbys die Gerichte oder die Gesetzgeber beeinflussen, um ihren Willen durchzusetzen. Ein solcher direkter Einfluss ist nicht ungewöhnlich, aber er korrumpiert das Recht und verringert seine Fähigkeit, Erwartungen zu stabilisieren, da Urteile und Entscheidungen in solchen Fällen willkürlich und schwerer vorhersehbar würden. Tatsächlich verlief die rechtliche Entwicklung innerhalb des Kapitalismus zumeist vielschichtiger. Rechtliche Veränderungen können nämlich auch dadurch erreicht werden, dass neuartige Ansprüche oder Argumente so verpackt werden, dass sie zwar mit der inneren Logik des Rechtssystems vereinbar sind, aber unterschiedliche normative

Bestrebungen widerspiegeln. »Immer müssen […] Interessen im Rechtssystem für dessen Operationen so aufbereitet und dargestellt werden, daß sie begründbare Entscheidungen ermöglichen«, schreibt Luhmann.[39] Außerdem beinhaltet diese Vorbereitung typischerweise eine Rechtsauslegung, die nahe genug an den etablierten Rechtsgrundsätzen liegt, damit der Richter sie akzeptiert, obwohl sie die Nadel nach und nach in eine neue Richtung bewegt.[40] Wie Luhmann feststellt, kann das Recht daher treffend als »historische Maschine« beschrieben werden: Es erzeugt Veränderungen, indem es den sozialen Wandel in rechtliche Kategorien filtert, die dazu beitragen, die mit ihm verbundenen Erwartungen zu stabilisieren.

Für Luhmann laufen diese Prozesse weitgehend unabhängig von Politik und Wirtschaft ab, auch wenn er anerkennt, dass sich diese drei sozialen Systeme überlappen. Meine Analyse des Kapitalismus als Rechtsordnung behauptet hingegen eine viel engere Beziehung zwischen diesen Systemen, da das Recht das Verhalten nicht nur durch die Stabilisierung von Erwartungen, sondern auch durch die Bereitstellung der Ressource beeinflusst, mit der Vermögenswerte als Kapital codiert werden. Damit ein soziales oder ökonomisches Interesse rechtlich relevant werden kann, muss es in rechtliche Kategorien übersetzt werden. Auf diese Weise kann das Rechtssystem strategisch eingesetzt werden, um wirtschaftlichen Interessen die Kontrolle über die Politik und damit auch über rechtliche Veränderungen zu ermöglichen. Ein Beispiel für diese Verknüpfung von Recht, Ökonomie und Politik ist das Vertragsrecht. Luhmann schreibt dazu: »Die Kühnheit dieser Form wird erst erkennbar, wenn man begreift, daß damit das Rechtssystem und, was Einsatz von physischer Gewalt angeht, auch das politische System sich durch Privatwillen, das heißt durch Wirtschaft, konditionieren lassen.«[41]

In diesem Licht betrachtet, ist das Vertragsrecht, die scheinbar unschuldigste aller privatrechtlichen Institutionen, weil sie auf Freiwilligkeit und gegenseitigem Einverständnis beruht, das Mittel, mit dem machtvolle wirtschaftliche Interessen den Staat für sich vereinnahmen können. Die Gerichte sind darauf programmiert, diese Interessen durchzusetzen, solange sie in der geeigneten Rechtsform präsentiert werden. So können sie, ohne sich dessen bewusst zu sein, zu den Vertretern jener Interessen werden, die diesen die Aura der Legalität und die Macht der Durchsetzbarkeit verleihen.

Theoretisch könnte also die Legislative der große Leveller sein und die Unwuchten korrigieren, die sich aus Rechtsstreitigkeiten und dem daraus resultierenden Fallrecht ergeben, und in manchen Bereichen und zu bestimmten Zeiten hat sie diese Rolle auch gespielt. Als exemplarisch für diesen Grundsatz wird häufig die Welle der New-Deal-Gesetzgebung in den Vereinigten Staaten der 1930er-Jahre angeführt. Zu dieser gehörten Gesetze zur Stabilisierung des Finanzsystems, wie der Securities Act und der Securities and Exchange Act, mit denen eine Regulierung der Wertpapiermärkte eingeführt wurde, der Glass-Steagall Act, der eine Trennung von Investment- und Geschäftsbanken bewirkte, aber auch der Fair Labor Standards Act, mit dem ein Mindestlohn eingeführt wurde, der National Labor Relations Act, der das Recht auf gewerkschaftliche Organisierung festschrieb, der National Housing Act, der Hausbesitzer vor Zwangsräumungen schützte, und der Social Security Act, der unter anderem Rentnern und Arbeitslosen eine Einkommensquelle verschaffte. Sie alle zielten darauf ab, das Gleichgewicht zwischen der Arbeiterklasse und der Oberschicht wiederherzustellen, das durch die Große Depression erheblich gestört worden war. Tatsächlich läutete das Zusammenspiel dieser verschiedenen Gesetze eine neue Ära ein und bestätigte Padgetts Feststellung, dass Veränderungen eher dann transformativ sind, wenn sie in mehreren Sphären des gesellschaftlichen Lebens zugleich stattfinden. Finanzen, Wohnen, Arbeit und soziale Sicherheit bildeten ein Paket.

Die Achillesferse der Reformen war jedoch, dass sie das Privatrecht und seine normativen Grundlagen nicht veränderten. Private Akteure begannen schon bald, im Verbund mit gewieften Rechtsanwälten den New Deal zu demontieren, indem sie sich des Privatrechts bedienten, um sich seinem Zugriff zu entziehen. So verlagerten sie Arbeitsplätze ins Ausland, um das heimische Arbeitsrecht zu umgehen, und entwickelten neue Finanzinstrumente, unter anderem Derivate, um den neuen Finanzvorschriften und Kapitalkontrollen zu entgehen. Mit der Zeit wurden sie mutiger, riefen die Gerichte an und setzten sich bei den Gesetzgebern dafür ein, Teile des New Deal wieder rückgängig zu machen, darunter die Regulierung des Finanzwesens, die dessen Stabilität fördern sollte. Dieser Prozess der partiellen Rückabwicklung jener Wirtschafts- und Sozialreformen kann als Vereinnahmung des Staates durch private Akteure angesehen werden, und diese Auffassung ist nicht vollkommen von der Hand zu weisen. Luhmanns Analyse fügt dieser schlichten Erzählung von der Vereinnahmung jedoch noch einen wichtigen Aspekt hinzu. Seiner Ansicht nach erhöht eine Gesetzgebung, die den gesellschaftlichen Willen zum Ausdruck bringt, nämlich die Vielfalt in einem System und öffnet es für neue Einflüsse, auch für Interessen, die die Ungewissheit für ihre eigenen Zwecke ausnutzen wollen. Routinevorgänge, die sich auf bekannte oder redundante Informationen stützen, werden von neuen Fakten und neuen Interpretationen überwältigt – jene Art von Disruption und Ungewissheit, die möglicherweise einen Wandel einleitet. Im Recht wird, so Luhmann, eine größere Vielfalt zumindest auf kurze Sicht als Lärm registriert. Die Gerichte werden ihren Ermessensspielraum stärker nutzen und mehr Ad-hoc-Entscheidungen treffen müssen, da es aufgrund des Lärms schwierig ist, eine innere Kohärenz des Rechts zu erreichen. Eine zunehmende Vielfalt sorgt auch bereits ohne die Hinzugabe von Ideologie oder eine unverhohlene Vereinnahmung durch Lobbyismus oder die Wahl eines günstigen Gerichtsstands dafür, dass ein routinemäßiges Funktionieren des Rechtssystems illusorisch ist.

Diese Analyse stellt uns vor ein Dilemma. Einerseits kann das Zusammenspiel von Recht, Politik und Wirtschaft dazu führen, dass wirtschaftliche Interessen die Politik durch das Recht beherrschen; andererseits zwingt die Gesetzgebung als Ausdruck einer mit juristischen Mitteln betriebenen pluralistischen Politik die Gerichte dazu, Kohärenz und Einheitlichkeit aufzugeben, was ihnen nicht weniger, sondern mehr Ermessensspielräume aufzwingt – und damit die demokratische Selbstbestimmung unterminiert. Aus dieser Misere könnte es mehrere Auswege geben. Zum einen könnte das Rechtssystem seine Rolle als entscheidende Ordnungsinstanz in pluralistischen, komplexen Gesellschaften verlieren. Für eine Übergangszeit könnte das Recht noch als Werkzeug in den Händen mächtiger wirtschaftlicher Interessen dienen, aber das wird nicht von Dauer sein, weil es seine Fähigkeit, normative Erwartungen zu stabilisieren, unweigerlich verlieren wird. Immer mehr Menschen werden sich von ihm lossagen oder es selbst in die Hand nehmen, indem sie ihre eigenen separaten Regelsysteme entwickeln. Infolgedessen könnte sich das Rechtssystem auflösen.

Aber was könnte an seine Stelle treten? Eine Antwort ist Anarchie. Eine andere ist der digitale Code, der in der Vorstellung zum Ausdruck kommt, dass »der Code das Gesetz« ist.[42] Und von beiden sind bestimmte Spielarten bereits vorhanden. So hat in vielen Teilen der Welt das formale Recht nie eine integrative Rolle als Stabilisator von Erwartungen gespielt und die Menschen eher gespalten als geeint. Dies gilt besonders für die ehemaligen Kolonien, in denen das von außen auferlegte Recht von vielen als fremd und im Widerspruch zu stark ausgeprägten kollektiv gehegten Überzeugungen betrachtet wurde und wird.[43] Ein Symptom dieses Zustands ist eine tief verwurzelte Korruption; der stärkste Ausdruck des Fehlens normativer Stabilisatoren aber ist das Phänomen der *failed states* oder der »gescheiterten Staaten«.[44]

Vielleicht ist es aber auch noch zu früh, das Recht aufzugeben. Denn obwohl die erwähnten düsteren Prognosen nicht einfach abgetan werden sollten, vor allem wenn man die Belastung durch den Klimawandel noch zu den politischen Herausforderungen hinzufügt, mit denen Rechtsordnungen heute konfrontiert sind, so könnte es doch noch eine andere Möglichkeit geben, das Rechtssystem zu konfigurieren – nämlich die, es neu zu verdrahten. Dieser Ansatz erkennt an, dass komplexe Systeme skalierbare Ordnungssysteme erfordern, aber eben auch, dass die rechtliche Codierung sozioökonomischer Beziehungen sowohl in den einzelnen Staaten als auch global einen Grad an Komplexität erreicht hat, der nicht einfach rückabgewickelt werden kann. Zu komplex sind die rechtlichen Verflechtungen und zu mächtig die Interessen, die sie tragen. Stattdessen muss das Recht aus seinem Inneren heraus neu verdrahtet werden. Wie bei allen großen gesellschaftlichen Umwälzungen wird dies bedeuten, dass neue Vorgehensweisen mit den bereits vorhandenen kombiniert werden müssen. Es gibt keine Garantie dafür, dass der Wandel schnell genug vonstattengehen wird, um den erwähnten düsteren Alternativen zu entgehen, und auch nicht dafür, dass er in eine Richtung führt, die normativ wünschenswert ist. Kein Wandel ist allerdings auch keine Lösung, denn dieser, für den die vielfältigen Krisen ein Symptom sind, ist bereits im vollen Gange. Die große Frage ist nur, ob er so kanalisiert werden kann, dass er Freiheit und Würde für alle im Rahmen der Vielfalt unterstützt. Dies erfordert eine grundlegende normative Neuausrichtung, und zwar vor allem des Privatrechts, mit größerem Respekt für die Rechte der anderen; es erfordert mithin nichts weniger als die Demokratisierung des Privatrechts.

7
Jenseits des kapitalistischen Rechts

Der Kapitalismus ist eine soziale Ordnung, die zwar aus dem Recht geschmiedet wurde, aber nicht aus irgendeinem Recht. Das kapitalistische Recht zeichnet sich vielmehr durch die relative Autonomie aus, die das private gegenüber dem öffentlichen Recht und seinen normativen Grundlagen genießt, welche in die Form von Verfassungen gegossen worden sind. Das öffentliche Recht entwickelte sich parallel zur Konsolidierung der zentralisierten Macht und ihrer daran anschließenden Ausdifferenzierung in Regulierungs- und Wohlfahrtsstaaten. Das Privatrecht ermöglicht eine schnellere Anpassung des Rechts an ein sich wandelndes Umfeld, als es durch langwierige Gesetzgebungsprozesse erreicht werden könnte. Politische Kontrolle lässt sich über das öffentliche Recht zudem leichter ausüben als über das Privatrecht, da die Implementierung und Durchsetzung des öffentlichen Rechts in den Händen öffentlicher Akteure liegt, während sie im Falle des Privatrechts bei privaten Akteuren liegt. Beide Rechtskorpora werden darüber hinaus von unterschiedlichen normativen Vorstellungen geprägt: auf der einen Seite von der Idee der kollektiven Selbstbestimmung mit Beschränkungen der Exekutivgewalt sowie majoritären Übergriffen im Falle des öffentlichen Rechts und auf der anderen vom

Gedanken individueller Autonomie und Freiheit im Falle des Privatrechts. Hierin besteht die »Antithese« von privatem und öffentlichem Recht, die Paschukanis als grundlegend für das kapitalistische Recht identifizierte.

Das öffentliche Recht hat es dem Staat ermöglicht, seinen Einflussbereich auszuweiten, und den Aufstieg sowohl des regulativen als auch des Wohlfahrtsstaates begünstigt. Oft wird dabei allerdings das Ausmaß übersehen, in dem dieses Recht auch die wirtschaftliche Entwicklung in Gang gesetzt und vorangetrieben hat. Das beste Beispiel hierfür ist wohl das Finanzsystem. Staatlich emittiertes Geld und Finanzmärkte sind untrennbar miteinander verbunden. Zwar hat der Staat den Prozess der Geldschöpfung an den privaten Sektor ausgelagert, sichert das ganze System jedoch ab, um größere Katastrophen zu vermeiden. Das bedeutet, dass Finanzintermediäre von einer relativ weichen Budgetbeschränkung profitieren, obwohl private Akteure eigentlich unter einer harten Überlebensbeschränkung auf einem wettbewerbsorientierten Markt agieren sollten.[1] Deshalb hängt das Überleben von Banken und zunehmend auch anderer Finanzintermediäre nicht nur davon ab, was sie tun, sondern auch davon, was der Staat bereit ist, für sie zu tun, um das Finanzsystem zu sichern.[2] Um dieses und die Gesellschaft vor seiner inhärenten Fragilität zu schützen, hat der Staat das Finanzsystem zwar reguliert, jedoch nur teilweise und ohne seine Rentabilität für private Akteure ernsthaft einzuschränken, selbst wenn diese es in Gefahr bringen. Dies zeigt sich am großen und immer weiter wuchernden »Schattenbankensektor«, also von Bankgeschäften außerhalb des regulierten Bereichs.[3] Mehr als ein Jahrzehnt nach der Weltfinanzkrise des Jahres 2008 und den Reformen, die das System neu regulieren sollten, ist das Schattenbankwesen heute größer als je zuvor und überflügelt, ja bedroht die bankbasierten Finanzsysteme mittlerweile sogar.[4]

All dies war möglich innerhalb politischer Systeme, die

demokratisch organisiert sind und in denen die öffentliche Macht durch eine Verfassung begründet und eingehegt wird. Die meisten heute geltenden Verfassungen garantieren grundlegende bürgerliche und politische Rechte und enthalten Bestimmungen, die darauf abzielen, die öffentliche Gewalt rechenschaftspflichtig zu machen. Diese Mechanismen wurden allerdings zunehmend durch Versuche geschwächt, weite Teile des Privatsektors, einschließlich der Finanzmärkte, der demokratischen Kontrolle zu entziehen. Die Aufsicht über diese Märkte wurde an unabhängige Gerichte, unabhängige Regulierungsbehörden und unabhängige Zentralbanken delegiert. Deren Unabhängigkeit soll dazu beitragen, diese Institutionen vor Übergriffen der Exekutive und Legislative zu schützen, kann sie aber auch zur Zielscheibe für die Vereinnahmung durch private auf Kosten kollektiver Interessen machen. Je mehr demokratische Kontrollen zudem in Schach gehalten werden, desto mehr verwandeln sich Staaten in Technokratien, die den Betrieb eines Systems gewährleisten, das in erster Linie dem Kapital dient, während die Mehrheit der Bevölkerung von den Hebeln der Macht ferngehalten wird.

Das Privatrecht wurde weitgehend an den privaten Sektor ausgelagert – an Einzelpersonen und Einrichtungen, die es nutzen, um ihre Angelegenheiten im Schatten der staatlichen Durchsetzungsbefugnisse zu regeln. Es ist älter als die Entwicklung des modernen Staates und des demokratischen Konstitutionalismus, doch seine Kernprinzipien – Vertrags- und Eigentumsrechte sowie das Gesellschaftsrecht – wurden durch staatliche Macht gestärkt. Entgegen der gängigen Auffassung sind Verträge nämlich nur selten Ausdruck von Vereinbarungen, die die gegenseitigen Rechte und Pflichten der Vertragsparteien widerspiegeln. Häufiger sind sie Instrumente der Kontrolle durch die Partei, die die Vertragsbedingungen diktiert, über andere, welche mangels anderer Optionen der privaten Herrschaft dieser Partei unterworfen sind. Beim Eigentum geht es schon längst nicht mehr in erster Linie um die individuelle Nutzung und Kontrolle eines Gegenstands; seine Hauptfunktion im Kapitalismus ist vielmehr die Kontrolle über zukünftige Cashflows und die Fähigkeit, diese hier und jetzt zu realisieren. Und es ist kein Zufall, dass die Kapitalgesellschaften im Zeitalter des Kolonialismus entstanden sind, als sie der doppelten Funktion von Eroberung und Profitgenerierung dienten. Heute sind sie zwar nicht mehr ausdrücklich befugt, über Menschen zu herrschen, doch ihre Macht über die Vermögenswerte, die sie besitzen, und die Befugnis, anderen Verträge aufzuzwingen, kommen dem schon sehr nahe. Darüber hinaus schützen Verfassungen sowie internationale Verträge Investoren nicht nur vor direkter Enteignung, sondern auch vor jeder nennenswerten Beeinträchtigung ihrer finanziellen Ertragserwartungen und ordnen auf diese Weise den Willen demokratischer Gemeinschaften den Forderungen von Anlegern unter.

Indem es private Akteure rechtlich stärkt, ihnen Zugang zu den Zwangsmitteln des Staates gewährt und eine weitreichende Rechtsarbitrage begünstigt, hat das Privatrecht also als ein Instrument zur Schaffung von Bastionen privater Macht gedient, denen jene Beschränkungen abgehen, die als Kontrollmechanismen für die öffentliche Macht gewirkt haben. Die Aufgabe besteht nun darin, das Ausmaß und den Umfang wirtschaftlicher Macht einzudämmen. Und da sich diese Macht zu einem großen Teil dem Recht und insbesondere dem Privatrecht verdankt, muss ihre Neugestaltung auch hier ansetzen.

Privatrechtstheoretiker setzen sich seit Langem mit der Frage auseinander, wie Macht, die durch das Recht auf private Parteien übertragen wird, gerechtfertigt werden kann. Während für viele Ökonomen die wichtigste Frage lautet, ob eine Transaktion in dem Sinne effizient ist, dass sie eine Ressource demjenigen zuweist, der sie am besten nutzt, fragen Rechtstheoretiker eher, ob die Allokation von Rechten und die damit verbundene Macht in normativer Hinsicht gerechtfertigt werden kann.[5]

Diese Frage ist besonders relevant im Falle von Eigentumsrechten, die Eigentümern (fast) absolute Kontrolle über eine Ressource verleihen, darunter auch die Befugnis, anderen den Zugang zu dieser Ressource und ihre Nutzung vorzuenthalten.[6] Blackstones Charakterisierung von Eigentumsrechten als »despotische Herrschaft« war schon immer übertrieben. Die Rechte von Eigentümern werden vielmehr intrinsisch durch die Rechte von Nachbarn und durch die Opfer von deliktischen Handlungen eingeschränkt, die von dem betreffenden Eigentum ausgehen, und können durch das Vertragsrecht oder sonstige gesetzliche Bestimmungen, beispielsweise zur Flächennutzung, sogar noch weiter beschnitten werden.[7] Und das Vertragsrecht kann Nichteigentümern, wie etwa Gläubigern, erhebliche Macht verleihen. Aus wirtschaftlicher Sicht ist dies unproblematisch, da es die normale Funktionsweise des Marktmechanismus widerspiegelt: Wer Bedingungen anbieten kann, die die andere Partei nicht überbieten oder ablehnen kann, sollte den Zuschlag erhalten.

Dies ist jedoch nicht die einzige Möglichkeit, das Vertragsrecht zu verstehen, wie Martijn Hesselink gezeigt hat.[8] Es ist ebenso möglich, verbindliche Verträge oder das Privatrecht im Allgemeinen aus demokratischer Perspektive zu betrachten. »Es ist schwer zu erkennen, warum eine Person akzeptieren sollte, unter Gesetzen zu leben, die von anderen gemacht wurden«, schreibt Hesselink und fügt hinzu, dass es keinen grundsätzlichen Unterschied zwischen »Strafrecht, Steuerrecht oder irgendeinem anderen Rechtsgebiet« gebe.[9] Er weist die Vorstellung zurück, dass das Privatrecht als eine Sphäre verstanden werden sollte, in der Menschen einander nur als Personen begegnen und nicht als Bürger oder Mitglieder einer Gemeinschaft.[10] Stattdessen sind für ihn alle immer und notwendigerweise Teil einer Gemeinschaft, und ihre Rechte müssen im Verhältnis zu dieser Gemeinschaft ausgelegt und abgewogen werden. Der Slogan »Keine Besteuerung ohne Vertretung« der Boston Tea Party aus dem Jahr 1773 könnte somit umformuliert werden in »Keine bindende Verpflichtung ohne tatsächliche Zustimmung« – wobei »tatsächlich« eine substanzielle freiwillige Übereinkunft meint, im Gegensatz zu einem Willensakt, bei dem keine tragfähigen Alternativen vorhanden sind.[11]

Hesselink legt überzeugend dar, dass das Privatrecht, wie es in kapitalistischen Regimen konfiguriert ist, Grundprinzipien der Gerechtigkeit nicht genügt, und zwar ebenso wenig der sozialen (distributiven) wie der zwischenmenschlichen (relationalen) Gerechtigkeit. Denn innerhalb dieses Systems wird *soziale* Ungleichheit als *zwischenmenschliche* Ungleichheit »reproduziert und verschärft«, wie es weiter bei ihm heißt. Die erlebte Realität ist die Herrschaft einiger weniger über den Rest, und zwar in weiten Teilen durch das Recht, was zur Aushöhlung der Demokratie beiträgt, weil es die kollektive Selbstverwaltung untergräbt: »Wachsende Ungleichheit und die Entkernung der Demokratie sind, kurz gesagt, zwei Seiten derselben Medaille. Und diese Medaille könnte ohne das Privatrecht gar nicht geprägt werden.«[12]

Um hier Abhilfe zu schaffen, schlägt Hesselink einen progressiven Privatrechtskodex für Europa (EPL-Kodex) vor, der aber auch auf andere Rechtsordnungen ausgedehnt werden könnte. Dieser Kodex ist nicht als ein weiterer Versuch gedacht, das europäische Privatrecht zu kodifizieren (ein Unterfangen, das in der Vergangenheit gescheitert ist).[13] Sein Ziel ist es vielmehr, *normative Rechtsgrundsätze* für das Privatrecht auf EU-Ebene zu verkünden. Diese Grundsätze könnten schließlich in das europäische Gemeinschaftsrecht und in die Verfassungen der Mitgliedstaaten aufgenommen werden. Hesselink präzisiert dabei nicht, welche Grundsätze ihm vorschweben, sondern vertritt stattdessen die Auffassung, dass deren Ausgestaltung der öffentlichen Diskussion überlassen sein sollte. Das übergeordnete Ziel des EPL-Kodex wäre es, sicherzustellen, dass »das Privatrecht für alle arbeitet«. Und um dieses Ziel zu erreichen, schlägt er vor, dass wir »die tatsächlichen Eigenschaften der Parteien« und »die realen Umstände, unter denen sie ihre privaten Transaktionen abschließen«, angemessen berücksichtigen müssen.[14] Manche Rechtsansprüche, die derzeit aus rein formalistischen Gründen gesetzliche Unterstützung finden (wie die Durchsetzung von Verträgen, denen es an tatsächlichem Einverständnis mangelt), würden diese dann verlieren, während andere, denen es an Unterstützung mangelt (wie Forderungen nach mehr Mitbestimmung für Arbeitnehmer), in Zukunft anerkannt und geschützt werden könnten. Unter dem Strich plädiert Hesselink damit für eine Zurücksetzung und Neuordnung der normativen Erwartungen an das Privatrecht – das heißt der Rechte, die es billigt, und der Handlungen, deren Durchführung es für erzwingbar erachtet.

Eine neue normative Grundlage des Privatrechts, die es mit den normativen Grundlagen des demokratischen Konstitutionalismus in Einklang bringt, kann negative Folgen haben, die es zu benennen und gegen die Vorteile abzuwägen gilt, die ein solcher Vorstoß mit sich bringen könnte. Die Anhänger einer formalen Konstruktion des Rechts, die Gerechtigkeit mit innerer Konsistenz gleichsetzen und die Unabhängigkeit des Rechts von äußeren Einflüssen an die erste Stelle setzen, warnen häufig davor, moralische oder ethische Grundsätze in sein Wirken einzuziehen. Luhmann zum Beispiel argumentierte, dass wir das Rechtssystem selbst nur dann nach moralischen Gesichtspunkten beurteilen können, wenn wir die Moral aus den individuellen Rechtsurteilen heraushalten.[15] Wie bereits erwähnt, ging er von einem hohen Grad an Autonomie des Rechts gegenüber anderen sozialen Systemen aus. Wenn man stattdessen die Ansicht vertritt, dass das Recht nicht autonom von den politischen, wirtschaftlichen, sozialen oder auch moralischen und ethischen Kräften ist und sein kann, die es formen, dann verliert das Argument viel von seiner Kraft. Es ist nicht klar, was man gewinnt, wenn man das Rechtssystem als solches aus moralischen Gründen bewertet, während man sich über die Moral bestimmter Anwendungen des Rechts ausschweigt, die wiederum die künftige Entwicklung des Rechts bestimmen. Die Hinzufügung von Moral kann die Suche nach rechtlichen Lösungen zusätzlich erschweren, denn es ist wahrscheinlich, dass im Einzelfall Uneinigkeit darüber herrscht, was sie besagt. Aber genau deshalb wäre die Verankerung normativer Grundsätze in einem Kodex (vorzugsweise einem verbindlichen) hilfreich. Denn dadurch würden sich die Überlegungen zwar auf Grundsätze konzentrieren, deren Bedeutung umstritten sein mag, aber es wäre viel schwieriger, soziale Gerechtigkeit durch wirtschaftliche Effizienz zu ersetzen.

Angesichts der Tatsache, dass ein formalistisches Rechtssystem, das es weitgehend vermieden hat, Fragen der Gerechtigkeit in das Privatrecht einzubringen, als Instrument zur Förderung wirtschaftlicher Ungerechtigkeit und einer privaten Regierung ohne wirksame Rechenschaftspflicht verwendet wurde, ist es außerdem schwierig, einen guten Grund dafür zu finden, die Moral zurückhalten zu müssen. Wir können der Ungerechtigkeit, die das System derzeit hervorbringt, vielmehr nur dann entgegentreten, wenn wir das Privatrecht mit Grundsätzen der Gerechtigkeit spicken. Luhmann räumt dies sogar ein, wenn er sagt, dass aus rechtstheoretischer Sicht der Einsatz des Rechts für sozialpolitische Zwecke zu beklagen sei, weil dieser zum »Verfall spezifisch juristischer Rationalität« führe. Aus soziologischer Sicht könnte man jedoch argumentieren, dass er »Responsivität im Verhältnis zu gesellschaftlich verbreiteten und wechselnden Präferenzen an die Stelle dessen setzt, was traditionell Gerechtigkeit heißt«.[16] Kurzum, diese Gebrauchsweise des Rechts würde einen längst überfälligen Schwenk von der formellen hin zur materiellen Gerechtigkeit möglich machen.

Ob ein weicher Kodex der richtige Ausgangspunkt für einen so weitreichenden Wandel ist, wie Hesselink vorschlägt, ist jedoch eine andere Frage. Vielleicht kann an dieser Stelle nicht mehr erreicht werden, da sich die Wirtschaft und ihre Anwälte wahrscheinlich gegen jeden Versuch wehren werden, dieses Vorhaben irgendwie weiterzutreiben. Ein weicher Kodex könnte daher ein starkes Signal für das Streben nach Veränderung sein, zugleich aber auch als Argument dafür dienen, dass die Angelegenheit bereits erledigt ist. Das aber würde einer Selbstaufgabe gleichkommen, denn letztlich kann ein dauerhafter Wandel nur erreicht werden, wenn Überlegungen zur Gerechtigkeit nicht nur ganz allgemein, sondern auch dann in den juristischen Diskurs einfließen, wenn es um die konkrete Durchsetzung von Rechten und Pflichten geht. Ein echter Wandel dürfte sich zudem nicht auf das materielle Recht beschränken, sondern müsste auch die zivilprozessualen Vorschriften einbeziehen, die den Zugang zu den Gerichten und zu den konsolidierten Zwangsmitteln regeln. Denn diese bestimmen, wer aus welchen Gründen klagebefugt ist. Ein weicher EPL-Kodex kann also zwar als ein erster Schritt notwendig sein, sollte dann aber auch von verbindlichen Verpflichtungen begleitet werden.

Die Umgestaltung und Demokratisierung des Privatrechts sollte sich auf materielle Gerechtigkeitsprinzipien stützen, die in der Gesellschaft breite Unterstützung finden. Sie sollte zudem durch Regeln ergänzt werden, die es den Opfern von Ungerechtigkeit ermöglichen, ihnen durch Verträge auferlegte Beschränkungen aufzubrechen, die sie daran hindern, ihre Fälle vor Gericht zu bringen – zumindest dann, wenn es um wichtige Fragen der Gerechtigkeit geht. Ob wir uns allein auf die Gerichte verlassen können und ob die derzeitige Organisation des Gerichtssystems dieser Aufgabe gewachsen wäre, ist unklar. Man könnte sich ergänzende Bürgertribunale vorstellen, die, ähnlich wie Geschworenengerichte, mit der Klärung wichtiger normativer Fragen betraut sind, die sich häufig im Verlauf von Rechtsstreitigkeiten stellen, und die die Rolle von Richtern als außergerichtliche Schlichter auch auf die Gesetzgebung ausdehnen.[17] Denn viele Fälle, die vor Gericht verhandelt werden, werfen neue normative Fragen auf, die vom Gesetzgeber entschieden werden sollten; oft aber dauert es Jahre, bis dieser auf gesellschaftliche oder technologische Veränderungen reagiert.[18] In der Zwischenzeit sind die Gerichte jene Institutionen, die bestimmen, wie altes Recht auf neue Sachverhalte anzuwenden ist, was vor allem den gewiefteren Akteuren in die Hände spielt.

Ein gutes Beispiel dafür ist der Status von Fahrern für Fahrdienste wie Uber und Lyft – ob sie Angestellte dieser Unternehmen sind und daher Anspruch auf Arbeitnehmerleistungen haben oder Selbstständige, die das gesamte Risiko ihrer Tätigkeit selbst tragen. Gerichte, Gesetzgeber und Bürger, die durch Referenden handeln, haben sich in dieser Frage unterschiedlich geäußert. Die entscheidende normative Frage ist, wer mit einer solchen Entscheidung betraut werden sollte, wenn das geltende Recht wenig Anhaltspunkte für neue Fälle bietet, die sich unter erheblich verschiedenen Umständen ergeben. Die Gerichte des Common Law, denen offiziell Gesetzgebungsbefugnis zugeschrieben wird, haben lange Zeit behauptet, dass sie kein neues Recht schaffen, sondern stattdessen Lösungen für neue Fälle in etablierten Rechtsgrundsätzen finden. Mit der zunehmenden Geschwindigkeit des gesellschaftlichen und technologischen Wandels verliert dieses Argument jedoch an Überzeugungskraft. Neue Herausforderungen erfordern neue Lösungen, die oft auch eine

Neubewertung der normativen Fragen verlangen, die dabei auf dem Spiel stehen. Oftmals machen gerade Verfahren die Notwendigkeit eines Wandels deutlich, und einer der Vorteile des Fallrechts besteht darin, dass das Recht in Echtzeit angepasst werden kann, während es bei der Gesetzgebung Jahre, wenn nicht Jahrzehnte dauern kann. In diesen Fällen geht es jedoch oft auch um politische und normative (und eben nicht nur rechtliche) Fragen, die demokratische Entscheidungsprozesse erfordern.

Wenn man ein gerechtes Bürgerliches Gesetzbuch (gBGB) nicht nur für die Europäische Union, sondern für Rechtssysteme in der ganzen Welt entwickeln müsste, so bestünde die erste Herausforderung darin, die Grundsätze zu bestimmen, die in ihm enthalten sein sollten. Die Wahl könnte – wie Hesselink vorschlägt – »dem Volk« überlassen werden. In diesem Sinne wäre das gBGB eine schon längst überfällige Aktualisierung des Gesellschaftsvertrags, aus dem demokratische Verfassungen hervorgegangen sind, die ihrerseits die Grundsätze für die Rechenschaftspflichtigkeit der Staatsmacht festgelegt und die bürgerlichen und politischen Rechte des Einzelnen als Bollwerk gegen den Staat bekräftigt haben. Solche Gesellschaftsverträge waren natürlich Fiktionen. In der Regel wurden Verfassungen nicht in der Öffentlichkeit, sondern in Beratungen einer ausgewählten Gruppe von Menschen geschaffen, die oft als die Väter (und manchmal auch Mütter) der Verfassung bezeichnet werden. Vielleicht könnte man es heute mit der modernen Informationstechnologie besser machen oder eine Gruppe von wirklich repräsentativen Bürgern rekrutieren, um die Grundsätze für das gBGB im Einklang mit den Ideen für »Lottokratien« zu entwickeln.[19] Dennoch könnte es eine große Aufgabe sein, das Volk oder einen Querschnitt von ihm zu bitten, bei der Entwicklung der normativen Grundlagen für das Privatrecht ganz von vorne anzufangen – vor allem angesichts der Tatsache, dass das Privatrecht weitgehend von der öffentlichen Kontrolle abgeschirmt wurde und für die meisten im Dunkeln bleibt. Es hat sich als Fundament der Wirtschaft etabliert und als etwas, das nicht angetastet oder vielleicht nur in seinen Randbereichen reguliert werden dürfe. Das macht es schwierig, auch nur die Aufmerksamkeit der Öffentlichkeit auf das Privatrecht als einen Schauplatz des sozialen Kampfes zu lenken.

Angesichts dieser Herausforderungen schlage ich vor, eine Debatte über die Zukunft des Privatrechts anzustoßen, indem ich die normativen Grundlagen darlege, die es bestimmen könnten. Ein nützlicher Ausgangspunkt ist der von Amartya Sen und Martha Nussbaum gemeinsam entwickelte Ansatz der menschlichen Fähigkeiten, auch Fähigkeitenansatz genannt.[20] Ich möchte andere Ansätze nicht ausschließen, die für die Demokratisierung des Privatrechts ebenso vielversprechend oder sogar noch vielversprechender sein könnten, und ich lade andere ein, sich an der Debatte über den besten Ansatz zu beteiligen. Es gibt jedoch gute Gründe, warum dieser Ansatz ein hoffnungsvoller Ausgangspunkt für transformative Veränderungen sein könnte. Ein vielleicht kontraintuitiver Grund ist der, dass der Fähigkeitenansatz viele Ähnlichkeiten mit dem klassischen Kanon der Menschenrechte aufweist, der die rechtlichen und politischen Systeme im Westen und anderswo beeinflusst hat. Dies hat sowohl Vor- als auch Nachteile. Auf der positiven Seite kann die relative Vertrautheit die Zahl der Befürworter vergrößern, die den von mir gewählten Ansatz weniger unheimlich finden als radikalere Ansätze, die von diesen Grundlagen abweichen.[21] Auf der negativen Seite kann seine Nähe zu individuellen Rechten Ausweis eines weiteren west-zentristischen Ansatzes sein, der die kulturelle Vielfalt ignoriert und seine normativen Versprechen in der Vergangenheit nur allzu oft nicht erfüllt hat.[22] Meiner Ansicht nach überwiegen jedoch die Vorteile die Nachteile, besonders wenn der Fähigkeitenansatz nicht als Endpunkt, sondern als Anfang eines deliberativen Prozesses betrachtet wird, der eine neue normative Grundlage für ökonomische Beziehungen schaffen soll.

Im Mittelpunkt des *menschlichen* Fähigkeitenansatzes steht, wie der Name schon sagt, der Mensch, und nicht eine abstrakte Person, die durch gesetzliche Rechte definiert ist, und schon gar nicht die Kapitalgesellschaft oder eine ähnliche juristische Person. Damit unterscheidet sich der Fähigkeitenansatz bereits von dem traditionellen, auf Rechten basierenden Ansatz. Denn wie wir gesehen haben, hat dieser es den Kapitalgesellschaften ermöglicht, viele Menschenrechte für sich zu beanspruchen und diese rechtlichen Befugnisse sogar gegen Menschen einzusetzen. Es mag aus praktischen Gründen sinnvoll sein, solchen Unternehmen und anderen Wirtschaftsorganisationen zu gestatten, als Eigentümer aufzutreten und in ihrem eigenen Namen Verträge abzuschließen, doch muss dies nicht auch einen verfassungsmäßigen Schutz ihrer Rechte auf Augenhöhe mit den Menschen nach sich ziehen.

Amartya Sen entwickelte den Fähigkeitenansatz als Kritik an den Wirtschaftswissenschaften. Die Ökonomie, so meinte er, berücksichtige nicht die Conditio humana und verfehle damit ihre eigenen Ziele.[23] Die Disziplin befasse sich nämlich in erster Linie »mit der Beziehung zwischen Waren und Menschen«, einschließlich der Frage, wie und in welchen Mengen Waren hergestellt werden, welche Qualitäten sie haben und »was die Menschen von den Waren haben«.[24] Dieses Denken ist nicht nur in der Ökonomie, sondern, wie wir gesehen haben, auch tief in der Warenform des Rechts verwurzelt (Paschukanis). Fragen der Gerechtigkeit können nach Sen nur dann sinnvoll beantwortet werden, wenn es ein Verständnis dafür gibt, »wie die Interessen einer Person beurteilt und ihr persönlicher ›Zustand‹ bewertet werden kann«. Und dazu habe die Ökonomie, wenn überhaupt, nur wenig zu sagen. Sie habe sich stattdessen mit der Idee der »Nützlichkeit« begnügt. Infolgedessen wurden die Menschen zu »rationalen Dummköpfen reduziert, die nicht in der Lage sind, zwischen glasklar unterschiedenen Fragen nach dem eigenen Glück, dem eigenen Wunsch, der eigenen Sichtweise des eigenen Wohlergehens, der eigenen Motivation, den eigenen Zielen in ihrem Auswahlverhalten und so weiter zu unterscheiden«.[25] Anstatt sich auf Nützlichkeit zu konzentrieren, sollte der Schwerpunkt laut Sen auf »den *realen* Möglichkeiten liegen, die eine Person insbesondere im Vergleich zu anderen hat«.[26] In seiner Darstellung des Fähigkeitenansatzes bedeuten Möglichkeiten »Funktionalitäten«, nicht Nützlichkeit.[27] Die Erweiterung der »Fähigkeiten« von Personen ermöglicht es ihnen, die Art von Leben zu führen, die sie schätzen und zu der sie Grund haben.[28]

Martha Nussbaum hat einen etwas anderen Ansatz gewählt. Auch sie geht vom einzelnen Menschen als »letzte[m] Subjekt der Gerechtigkeit« aus.[29] Für sie geht es bei Fähigkeiten zwar auch um Ergebnisse, aber sie relativiert die Bedeutung des Funktionierens und betont stattdessen das menschliche Gedeihen.[30] Und obwohl sie vorschlägt, dass Fähigkeiten eine »Unterart« der individuellen Rechte sind, besteht sie darauf, dass der Fähigkeitenansatz von einem auf Rechten basierenden Rahmen abweicht, der zu viele blinde Flecken hinterlassen habe, in denen Ungerechtigkeit entstehe. Individuelle Rechte werden, wie sie uns erinnert, in der Regel als negative Rechte gegenüber dem *Staat* konzipiert. Positive Rechte, von denen Fähigkeiten eine Unterart sind, werden daher skeptisch beäugt, weil sie vom Staat mehr verlangen als nur die Unterlassung von Rechtsverletzungen; dieser muss vielmehr positive Maßnahmen ergreifen, um dem Einzelnen die Mittel zur Verwirklichung seines Rechts zum Beispiel auf Wohnung, Nahrung oder Gesundheitsversorgung zur Verfügung zu stellen.

Diese Konzeption von Rechten hält Nussbaum nun allerdings für zu sehr auf den Staat fokussiert, weshalb sie auch die Fähigkeit des Letzteren unterschätze, seine Bürger proaktiv zu unterstützen – was durch den Fähigkeitenansatz besser abgebildet werde. So weist sie darauf hin, dass Länder wie Indien und Südafrika eine stabile Geschichte der Rechtsprechung zu positiven Rechten entwickelt haben, was die Fähigkeit des Staates und seines Rechtssystems belege, mit den Anforderungen umzugehen, die positiven Rechten inhärent seien.[31] Nussbaum argumentiert jedoch auch, dass »die Sprache der Rechte eng mit der traditionellen Unterscheidung zwischen einer öffentlichen Sphäre, die der Staat regulieren darf, und einer privaten Sphäre, die er in Ruhe lassen muss, verbunden ist«.[32] Dies habe unter anderem dazu geführt, dass die Rechte der Frauen vernachlässigt worden seien, weil die Familie lange Zeit als Privatangelegenheit betrachtet wurde, was Frauen, Kinder und Haustiere der Gnade des männlichen Familienoberhaupts ausgeliefert habe.[33]

Ganz allgemein hat die Trennung des Öffentlichen vom Privaten und die Beschränkung der Grundrechte auf Rechte gegen den Staat den Aufstieg der privaten Macht im Kapitalismus ermöglicht, wie in diesem Buch erörtert wird. Indem man die Diskussion auf die menschlichen Fähigkeiten konzentriert, wird allerdings deutlich, dass es nicht »nur« um einen gegen den Staat gerichteten Anspruch darauf geht, in Ruhe gelassen zu werden, sondern um eine normative Verpflichtung in Bezug auf den Respekt, den sich die Menschen gegenseitig schulden, unabhängig davon, ob sie in ihrer Eigenschaft als Individuen, durch Verbände oder Unternehmensorganisationen oder tatsächlich durch ihre politischen Vertreter handeln. Der Fähigkeitenansatz lehnt das »Recht« ab, zu tun, was man will, ohne Rücksicht auf die Folgen, die dies für andere haben könnte, und verlangt, dass die Gesellschaft aktiv die Bedingungen schafft, unter denen ein Leben, das man mit guten Gründen wertschätzen kann, für alle erreichbar ist.

Fähigkeiten sind jedem menschlichen Wesen (und nach Nussbaum auch nichtmenschlichen Tieren) angeboren, unabhängig von seinem Geburtsort oder seiner Staatsangehörigkeit.[34] Sie erfordern nicht die Zugehörigkeit zu einer politischen Gemeinschaft oder einem Staat. In diesem Sinne setzen sie kein Arendt'sches »Recht, Rechte zu haben« voraus, sondern sind Ansprüche gegen die Welt qua Geburt. Die Verpflichtung, sie zu verwirklichen, liegt bei der gesamten Menschheit, die, wie Nussbaum es ausdrückt, »unter einer kollektiven Verpflichtung [steht], Mittel und Wege des Zusammenlebens und der Kooperation zu finden, die allen Menschen ein achtbares Leben ermöglichen«.[35] Das mag angesichts des gegenwärtigen Zustands der Welt utopisch klingen, aber ich würde behaupten, dass es wirklich keine Alternative gibt.

Normativ und konzeptionell bietet Nussbaums Darstellung des Fähigkeitenansatzes einen Rahmen, um den Zustand der Welt sowohl aus einer Perspektive der sozialen als auch der relationalen Gerechtigkeit zu beurteilen, und deutet auf eine andere Zukunft als den Kapitalismus hin – ein System, in dem wir gefangen sind. Die Philosophin ist aber noch einen Schritt weiter gegangen und hat eine Liste von Fähigkeiten aufgestellt, deren Verwirklichung die Richtschnur für jede gerechte Gesellschaft oder jedes gerechte Rechtssystem sein sollte. Die Aufzählung ist dabei nicht endgültig, sondern bildet eine Grundlage für künftige Überlegungen; zudem ist Nussbaum sich der Notwendigkeit bewusst, sie an kulturelle Unterschiede und Präferenzen anzupassen, solange diese Präferenzen nicht das Recht aller Menschen auf ein Leben in Würde beeinträchtigen. Zu den menschlichen Fähigkeiten, die sie identifiziert hat, gehören (1) Leben, (2) körperliche Gesundheit, (3) körperliche Unversehrtheit, (4) Sinne, Vorstellungskraft und Denken, (5) Emotionen, (6) praktische Vernunft, (7) Zugehörigkeit, (8) Umgang mit anderen Spezies, insbesondere mit nichtmenschlichen Tieren, (9) Spiel und (10) materielle und politische Kontrolle über die eigene Umwelt.[36] Jede dieser Fähigkeiten wird in allgemeinen Begriffen beschrieben, um Raum für unterschiedliche Spezifikationen zu lassen.

Wie man sieht, hat eine ganze Reihe dieser Fähigkeiten Entsprechungen im Kanon der bürgerlichen und politischen Rechte. Allerdings gibt es auch wichtige Abweichungen in der Art und Weise, wie sie formuliert wurden. Ein gutes Beispiel ist die Fähigkeit, Kontrolle über die eigene Umwelt zu haben.[37] In Nussbaums Theorie besitzt sie zwei Komponenten, eine politische und eine materielle. Die erste steht für: »[b]ei der Fähigkeit, effektiv an politischen Entscheidungen teilzunehmen, die das eigene Leben bestimmen; das Recht auf politische Partizipation zu haben, [und] den Schutz der Rede- und Vereinigungsfreiheit«.[38] Die zweite umfasst: »[b]ei der Fähigkeit, Eigentum zu besitzen (sowohl Land als auch bewegliche Güter), und das Recht auf Eigentum auf einer gleichberechtigten Basis mit anderen; das Recht, auf einer gleichberechtigten Basis mit anderen eine Beschäftigung zu suchen; und die Freiheit von ungerechtfertigter Durchsuchung und Beschlagnahme. Bei der Arbeit als Mensch arbeiten zu können.«[39]

Im Ergebnis stellt Nussbaum damit eine normative Äquivalenz zwischen politischer Teilhabe und wirtschaftlichem Wohlstand sowie zwischen Eigentum und Arbeit her, was bedeutet, dass diese verschiedenen Erscheinungsformen sozialer Kontrolle gleich- und mit dem gleichen Respekt behandelt werden sowie wohl auch den gleichen rechtlichen Schutz genießen sollten. Das Privatrecht und individuelle Rechte sind, kurz gesagt, kein Freibrief für die Missachtung anderer; die Macht, die sie verleihen, bringt vielmehr die Verpflichtung mit sich, dafür zu sorgen, dass auch andere die Möglichkeit haben, ein Leben zu führen, das sie aus guten Gründen schätzen.

Es ist natürlich eine große Herausforderung, die Theorie so in die Prinzipien für ein gBGB zu übersetzen, dass es die Funktionsweise des Rechts ändern könnte, um die menschlichen Fähigkeiten zu fördern. Leider wird es nicht gelingen, auf den verbleibenden Seiten dieses Buches einen detaillierten Fahrplan für ein solches Programm zu entwickeln. Aber es ist möglich, Wege und eventuelle Sackgassen aufzuzeigen, wenn man nach Verfahren sucht, mit denen der normative Anspruch des Fähigkeitenansatzes operationalisierbar werden könnte.

Die einfachste Strategie wäre die, diesen Ansatz als klare Vorschrift gegen die Schädigung anderer zu verwenden. Doch wie das Schicksal des Global Compact zeigt, dürfte ein solches Vorgehen kaum von Erfolg gekrönt sein. Dieser umfasst zehn aus dem Völkerrecht abgeleitete Grundsätze für global tätige Unternehmen, die diese auf freiwilliger Basis einhalten sollen.[40] »Unternehmen sollen den Schutz der internationalen Menschenrechte unterstützen und achten« lautet der erste, »Unternehmen sollen die Vereinigungsfreiheit und die wirksame Anerkennung des Rechts auf Kollektivverhandlungen wahren« der dritte und »Unternehmen sollen im Umgang mit Umweltproblemen dem Vorsorgeprinzip folgen« der siebte. Die Unternehmen sind nicht verpflichtet, den Pakt zu unterzeichnen, und diejenigen, die es zwar tun, sich aber nicht an die von ihnen formell bestätigten Grundsätze halten, haben kaum mit Konsequenzen zu rechnen. Auch Einzelpersonen, Arbeits- oder Umweltschützer haben durch den Pakt keine Möglichkeit, Unternehmen zur Rechenschaft zu ziehen (außer durch den Versuch, sie zu beschämen).

Ein gBGB sollte jedoch weiter gehen und Richtern oder Bürgertribunalen Anleitungen für die Anwendung des Gesetzes in einer Weise bieten, die die menschlichen Fähigkeiten nicht nur in der Theorie, sondern auch in der Praxis fördert. Ein Beispiel wäre, Umweltverschmutzer für den von ihnen verursachten Schaden zur Verantwortung zu ziehen, ohne die Opfer dabei zu stark zu belasten. Dies würde einen Wandel im Deliktsrecht erforderlich machen – konkret in Bezug auf die Frage, was Verursachung bedeutet. Um einen Rechtsanspruch geltend machen zu können, muss der Geschädigte in der Regel nämlich den eingetretenen Schaden spezifizieren und die Verursachung sowie Fahrlässigkeit oder Vorsatz seitens des Verursachers nachweisen. Das Deliktsrecht erlegt die Beweislast in erster Linie dem Opfer auf, und zwar in der Regel erst dann, wenn der Schaden bereits eingetreten ist; nur im Falle eines unmittelbar drohenden und irreversiblen Schadens gewährt es dem Opfer das Recht auf vorbeugende Maßnahmen (eine einstweilige Verfügung etwa). Außerdem muss das Opfer in der Lage sein, den Schadensverursacher zu identifizieren und ihn an dessen Wohnsitz verklagen. Diese Regeln machen es den Opfern des Klimawandels fast unmöglich, jemanden zur Rechenschaft zu ziehen, geschweige denn die Verursacher daran zu hindern, weiteren Schaden anzurichten, selbst wenn die verfügbaren Beweise zeigen, welche Unternehmen am meisten zu den industriellen Emissionen beitragen, die den Klimawandel beschleunigen.[41]

Von einem Fähigkeiten-Standpunkt aus betrachtet, wäre es schon ein großer Schritt in die richtige Richtung, wenn man von der Klage ex post und der Notwendigkeit, eine individuelle Verursachung nachzuweisen, zum Vorsorgeprinzip übergehen würde. Dieses besagt, dass »eine Maßnahme oder Politik, bei der der Verdacht besteht, dass sie der Allgemeinheit schweren Schaden zufügen könnte (mit Auswirkungen auf die allgemeine Gesundheit oder die Umwelt weltweit), nicht ergriffen werden sollte, solange keine wissenschaftliche annähernde Gewissheit über ihre Sicherheit besteht«.[42] Einfach ausgedrückt: Im Zweifelsfall sollte man es nicht tun. Das

Vorsorgeprinzip kehrt die Beweislast um und sollte immer dann angewandt werden, wenn eine hohe Wahrscheinlichkeit besteht, dass der Schaden eintritt, auch wenn erhebliche Ungewissheit darüber besteht, wann und wo dies der Fall sein könnte.[43]

Dies ist weniger radikal, als es vielleicht klingt. Die Gerichte verlagern in vielen Fällen die Beweislast und haben in der Vergangenheit den Verbrauchern geholfen, indem sie beispielsweise Unternehmen, die fehlerhafte Produkte herstellen, eine verschuldensunabhängige Haftung auferlegt haben.[44] Diese Gefährdungshaftung wurde zudem in das Wertpapierrecht für die falsche Darstellung von Prospektinformationen aufgenommen, wenn ein Unternehmen Aktien öffentlich handelt. Und die Kläger in Fällen von Wertpapierbetrug haben von einer von den Gerichten entwickelten Theorie (der des »Betrugs am Markt« [*»fraud on the market«*]) profitiert, die die Kläger von der Notwendigkeit entbindet, einen Beweis für einen direkten kausalen Schädigungsgrund zu erbringen. Stattdessen unterstellen die Gerichte, dass sich Wertpapierhändler auf das Preissignal verlassen und, was entscheidend ist, dass der Preis alle relevanten Informationen abbildet.[45] Wenn die Gerichte aber befugt sind, ziemlich neue und unbewiesene Theorien über die Wirkmechanismen der Finanzmärkte in die Rechtslehre aufzunehmen, dann sollten sie auch in klimawandelbezogenen Verfahren am Vorsorgeprinzip festhalten dürfen und den Klägern erlauben, die Umweltverschmutzung zu stoppen, bevor der von ihr verursachte Schaden seine volle Kraft entfaltet. Ein gBGB könnte ihnen dabei als Richtschnur dienen und damit auch sicherstellen, dass Entscheidungen wie diese nicht als richterlicher Aktivismus ohne rechtliche Grundlage wahrgenommen werden, sondern auf grundlegenden Prinzipien der Gerechtigkeit beruhen.

Wenn die Mindestanforderung für ein gBGB darin besteht, Unbeteiligten bei privaten Handlungen keinen Schaden zuzufügen (*»do-not-harm«*-Prinzip), so wäre der Grundsatz »übernimm Verantwortung« (*»take responsibility«*) der nächste Schritt. Die ökonomische Theorie besagt, dass effiziente Ergebnisse aus der vollständigen Internalisierung des Nutzens und der Kosten des Einsatzes des eigenen Vermögens oder der eigenen Ressourcen resultieren.[46] Die Beseitigung oder Verringerung der Haftung wirtschaftlicher Akteure durch das Gesetz würde diesen Grundsatz allerdings untergraben und die Anreize zur Vermeidung von Schädigungen Dritter entkräften. Der erste Übeltäter ist die beschränkte Haftung für die Anteilseigner von Kapitalgesellschaften, die ein serienmäßiges Ausstattungsmerkmal vieler Unternehmensrechtssysteme ist. Sie schützt die Aktionäre, übrigens auch in Gestalt von Muttergesellschaften, davor, die Verantwortung für den Schaden, den »ihre« Unternehmen anderen zufügen, übernehmen zu müssen. Vielleicht war diese Regel notwendig, um in den frühen Tagen der Industrialisierung Kapital anzuziehen, als es noch knapp war und die Notwendigkeit bestand, die Investorenbasis zu verbreitern. Der Staat Kalifornien, ein erfolgreicher Industriestandort, nahm die beschränkte Haftung jedoch erst im Jahr 1932 in sein Gesellschaftsrecht auf, was Zweifel aufkommen lässt, ob diese Deformation von Verantwortung wirklich eine notwendige Voraussetzung für die Industrialisierung war. In einer Welt des Kapitalüberflusses einerseits und der existenziellen Bedrohung weiter Teile der Menschheit, die in allererster Linie von die Umwelt verschmutzenden Unternehmen verursacht wird, ist ein solches gesetzliche Privileg aber sicherlich fehl am Platze.

Der britische High Court, der einen Fall gegen den Mineralölkonzern Royal Dutch Shell verhandelte, äußerte sich in diesem Sinne, als er der Muttergesellschaft des multinationalen Unternehmens einen Schaden zuschrieb, der von ihrer nigerianischen Tochtergesellschaft verursacht worden war.[47] Das Gericht berief sich auf die Sorgfaltspflicht, einen treuhänderischen Grundsatz, der seine Wurzeln im Billigkeitsrecht hat und von privaten Akteuren verlangt, die Angelegenheiten anderer, über die sie die Kontrolle haben, mit der nötigen Sorgfalt zu behandeln – das heißt mit der, die man auch bei seinen eigenen Angelegenheiten an den Tag legen würde. Das ist das Gegenteil von Mark Zuckerbergs Motto »schnell handeln und Dinge kaputt machen«, das die von Facebook bevorzugte Geschäftsstrategie beschreibt, ein Ansatz, der nicht nur toleriert, sondern durch rechtliche Schutzschilde gegen Haftung sogar noch begünstigt wird.[48] Wenn alle Akteure gesetzlich dazu verpflichtet wären, Rücksicht auf andere zu nehmen und sie fair zu behandeln, damit sie nicht in die Haftung geraten, dann könnte auf dem Weg zu einer gerechteren Welt, die die menschlichen Fähigkeiten fördert, schon viel erreicht werden. Dies schließt die Nutzung von Kapitalgesellschaften mit eigener Rechtspersönlichkeit nicht unbedingt aus, würde aber den Anteilseignern die Beweislast dafür auferlegen, dass sie diese Rechtsform nicht dazu missbrauchen, sich der Haftung für Schäden zu entziehen, die die Gesellschaft anderen zufügt. Im Gesellschaftsrecht gibt es bereits eine Doktrin, die sich mit dieser Problematik befasst – die Durchdringung des Unternehmensschleiers oder Durchgriffshaftung –, die allerdings viel zu eng ausgelegt wird. In vielen Jurisdiktionen gilt nur der vorsätzliche Missbrauch der Gesellschaftsform, der zudem ein schwerwiegendes Unrecht verursachen muss, als in dieser Hinsicht deliktisches Verhalten.[49] Die Wiederbelebung der Doktrin von der Sorgfaltspflicht bei Verfahren wie dem gegen Shell zeigt somit einen möglichen Ausweg aus diesem Dilemma auf.

Das Prinzip »Übernimm Verantwortung« könnte auch das Vertragsrecht in eine Richtung lenken, die die menschlichen Fähigkeiten eher fördert als einschränkt. Zustimmung ist und bleibt der heilige Gral verbindlicher Verträge. Wer auf »zustimmen« klickt, ist an Bedingungen gebunden, die er nie gelesen hat und für deren Lektüre er auch keine Zeit hätte. In der Literatur wurde der Begriff »dunkle Verträge« oder »Vertragsfallen« geprägt, um Verbraucherverträge zu beschreiben, die bewusst undurchsichtig gestaltet sind und die Kunden entweder dazu drängen sollen, viele Rechte abzutreten, oder sie daran hindern sollen, ihre Rechte geltend zu machen.[50] Wenn man die Schrauben auch nur ein wenig stärker anzieht, könnten bislang arglose Vertragsparteien solche Übereinkommen anfechten oder sich einfach weigern, sich an sie zu halten. Eine alte Doktrin verwehrte den Parteien den Gang vors Gericht, wenn sie nicht mit »sauberen Händen« erschienen.[51] Ähnliches könnte gegen Parteien geltend gemacht werden, die auf der Vorstellung bestehen, dass Verträge einzuhalten sind, während die Verpflichtung, deren Erfüllung sie durchzusetzen versuchen, der gegnerischen Partei aufgezwungen wurden und ihr keinen Raum für deren Anfechtung lassen.

Ähnliche Strategien könnten angewandt werden, um eigentumsrechtliche Ansprüche abzulehnen, wenn die fraglichen Vermögenswerte auf dem Weg der Beschneidung der Rechte anderer erworben wurden. So werden Daten regelmäßig ohne ausdrückliche Zustimmung und unter völliger Verweigerung der legitimen Rechte abgeschöpft, die ihre Erzeuger möglicherweise haben könnten, unabhängig davon, ob sie sich aus Eigentum, Privatsphäre oder persönlicher Würde speisen.[52] Die Gerichte haben den Schutz von Eigentumsrechten für personenbezogene Daten bisher konsequent verweigert. Aber sie haben bereitwillig jene Kontrollrechte gebilligt, die die Tech-Konzerne für ihre Datenbestände geltend gemacht haben, die immer dann ein wenig weiter angewachsen sind, wenn die Verbraucher irgendetwas taten, was über den Klick auf den »Zustimmen«-Button hinausging. Man bedenke, dass viele Rechtssysteme ahnungslosen, gutgläubigen Käufern Eigentumsansprüche an Hehlerware verweigern.[53] Und diese Regel könnte nun zu einer Nachweispflicht für die Datensammler dahingehend ausgeweitet werden, dass diese die Kontrolle über ihre Daten rechtmäßig erworben haben, was auch die Tatsache betrifft, dass alle von ihnen verwendeten Verträge transparent und fair – und eben nicht dunkel – sind.

Unternehmen, die Standardverträge verwenden, werden sich natürlich auf Schiedsgerichtsklauseln berufen, um einer solchen rechtlichen Prüfung durch die Gerichte zu entgehen. Auch für diesen Fall könnten bereits bestehende Rechtsinstrumente herangezogen werden, um solche Einreden zu umgehen. Als Vorbild könnte die sogenannte Durchbruchsregel dienen, die in der EU-Übernahmerichtlinie – betreffs feindlicher Übernahmen von Aktiengesellschaften – verwendet wurde. Diese verlangt, dass das nationale Gesellschaftsrecht zur Einhaltung der Richtlinie außer Kraft gesetzt wird, um sicherzustellen, dass die Aktionäre über ein Übernahmeangebot abstimmen können, selbst wenn ein ähnliches Recht im innerstaatlichen Rahmen nicht besteht.[54] Eine ähnliche Regel könnte verwendet werden, um verbindliche Schieds-, Rechtswahl- oder Gerichtsstandsklauseln außer Kraft zu setzen, damit schwächere Parteien – also etwa Verbraucher oder Arbeitnehmer – einen Fall vor ein Gericht bringen können, welches dann die Fairness des ihm zugrundeliegenden Vertrags in einem öffentlichen Forum beurteilt, statt formale Rechtsansprüche hinter verschlossenen Türen durchzusetzen, wo die meisten Schiedsgerichtsverfahren geführt werden.

Es könnte und sollte noch viel mehr getan werden, um für ein Mindestmaß zu sorgen, in dem die menschlichen Fähigkeiten durch das Recht gefördert werden.[55] Die obigen Vorschläge sind nur Beispiele dafür, wie relativ bescheidene Veränderungen, von denen viele dem bestehenden Recht nach bereits möglich sind, dieses am Rande verbessern und die Voraussetzungen für weitere Veränderungen schaffen könnten. Ich behaupte nicht, dass mit diesen Schritten ein grundlegender Wandel erreicht werden wird, oder dass allein Änderungen des Privatrechts zu einer gerechteren juristischen Lage führen könnten. Zweifellos würden eine gut durchdachte Wohnungsbaupolitik, eine umfassendere Gesundheitsversorgung und eine Infrastruktur, die sauberes Wasser und nachhaltige Energie für alle bereitstellt, viel dazu beitragen, das Tempo des Wandels zu beschleunigen. Ich möchte lediglich sagen, dass wir nur wenig erreichen werden, wenn wir uns auf das Ordnungsrecht beschränken und nicht auch das Privatrecht einschließlich Schadensersatz- und Vertragsrecht sowie die Verfahrensregeln für Rechtsstreitigkeiten ändern, weil strategische Akteure wieder einmal die Dualität von öffentlichem und privatem Recht ausnutzen werden, um sich ihrer Verantwortung gegenüber anderen zu entziehen.

Darüber hinaus werden viele sozialpolitische Maßnahmen nie in Erwägung gezogen oder verlaufen, wenn sie denn einmal beschlossen werden, häufig aufgrund einer fehlenden Finanzierung im Sande – ein Punkt, der von den Propagandisten ausgeglichener Haushalte oder einer »schwarzen Null« oft als Totschlagargument ins Feld geführt wird.[56] Wie in Kapitel 1 erwähnt, ist das Geldsystem neben dem Recht eine der entscheidenden sozialen Ressourcen, die das Kapital seit Jahrhunderten einsetzt, um Wohlstand für einige unter Ausschluss aller anderen zu schaffen. Geld ist eng mit staatlicher Souveränität verbunden; in den kapitalistischen Regimen wurde die Geldschöpfung jedoch in den privaten Sektor ausgelagert, und zwar mit dem Ziel, die private Vermögensbildung – und nicht das gesamtgesellschaftliche Wohlergehen – zu maximieren. Die Corona-Krise hat gezeigt, dass Staaten, die ihre eigene Währung ausgeben, große Teile der Wirtschaft herunterfahren und dennoch für ihre Bevölkerung sorgen können. Sie hat aber auch gezeigt, dass zu viele Staaten nicht in der Lage sind, dies zu tun, und dass die Menschen in den Ländern an der Peripherie des globalen Währungssystems infolgedessen deutlich mehr Not leiden mussten.

Es gibt kaum eine Rechtfertigung für diesen Zustand, die über den Verweis auf die Geschichte oder das Argument hinausgeht, dass Geld »an sich« hierarchisch sei.[57] Schließlich ist Geld in all seinen Formen Kredit, und Kreditbeziehungen können auf viele verschiedene Arten ausgestaltet werden. Der Hauptunterschied zwischen privatem Kredit und staatlichem Geld ist sein Umfang. Geldsysteme sind große, auf Gegenseitigkeit beruhende Kreditsysteme, an denen Regierungen beteiligt sind, die ihr eigenes Geld emittieren und es in Krisenzeiten auffangen können.[58] Der Staat als Geldemittent verspricht, das Geld als Zahlungsmittel zu akzeptieren, und die Abnehmer, in der Regel private Parteien, verwenden es, um Rechnungen mit anderen sowie mit dem Emittenten zu begleichen. Je breiter die Akzeptanz der Währung, desto stärker ist das System. Die inhärente Hierarchie des Geldes hängt direkt mit der Fähigkeit zusammen, dieses System aufrechtzuerhalten, ohne von anderen abhängig zu sein.[59] Ob ein souveräner Geldemittent seine Währung anderen in Not zur Verfügung stellt – den Zentralbanken anderer Staaten, in- und ausländischen Unternehmen oder privaten Haushalten und Einzelpersonen –, ist eine Frage der Entscheidung und nicht in Stein gemeißelt. Daraus folgt, dass Geldsysteme auch so neu verdrahtet werden könnten, dass sie die menschlichen Fähigkeiten fördern und nicht nur die private Finanzierung unterstützen.

In den kapitalistischen Systemen jedoch hat der Staat die Geldschöpfung an private Akteure – genauer gesagt an Banken – »konzessioniert«, unterstützt sie aber, wenn das Profitmotiv das System an den Rand getrieben hat und der Staat es vor seiner Tendenz zur Selbstzerstörung schützen muss.[60] Das Versprechen, staatliches Geld zur Verfügung zu stellen, um privates Geld zu retten, wenn es gebraucht wird, hält zwar das System am Leben, wird aber nicht denen gegeben, die es am nötigsten brauchen, und auch nicht auf der Grundlage von Verdiensten, sondern von Erpressung gemacht. Private Akteure, die groß genug oder so stark vernetzt sind, dass ihre Pleite das Überleben des Systems bedrohen würde, haben eine höhere Überlebenschance als andere. Bankern und anderen Emittenten von privatem Geld gefällt dieses System natürlich, weil es ihnen ermöglicht, riesige Gewinne zu erzielen, während sie sich darauf verlassen können, dass die Allgemeinheit sie gegen Verluste absichert. Es ist jedoch kein System, das sich für die Demokratie ausgezahlt hätte, und es hat sicherlich auch nicht dazu beigetragen, die Fähigkeiten der Menschen zu verbessern, die durch sein Wirken an den sozialen Rand gedrängt werden.[61] Millionen haben keinen Zugang zu Geld, und diejenigen, die einen haben, werden oft in die Schuldenabhängigkeit von privaten, gewinnorientierten Geldemittenten gedrängt.

An alternativen Visionen für ein gerechteres System von öffentlichem und privatem Geld mangelt es nicht.[62] Die moderne Technik macht es möglich, ein öffentliches Zahlungssystem zu schaffen, bei dem jeder mit einem öffentlichen Geldemittenten verbunden ist, wodurch die Mittelsmänner in Gestalt von privaten Banken wegfallen würden.[63] Doch anstatt die neuen technischen Möglichkeiten zu nutzen, um das bestehende System einer Generalüberholung zu unterziehen, dehnen die Staaten das Recht zur Geldausgabe auch noch auf die Emittenten von Kryptowährungen aus. Diese Maßnahme wird diese hochvolatilen Währungen zwar wahrscheinlich stabilisieren, aber auch die Lebensdauer eines Geldsystems verlängern, das Gewinne privatisiert und Kosten sozialisiert.

Der springende Punkt ist hier der, dass Geld eine rechtliche Angelegenheit ist. Kreditbedingungen, Besicherungsanforderungen und Nachschusspflichten sind allesamt rechtliche Instrumente, deren Wurzeln im Privatrecht liegen, was den Gläubigern einen enormen Einfluss auf die Schuldner verschafft hat. Gleiches gilt für die Regeln, denen die Zentralbanken unterstehen und die ihre Interventionspolitik leiten. Die Aufhebung der Lizenz zum Gelddrucken wäre ein echter Wendepunkt für die Förderung des Fähigkeitenansatzes, weil sie das gesamte System auf eine gerechtere Grundlage stellen würde. Natürlich werden sich einflussreiche Interessengruppen dem entgegenstellen. Das letzte Wort über den Fortbestand des derzeitigen Systems liegt jedoch beim Staat. Es ist Sache der Gesetzgeber, der Zentralbanken oder der Finanzministerien, zu entscheiden, ob sie im Schatten des bestehenden Systems ein neues schaffen wollen, das bei der nächsten Finanzkrise in Aktion treten könnte, wenn sie das nächste Mal vor die schlechte Wahl »Rettet uns, oder es passiert was« gestellt sind. Mit einem alternativen System an der Hand könnten sie dann nämlich einfach nein sagen, ohne einen finanziellen Zusammenbruch zu riskieren.

Eine transformative Veränderung des Privatrechts verlangt, eine neue normative Grundlage dafür zu schaffen, die sich an derjenigen der konstitutionellen Demokratien orientiert. Diese Perspektive lehnt die Vorstellung ab, dass das Privatrecht und private Akteure jemals außerhalb der Grenzen der Bürgerpflichten und des gegenseitigen Respekts stehen, die die Zugehörigkeit zu einer Gemeinschaft verlangt. Es spielt keine Rolle, ob Menschen Verträge nach den Vorgaben ihrer nationalen Rechtsordnungen abschließen oder darüber hinausgehen, und auch die Forderung nach Rücksichtnahme und förderlichen Bedingungen ist nicht unbedingt auf den eigenen Staat oder die eigene Gemeinschaft beschränkt. Menschliche Fähigkeiten sind vielmehr Ansprüche, die alle Menschen untereinander haben, insbesondere gegenüber öffentlichen oder privaten Einrichtungen, die Macht über sie haben oder über Ressourcen verfügen, die es anderen ermöglichen könnten, ihre Fähigkeiten zu verwirklichen. Aus einer marxistisch-materialistischen Perspektive mag dies naiv klingen. Von dieser Warte aus betrachtet, spiegeln Normen die zugrundeliegenden Produktionsverhältnisse wider; sie sind von diesen nicht unabhängig und können daher unmöglich als Hebel für Veränderungen fungieren. Wenn man jedoch den Kapitalismus als ein rechtliches Regime versteht, wofür ich mich in diesem Buch ausgesprochen habe, dann ist diese unidirektionale Denkweise weniger überzeugend. Das Recht selbst ist Teil des Materials, aus dem auch das Kapital gemacht ist, und rechtliche Institutionen ermöglichen die Reproduktion des Kapitalismus. Nach Jahrhunderten unter diesem Regime ist es schwer, eine Sphäre zu finden, die wirklich außerhalb dieses Prozesses liegt oder dort ihren Ursprung hat. Wir müssen daher wieder zu den normativen Grundlagen des Rechts zurückkehren, um eine transformative Veränderung des Kapitalismus zu erreichen.

Epilog

Der Kapitalismus ist eine Rechtsordnung mit Merkmalen, die es ihr ermöglicht haben, sich immer wieder zu reproduzieren, trotz aller wiederholten Versuche der Legislative, sich gegen ihre Auswüchse zu schützen, und das oft unter Berufung auf das öffentliche Recht, inklusive des Ordnungsrechts. In Anlehnung an Paschukanis vertrete ich die Auffassung, dass ein entscheidendes Merkmal des kapitalistischen Rechts die Trennung von Öffentlichem und Privatem ist, die jeweils auf unterschiedlichen normativen Grundsätzen beruhen und oft nicht im Verbund miteinander, sondern in einem Spannungsverhältnis zueinander wirken.

Das öffentliche Recht ist das primäre Instrument, das dem Staat für seine Interaktionen mit den Bürgern zur Verfügung steht. Es wird durch die Verfassung, die in ihr verankerten Kontrollmechanismen und letztlich durch die darin festgeschriebenen individuellen Rechte sowohl ermöglicht als auch eingeschränkt. Im Gegensatz dazu ermächtigt das Privatrecht private Akteure dazu, ihre Angelegenheiten mit anderen im Schatten des Gesetzes zu regeln, das die Standardregularien bereitstellt und eine notfalls gewaltsame Durchsetzung von Gesetzen ermöglicht, um sicherzustellen, dass eingegangene Verpflichtungen auch eingehalten werden. Das kapitalistische Recht geht von der formellen Gleichheit privater Parteien aus und schränkt eine missbräuchliche Machtverwendung in gewissem Maße ein, allerdings nur in extremen Fällen. In vielen (nicht allen) Rechtsordnungen sind nur der Staat und seine Vertreter, nicht aber private Akteure an verfassungsrechtliche Grundsätze gebunden. Letztere können sich zwar gegenüber dem Staat auf solche Grundsätze berufen, müssen sie in ihren Beziehungen zu anderen aber selbst nicht beachten. Die durch das Gesetz verliehene private Macht ist nicht völlig uneingeschränkt. Das Strafrecht legt einige rote Linien fest, und das Deliktsrecht ermöglicht es Geschädigten, rechtliche Schritte gegen Akteure einzuleiten, die den Schaden nachweislich verursacht haben. Aber das Privatrecht schirmt die Akteure auch davor ab, Verantwortung für schädigendes Verhalten übernehmen zu müssen, sogar wenn sie von diesem profitieren. Die beschränkte Aktionärshaftung ist nur ein Beispiel dafür; ein anderes sind Haftungsobergrenzen für risikoreiche private Unternehmungen wie etwa den Betrieb von Eisenbahnen oder Kernkraftwerken. Die darüber hinausgehenden Kosten werden sozialisiert, während die Gewinne in privater Hand bleiben. Und obwohl einige wirtschaftliche Aktivitäten, die auf diese Weise rechtlich subventioniert werden, aus gesellschaftlicher Sicht das Risiko wert sein können, ist dies nicht immer der Fall, da sie auch zu irreversiblen Schäden führen können, die künftige Generationen zu tragen haben werden.

Das Privatrecht ermächtigt die privaten Akteure aber nicht nur dazu, ihre eigenen Angelegenheiten untereinander zu regeln. Es gewährt ihnen auch Zugang zu den geballten staatlichen Zwangsmitteln, um ihre Rechte gegeneinander und gegen den Staat durchzusetzen. Die Androhung von Zwangsmaßnahmen verleiht einer Forderung mehr Gewicht, das jedoch nicht gleichmäßig distribuiert ist. Denn Prozesse zu führen, kostet Ressourcen. Außerdem können nicht alle die bestehenden Zugangswege zu den Zwangsmitteln nutzen; einige erfüllen vielleicht nicht die Zugangsvoraussetzungen, andere haben in Verträgen auf die Anrufung der Gerichte verzichtet, indem sie obligatorischen Schiedsklauseln zugestimmt haben, und wieder andere sehen sich mit einem Gerichtssystem konfrontiert, das überlastet ist und die Rechtsprechung regelmäßig verzögert, vor allem bei kleinen Forderungen. In der Logik des kapitalistischen Rechts ist es vollkommen vernünftig, dass Richter Verträge absegnen, die schwächeren Parteien den Zugang zu den Gerichten verwehren, oder dass staatliche Hilfen in Krisenzeiten auch auf Finanzintermediäre ausgedehnt werden, selbst wenn sie denjenigen vorenthalten werden, die Schwierigkeiten haben, über die Runden zu kommen, weil das eigene Überleben des Kapitalismus selbst Vorrang vor dem Schicksal der Normalsterblichen hat.[1] Ein solches Regime kann jedoch kaum als gerecht bezeichnet werden. Aber so muss es nicht sein, und die Erfahrung zeigt, dass stärkere Arbeits- oder Verbraucherschutzgesetze oder Umweltvorschriften unter den richtigen politischen Konstellationen möglich sind. Allerdings laufen solche Eingriffe immer Gefahr, wieder rückgängig gemacht zu werden, weil das kapitalistische Recht es mächtigen Privatinteressen ermöglicht, das Privatrecht und die Rechte des Einzelnen zu nutzen, um solche Regelungen zu schwächen oder ihre Wirksamkeit zu untergraben. Der globale Kapitalismus hat den Handlungsspielraum privater Akteure enorm erweitert, da das Kollisionsrecht sie von ihren heimatlichen Rechtssystemen befreit hat. So können sie nun die Welt durchstreifen und neue rechtliche Gefilde erkunden.

Diese drei Hauptmerkmale des kapitalistischen Rechts – die Ausweitung privater Befugnisse, der Zugang zu den zentralisierten Zwangsmitteln und die Rechtsarbitrage – zusammengenommen haben es den Kapitalisten (die nun nicht mehr nur mit Staatsschulden, sondern mit allen Vermögenswerten handeln, die finanzielle Rendite versprechen) ermöglicht, Gesellschaften und ihr Streben nach demokratischer Selbstbestimmung in den Schwitzkasten zu nehmen. Der Kapitalismus hat große Krisen überstanden und es immer wieder geschafft, die Schutzzäune, die nach Krisen errichtet wurden, zu umgehen und sogar noch stärker aus diesen hervorzugehen.

Eine mögliche Schlussfolgerung aus dieser Analyse wäre, dass es schlichtweg keinen Ausweg aus diesem Regime gibt. Dieser Befund würde allerdings die Tatsache verleugnen, dass der Kapitalismus ein soziales und kein natürliches System ist. Der Wirtschaftswissenschaftler Douglass North bezeichnete Institutionen als »die von Menschen erdachten Beschränkungen menschlicher Interaktion«.[2] Sie können formell oder informell sein, aber sie ergänzen und verstärken sich gegenseitig.[3] Institutionen sind nicht statisch, sondern veränderbar – und dies nicht notwendigerweise nur entlang eines vorbestimmten Pfades. Wie uns die Geschichte lehrt, sind transformative institutionelle Veränderungen möglich, und sie könnten durch strategische Eingriffe beschleunigt werden, durch die Institutionen auf andere Normen ausgerichtet werden. In diesem Buch sollte gezeigt werden, dass das Primat der privaten Ordnung die Gefahr mit sich bringt, die kollektive Ordnung und darüber hinaus die Autorität des Rechts als soziales Ordnungsinstrument zu untergraben. Um als legitim akzeptiert zu werden und die freiwillige Befolgung seiner Regeln zu bewirken, kann das Recht nicht von den gesellschaftlich geteilten Normen und Überzeugungen separiert werden. Legitimität ist nie garantiert, sondern muss verdient werden, und wenn sie dahinschwindet, verliert das Recht seine Autorität.

Doch wie jedes soziale Konstrukt ist auch das Recht in der Lage, sich weiterzuentwickeln und zu verändern. Ohne diese Wandlungsfähigkeit hätte es den Übergang vom Feudalismus zum Absolutismus, Republikanismus und schließlich zur Demokratie, den Übergang vom Kolonialismus zu einer neuen internationalen Ordnung, die Transformation der postsozialistischen Gesellschaften oder auch den Aufstieg des Kapitalismus nicht gegeben. All diese Transformationsprozesse gingen mit einem rechtlichen und institutionellen Wandel einher, auch wenn sie den Ballast überkommener Institutionen mit sich führten, die nicht vollständig umgestaltet, sondern lediglich mit neuen Institutionen kombiniert wurden. Oftmals wurden durch die betreffenden Veränderungen auch neue Akteure wie Einzelpersonen, Städte oder Unternehmen gestärkt, die sich damit von den Fesseln der Vergangenheit befreien konnten. »Stadtluft macht frei« war eine verbreitete Redensart in Europa, als die Fürsten neue Städte gründeten und ihnen das Recht zur Selbstverwaltung gaben. Besagte Freiheit wurde aber nicht nur dadurch erlangt, dass man sich nicht mehr mächtigen Oberherrschern unterwerfen musste, sondern auch dadurch, dass man die gemeinen Leute respektierte und die Verpflichtung einging, sich um die Armen zu kümmern. Die Sozialfürsorge wurde seither zunehmend dem Staat, der Kirche und anderen karitativen Organisationen übertragen oder von Mitgliedern der Gesellschaft übernommen, denen sie umständehalber zufällt oder die sich freiwillig dazu bereit erklären, oft ohne oder nur gegen geringe Bezahlung. Und selbst wenn Care-Arbeit bezahlt wird, ist die Entlohnung dafür zu niedrig und wird nur in außergewöhnlichen Zeiten – wie etwa während der Corona-Pandemie – als wesentlich für das Überleben und Gedeihen der Gesellschaft anerkannt. Leider hat der Kapitalismus Wege gefunden, auch Care-Tätigkeiten unter seine Fittiche zu bekommen. So kaufen Private-Equity-Fonds Hospitäler und Altenheime auf und verwandeln sie in eine weitere Anlageklasse, die zur Erzielung von Gewinnen gemolken werden kann, indem die Preise erhöht und die Leistungen für die Bedürftigen reduziert werden.[4]

Die Frage ist: Wann ist genug wirklich genug, und wann ist es an der Zeit, den Gedanken der Würde und Selbstbestimmung auf alle Menschen auszudehnen – und nicht nur auf diejenigen, die über die Mittel verfügen, um sie aktiv für sich in Anspruch nehmen zu können? In einer Welt, die mittlerweile von mächtigen privaten Akteuren beherrscht wird, erfordert eine solche Abwägung notwendigerweise Mechanismen, um diese Akteure für das verantwortlich zu machen, was sie anderen antun, und ihre Freiheit im Namen der Würde aller einzuschränken. Damit dies geschehen kann, muss es einen normativen Wandel geben. Solange die Logik des Kapitalismus als vollkommen ungehemmt vorangetriebenes Projekt der Wohlhabenden und Mächtigen den Ton angibt, ist es unwahrscheinlich, dass selbst wohlkonzipierte neue Institutionen und Strukturen ihre Ziele erreichen können. Und solange der Kapitalismus das Privatrecht hat, um die Beschränkungen durch das öffentliche Recht aufzuweichen, werden die Gesellschaften beim Versuch, die Exzesse des Kapitalismus zu bändigen, weiterhin einen schweren Stand haben. Für einen transformativen Wandel braucht es mehr, nämlich eine neue Verdrahtung des Systems auf Basis einer Veränderung seiner normativen Grundlagen.

Die Umgestaltung des bestehenden Systems wird nicht in einem Zuge erfolgen. So hat die Geschichte noch nie funktioniert. Vielmehr vollzieht sich der Wandel als kumulativer Effekt unzähliger kleinerer Schritte, die Muster bilden, welche von anderen in mehr als einem Bereich des gesellschaftlichen und ökonomischen Lebens oder des Rechts nachgeahmt werden. Ich hoffe, dass dieses Buch einen kleinen Beitrag dazu leisten wird, solche kleinen Schritte zu inspirieren und unsere Fähigkeit zu stärken, sie als potenzielle Vorboten eines transformativen Wandels zu erkennen.

Anmerkungen

1
Ein rechtliches Regime

1 David Grewal hat ihn auch als juristisches System definiert. Siehe David Grewal, »The Legal Constitution of Capitalism«, in: Heather Boushey u. a. (Hg.), *After Piketty. The Agenda for Economics and Inequality*, Cambridge, MA 2017, S. 471-490.
2 Siehe Geoffrey M. Hodgson, *Conceptualizing Capitalism. Institutions, Evolution, Future*, Chicago 2015. Nach dem Verständnis dieses Autors (ebd., S. 254) hat Schumpeter den Aspekt des Finanzwesens viel stärker betont als Marx.
3 Siehe John Rogers Commons, *Die rechtlichen Grundlagen des Kapitalismus*, Frankfurt / M. 1983.
4 Zu den konstitutionellen Grundlagen des Geldes siehe Christine Desan, *Making Money. Coin, Currency, and the Coming of Capitalism*, Oxford 2015. Zu den rechtlichen Aspekten von Kryptowährungen siehe Joseph Lee, *Crypto-Finance, Law and Regulation*, Abingdon 2022, bes. Kap. 5.
5 Katharina Pistor, *Der Code des Kapitals. Wie das Recht Reichtum und Ungleichheit schafft*, Berlin 2019.
6 Michael Sonenscher, *Capitalism. The Story Behind the Word*, Princeton 2022.
7 Ebd., S. 37.
8 Ebd., S. 64 (wo besonders die Rolle von Louis Blanc hervorgehoben wird).
9 Lev Menand, »Lifeblood of the Commonwealth. The Past and Future of Money in America« (unveröffentlichtes Manuskript im Besitz der Autorin, 1925).

10 Dies ist in manchen Jurisdiktionen ausgeprägter der Fall als in anderen. Siehe die Diskussion in Kap. 3.

11 Siehe allerdings die Studie der Weltbank über das Versagen neoliberaler Politik beim Versuch, Wohlstand für alle zu erzeugen. World Bank, *The Challenge of Development*, Oxford 1991.

12 Politiker von Margaret Thatcher bis Angela Merkel haben behauptet, dass es »keine Alternative« zum globalen Kapitalismus gebe. Siehe Nick Robinson, »Economy: There Is No Alternative (TINA) Is Back«, *BBC News*, 7. März 2013. Zu einer eher akademischen Darstellung, die das System (lediglich) gegen seine missbräuchlichen Verwender verteidigt, siehe Raghuram G. Rajan, Luigi Zingales, *Saving Capitalism from the Capitalists. Unleashing the Power of Financial Markets to Create Wealth and Spread Opportunity*, Princeton 2004.

13 Siehe zum Beispiel Kristalina Georgieva, »The Economic Possibilities for My Grandchildren« (Vortrag am King's College, Cambridge, 14. März 2024), ⟨https://www.imf.org/en/News/Articles/2024/03/08/sp031424-kings-college-cambridge-kristalina-georgieva⟩, letzter Zugriff 3. 3. 2026.

14 World Bank, *The Challenge of Development*; World Bank, *Economic Growth in the 1990s. Learning from a Decade of Reform*, Washington, D.C. 2005; Dani Rodrik, »Goodbye Washington Consensus, Hello Washington Confusion? A Review of the World Bank's *Economic Growth in the 1990s. Learning from a Decade of Reform*«, in: *Journal of Economic Literature* 44/4 (2006), S. 973-987.

15 Siehe Pistor, *Code des Kapitals*, Kap. 9. Man beachte, dass Thomas Piketty zufolge Ungleichheit durch staatliche Eingriffe begrenzt werden kann, besonders durch seine Macht zur Besteuerung. Thomas Piketty, *Eine kurze Geschichte der Gleichheit*, München 2022. Dies verlangt allerdings einen Staat, der so hinreichend autonom gegenüber dem Einfluss des Kapitalismus ist, dass er sich dieser Aufgabe gewachsen zeigen kann – was nicht immer der Fall gewesen ist.

16 Zum Umgang mit der Weltfinanzkrise von 2008 siehe Adam Tooze, *Crashed. Wie zehn Jahre Finanzkrise die Welt verändert haben*, München 2018. Siehe auch ders., *Welt im Lockdown. Die globale Krise und ihre Folgen*, München 2021.

17 Stephanie Kelton, *Der Defizit-Mythos. Die Modern Monetary*

Theory und die Gestaltung einer besseren Wirtschaft, Berlin 2021. Das Argument besagt, dass der Staat stets erschaffen kann, was er braucht, und daher im Prinzip keinen harten fiskalischen Zwängen unterliegt.

18 Jedediah Purdy, *This Land Is Our Land. The Struggle for a New Commonwealth*, Princeton 2019. Man muss allerdings bedenken, dass die Naturwissenschaften mit dieser Bezeichnung nicht einverstanden waren. Siehe Leigh Philips, »Keep Calm and Carry on with the Anthropocene«, in: *The Nation*, 13. März 2024.

19 Siehe Karl Polanyi, *The Great Transformation. Politische und ökonomische Ursprünge von Gesellschaften und Wirtschaftssystemen*, Wien 1977, bes. Kap. 7.

20 Mahmood Mamdani, *Citizen and Subject. Contemporary Africa and the Legacy of Late Colonialism*, Princeton 1996; Dharma Kumar, *Colonialism, Property and the State*, Delhi 1998; M. B. Hooker, *Legal Pluralism. An Introduction to Colonial and Neo-Colonial Laws*, Oxford 1975. Eine wohlwollendere Darstellung der Auswirkungen des Siedlerkolonialismus findet sich hingegen in Daron Acemoglu u. a., »Reversal of Fortune. Geography and Institutions in the Making of the Modern World Income Distribution«, in: *Quarterly Journal of Economics* 117/4 (2002), S. 1231-1294.

21 Doreen Lustig, *Veiled Power. International Law and the Private Corporation, 1886-1981*, Oxford 2020; Oscar Gelderblom, »The Organization of Long-Distance Trade in England and the Dutch Republic, 1550-1650«, in: Oscar Gelderblom (Hg.), *The Political Economy of the Dutch Republic*, Aldershot 2009, S. 223-254.

22 Tirthankar Roy, Anand Swamy, *Law and the Economy in Colonial India*, Chicago 2016.

23 Sally Falk Moore, »Treating Law as Knowledge. Telling Colonial Officers What to Say to Africans About Running Their ›Own‹ Native Courts«, in: *Law & Society Review* 26/2 (1992), S. 11-46.

24 Siehe jedoch Daron Acemoglu u. a., »The Colonial Origins of Comparative Development. An Empirical Investigation«, in: *American Economic Review* 91/5 (2001), S. 1369-1401.

25 Abhishek Chatterjee, »Financial Property Rights Under Colo-

nialism. Some Counterfactual Possibilities«, in: *Journal of Institutional Economics* 12/4 (2016), S. 797-824.

26 Hooker, *Legal Pluralism*.

27 David Grewal, *Network Power. The Social Dynamics of Globalization*, New Haven 2008. Zu Geld und Globalisierung siehe Anush Kapadia, *A Political Theory of Money*, Cambridge 2024; Stephen J. Choi, Andrew T. Guzman, »National Laws, International Money. Regulation in a Global Capital Market«, in: *Fordham Law Review* 65/5 (1997), S. 1855-1908.

28 David Trubek, Alvaro Santos, *The New Law and Development. A Critical Appraisal*, Cambridge 2006. Siehe auch Katharina Pistor, »The Standardization of Law and Its Effect on Developing Economies«, in: *American Journal of Comparative Law* 50/1 (2002), S. 101-134.

29 Zu einer kritischen Einschätzung siehe David M. Trubek, Marc Galanter, »Scholars in Self-Estrangement. Some Reflections on the Crisis in Law and Development Studies in the United States«, in: *Wisconsin Law Review* 4/1 (1974), S. 1062-1102. Die vorherrschende Ansicht hat sich allerdings kaum verändert. Siehe World Bank, *World Development Report 1996. From Plan to Market*, Washington, D.C. 1996.

30 Zu Details siehe die Diskussion in Kap. 2.

31 Andrei Shleifer, Robert W. Vishny, »A Survey of Corporate Governance«, in: *Journal of Finance* 52/2 (1997), S. 737-783; Rafael La Porta u. a., »Law and Finance«, in: *Journal of Political Economy* 106/6 (1998), S. 1113-1155. Siehe auch die Diskussion in Kap. 2 und 3.

32 Zur Relevanz von Prekarität (und nicht bloß Ungleichheit) siehe Albena Azmanova, *Capitalism on Edge. How Fighting Precarity Can Achieve Radical Change Without Crisis or Utopia*, Cambridge 2020.

33 Ulrich Beck, *Risikogesellschaft. Auf dem Weg in eine andere Moderne*, Frankfurt/M. 1986; Giandomenico Majone, »The Regulatory State and Its Legitimacy Problems«, in: *West European Politics* 22/1 (1999), S. 1-24; Edward Glaeser, Andrei Shleifer, »The Rise of the Regulatory State«, in: *Journal of Economic Literature* 41/2 (2003), S. 401-425.

34 Eugene White, »Free Banking During the French Revolution«, in: *Explorations in Economic History* 27 (1990), S. 151-276; Eu-

gene Nelson White, »The Political Economy of Banking Regulation, 1864-1933«, in: *Journal of Economic History* 42/1 (1982), S. 33-40; Richard Sylla u. a., »Banks and State Public Finance in the New Republic. The United States, 1790-1860«, in: *Journal of Economic History* 47/2 (1987), S. 391-403.

35 Eugene N. White, »Before the Glass-Steagall Act. An Analysis of the Investment Banking Activities of National Banks«, in: *Explorations in Economic History* 23/1 (1986), S. 33-55; Adam Gordon, »The Creation of Homeownership. How New Deal Changes in Banking Regulation Simultaneously Made Homeownership Accessible to Whites and Out of Reach for Blacks«, in: *Yale Law Journal* 115/1 (2005), S. 186-226. Siehe auch Raghuram G. Rajan, Luigi Zingales, »The Great Reversals. The Politics of Financial Development in the 20th Century«, in: *Journal of Financial Economics* 69/1 (2003), S. 5-50.

36 Barry Eichengreen, *Globalizing Capital. A History of the International Monetary System*, Princeton ²2008.

37 Carlos Diaz-Alejandro, »Good-Bye Financial Repression, Hello Financial Crash«, in: *Journal of Development Economics* 19/1-2 (1985), S. 1-24.

38 Die Politik spielte dabei eine Rolle. Siehe W. G. Gray, »Floating the System. Germany, the United States, and the Breakdown of Bretton Woods, 1969-1973«, in: *Diplomatic History* 31/2 (2007), S. 295-323. Private Akteure, die sich zur Entschärfung der Kapitalkontrollen, einer tragenden Säule des Systems, das Privatrecht zunutze machten, waren hier allerdings der entscheidende Einflussfaktor. Siehe Perry Mehrling, *The New Lombard Street. How the Fed Became the Dealer of Last Resort*, Princeton 2011.

39 Rawi Abdelal, *Capital Rules*, Cambridge, MA 2007.

40 Siehe Mehrling, *The New Lombard Street*; Catherine R. Schenk, »The Origins of the Eurodollar Market in London. 1955-1963«, in: *Explorations in Economic History* 35/2 (1998), S. 221-238.

41 Zu einem knappen Überblick über den geschichtlichen Kontext, in dem diese Unterscheidung entstanden ist, siehe Morton J. Horwitz, »The History of the Public/Private Distinction«, in: *University of Pennsylvania Law Review* 130/6 (1982), S. 1423-1428.

42 Morris Cohen und Robert Hale waren wichtige Denker dieser Bewegung in den Vereinigten Staaten. Siehe Morris R.

Cohen, »Property and Sovereignty«, in: *Cornell Law Quarterly* 13/1 (1927), S. 8-30; Robert L. Hale, »Coercion and Distribution in a Supposedly Non-Coercive State«, in: *Political Science Quarterly* 38/3 (1923), S. 470; Robert L. Hale, *Freedom Through Law. Public Control of Private Governing Power*, New York 1952. Zu einem guten Überblick siehe auch Hanoch Dagan, »Lawmaking for Legal Realists«, in: *Theory and Practice of Legislation* 1/1 (2013), S. 187-204.

43 Dies ist die Position vieler Rechtsrealisten und Vertreter der Critical Legal Studies gleichermaßen. Siehe Duncan Kennedy, »The States of the Decline of the Public/Private Distinction«, in: *University of Pennsylvania Law Review* 130 (1982), S. 1349-1357.

44 Elizabeth Anderson, *Private Regierung. Wie Arbeitgeber über unser Leben herrschen (und warum wir nicht darüber reden)*, Berlin 2019, S. 90 (Hervorhebung im Original).

45 Für eine klassische Schilderung des Umstands, wie ein zentraler Herrscher es vermochte, verschiedene Gruppen seiner Untertanen gegeneinander auszuspielen, bis sie sich schließlich gegen ihn verbündeten, siehe Douglass C. North, Barry R. Weingast, »Constitutions and Commitment. The Evolution of Institutions Governing Public Choice in Seventeenth-Century England«, in: *Journal of Economic History* 49/4 (1989), S. 803-832.

46 Hanoch Dagan, Avihay Dorfman, *Relational Justice. A Theory of Private Law*, Oxford 2024, S. 22.

47 Jennifer Graham, »The Rise of Lawfare and Its Implications«, in: *Deseret News*, 30. Juni 2024.

48 Katharina Pistor, Chenggang Xu, »Incomplete Law«, in: *Journal of International Law and Politics* 35/4 (2003), S. 931-1013. Die Rolle des Gesetzgebungszwecks als Leitlinie für die Gerichte war in der Rechtstheorie schon immer umstritten, da das Recht auch an sich wandelnde Umstände angepasst werden muss. Roscoe Pound, »The Scope and Purpose of Sociological Jurisprudence«, in: *Harvard Law Review* 24/8 (1911), S. 591-619.

49 Friedrich August von Hayek, *Recht, Gesetz und Freiheit. Eine Neufassung der liberalen Grundsätze der Gerechtigkeit und der politischen Ökonomie*, Tübingen 2003, S. 75.

50 Zum Verhältnis von kulturellen Normen und progressivem, formellem Recht siehe Gani Aldashev u. a., »Formal Law as

a Magnet to Reform Custom«, in: *Economic Development and Cultural Change* 6/4 (2012), S. 795-828. Siehe auch Otto Kahn-Freund, »On Uses and Misuses of Comparative Law«, in: *Modern Law Review* 37/1 (1974), S. 1-27; Lawrence M. Friedman, »Legal Culture and Social Development«, in: *Law & Society Review* 4/1 (1969), S. 29-44.

51 Zur Modernisierung des Rechts als Alternative zu Sitten und Gebräuchen, die unter diesem Recht als diskriminierend gelten würden, siehe Aldashev u. a., »Formal Law as a Magnet to Reform Custom«.

52 Zu einer Diskussion dieser Fälle siehe Kap. 3.

53 Christoph Menke, *Kritik der Rechte*, Berlin 2015. Speziell zu Menschenrechten siehe auch Samuel Moyn, *Not Enough. Human Rights in an Unequal World*, Cambridge, MA 2018.

54 Jamal Greene, *How Rights Went Wrong. Why Our Obsession with Rights Is Tearing America Apart*, Boston 2021.

55 Der US-amerikanische Supreme Court hat die Regeln für Klagebefugnisse in den letzten Jahrzehnten präzisiert. Siehe Spokeo, Inc. v. Robins, 578 U.S. 330 (2016).

56 Anderson, *Private Regierung*.

57 Zu Einzelheiten siehe Kap. 6.

58 Jeremy Waldron schreibt, dass zwar »die Rechtsstaatlichkeit die Forderung beinhaltet, dass Personen in Machtpositionen ihre Macht innerhalb eines begrenzenden Rahmens öffentlicher Normen ausüben sollten«, ihr aber »die Forderung nach klar definierten Eigentums- und Vertragsrechten innewohnt, die eine Grundlage für stabile Erwartungen bilden können, welche von den Gerichten gewahrt und durchgesetzt werden«. Jeremy Waldron, »The Rule of Law in Public Law«, in: *Thoughtfulness and the Rule of Law*, Cambridge, MA 2023, S. 257.

59 Hilfreiche Zusammenfassungen ihrer Kommentare zum Staat und zum Recht finden sich in Hans Kelsen, *The Communist Theory of Law*, London 1955, Jewgeni B. Paschukanis, *Allgemeine Rechtslehre und Marxismus. Versuch einer Kritik der juristischen Grundbegriffe*, Freiburg 2003, und in Nicos Poulantzas, *Staatstheorie. Politischer Überbau, Ideologie, autoritärer Etatismus*, Hamburg 2002.

60 Zu einem ausgezeichneten Überblick über diese Debatten innerhalb des Marxismus siehe Clyde W. Barrow, »The Marx

Problem in Marxian State Theory«, in: *Science & Society* 64/1 (2000), S. 87-118.

61 John Maynard Keynes, *Allgemeine Theorie der Beschäftigung, des Zinses und des Geldes*, Berlin 2017; Robert Skidelsky, *Keynes. The Return of the Master*, London 2009.

62 Perry Mehrling, »The Vision of Hyman P. Minsky«, in: *Journal of Economic Behavior & Organization* 39/2 (1999), S. 129-158.

63 Hyman P. Minsky, *Stabilizing an Unstable Economy*, New Haven 1986.

64 Perry Mehrling, »Minsky and Modern Finance. The Case of Long Term Capital Management«, in: *Journal of Portfolio Management* 26/2 (2000), S. 81-89.

65 Ricardo Bellofiore, »The Socialization of Investment. From Keynes to Minsky and Beyond«, Working Paper Nr. 822, Levy Economics Institute of Bard College, 18. 12. 2014, ⟨https://ssrn.com/abstract=2539307⟩, letzter Zugriff 5. 4. 2026.

66 Hale, *Freedom Through Law*.

67 Zu einem ausgezeichneten Überblick über diese Bewegung und ihre wichtigsten Vertreter siehe Samuel Moyn, »Reconstructing Critical Legal Studies«, in: *Yale Law Journal* 134/1 (2024), S. 77-122.

68 Grundlegend zu den Ideen, die die Globalisierung geprägt haben, ist Quinn Slobodian, *Globalisten. Das Ende der Imperien und die Geburt des Neoliberalismus*, Berlin 2019. Zu einer kritischen Übersicht über die verschiedenen »Institutionalismen« siehe Kathleen Thelen, Sven Steinmo, »Historical Institutionalism in Comparative Politics«, in: Sven Steinmo u. a. (Hg.), *Structuring Politics. Historical Institutionalism in Comparative Analysis*, Cambridge 1992, S. 1-32.

69 Max Weber, *Wirtschaft und Gesellschaft. Grundriss der verstehenden Soziologie*, Tübingen 1976; John R. Commons, *Die rechtlichen Grundlagen des Kapitalismus*, Frankfurt / M. 1983; Hale, *Freedom Through Law*; Hodgson, *Conceptualizing Capitalism*; Wolfgang Streeck, *How Will Capitalism End? Essays on a Failing System*, London 2016; Wolfgang Streeck, »Taking Capitalism Seriously. Towards an Institutionalist Approach to Contemporary Political Economy«, in: *Socio-Economic Review* 9/1 (2011), S. 137-167. Die Bezeichnung »alt« soll hier die Institutionalisten des frühen 20. Jahrhunderts von den Vertretern der Neuen

Institutionenökonomik wie etwa Douglass North und Oliver Williamson abgrenzen. Siehe Douglass C. North, *Institutionen, institutioneller Wandel und Wirtschaftsleistung*, Tübingen 1992; Oliver E. Williamson, *Die ökonomischen Institutionen des Kapitalismus*, Tübingen 1990.

70 Sven Steinmo, »What Is Historical Institutionalism?«, in: Donatella della Porta, Michael Keating (Hg.), *Approaches in the Social Sciences*, Cambridge 2008, S. 118-138.

71 Simon Deakin u. a., »Legal Institutionalism. Capitalism and the Constitutive Role of Law«, in: *Journal of Comparative Economics* 45/1 (2017), S. 188-200.

72 Dies ist im Grunde die Kritik der Rechtspluralisten. Siehe Sally Engle Merry, »Legal Pluralism«, in: *Law & Society Review* 22/5 (1988), S. 867-896; Brian Z. Tamanaha, »The Folly of the ›Social Scientific‹ Concept of Legal Pluralism«, in: *Journal of Law and Society* 20/2 (1993), S. 192-217.

73 Zu einem Aufruf, neu über das Recht und die Gestaltung der gesellschaftlichen Verhältnisse nachzudenken, siehe Tamara Lothian, *Law and the Wealth of Nations*, New York 2017.

2
Theorien des kapitalistischen Rechts

1 Zu einem repräsentativen Werk siehe Nicos Poulantzas, *Staatstheorie. Politischer Überbau, Ideologie, autoritärer Etatismus*, Hamburg 2002. Das Buch wurde erstmals im Jahr 1978 posthum (auf Französisch) veröffentlicht. Für eine neuere Darstellung siehe Jeremy Kessler, »Law and Historical Materialism«, in: *Duke Law Journal* 74 (2025), S. 1523-1595.

2 Olivier Blanchard u. a. (Hg.), *The Transition in Eastern Europe*, Bd. 2, *Restructuring*, National Bureau of Economic Research Project Report, Chicago 1994. Zu einer Kritik dieses Ansatzes siehe Jon Elster u. a., *Institutional Design in Post-Communist Societies. Rebuilding the Ship at Sea*, Cambridge 1998.

3 Zu Ungarn siehe Janos Kornai, »The System Paradigm Revisited«, in: *Revue d'études comparatives Est-Ouest* 48/1-2 (2017), S. 239-296.

4 Dalibor Rohac, »Hungary and Poland Aren't Democratic. They're Authoritarian«, in: *Foreign Policy*, 5. Februar 2018. Im

Jahr 2023 brachte Polen die Opposition wieder an die Macht. Monika Scislowska, »Eight Years of Conservative Rule in Poland Ends as Donald Tusk Becomes Prime Minister«, *Associated Press*, 13. Dezember 2023. In Ungarn hingegen regieren Viktor Orbán und seine Fidesz-Partei seit dem Jahr 2010 ununterbrochen. [Seit April 2026 allerdings nicht mehr; Anm. d. Ü.]

5 Karl Polanyi, *The Great Transformation. Politische und ökonomische Ursprünge von Gesellschaften und Wirtschaftssystemen*, Wien 1977. Polanyi verwendete diesen Titel, um die Transformation der Gesellschaft in eine Marktgesellschaft seit dem 17. Jahrhundert zu beschreiben, zugleich aber auch, um auf die Möglichkeit einer weiteren großen Transformation nach dem Zweiten Weltkrieg hinzuweisen.

6 Jeremy Adelman, »Polanyi, the Failed Prophet of Moral Economics«, in: *Boston Review*, 30. Mai 2017.

7 Katharina Pistor, *Der Code des Kapitals. Wie das Recht Reichtum und Ungleichheit schafft*, Berlin 2019, S. 18f.

8 Konrad Zweigert, Hein Kötz, *Introduction to Comparative Law*, Oxford 1998; Mary Ann Glendon u.a., *Comparative Legal Traditions. Text, Materials, and Cases on the Civil and Common Law Traditions, with Special Reference to French, German, and English*, St. Paul 1994.

9 A.G. Chloros, »Common Law, Civil Law, and Socialist Law. Three Leading Systems of the World, Three Kinds of Legal Thought«, in: Csaba Varga (Hg.), *Comparative Legal Cultures*, New York 1992; John Quigley, »The Transformation of Eastern Europe and the Convergence of Socialist and Capitalist Law«, in: *Willamette Law Review* 26/4 (1990), S. 937-956. Siehe auch William E. Butler, *Soviet Law*, London ²1988.

10 Siehe John R. Commons, *Die rechtlichen Grundlagen des Kapitalismus*. Frankfurt/M. 1983; Thorstein Veblen, »On the Nature of Capital«, in: *Quarterly Journal of Economics* 22/4 (1908), S. 517-542.

11 Karl Renner, *Die Rechtsinstitute des Privatrechts und ihre soziale Funktion. Ein Beitrag zur Kritik des bürgerlichen Rechts*, Tübingen 1929.

12 Friedrich Engels, *Der Ursprung der Familie, des Privateigentums und des Staates*, Stuttgart 1920.

13 Ironischerweise wurde ein ähnlicher Punkt für die Welt der

Unternehmen von einem Vertreter der konservativen Law-and-Economics-Theorie gemacht. Siehe Henry G. Manne, »Our Two Corporation Systems. Law and Economics«, in: *Virginia Law Review* 53/2 (1967), S. 259-284.

14 Renner, *Rechtsinstitute des Privatrechts*, S. 104f.

15 Zu diesem Punkt siehe insbesondere Avihay Dorfman, »Private Ownership«, in: *Legal Theory* 16/1 (2010), S. 1-35; Hanoch Dagan, »Inside Property«, in: *University of Toronto Law Journal* 63/1 (2013), S. 1-21.

16 Renner, *Rechtsinstitute des Privatrechts*, S. 106.

17 Jewgeni B. Paschukanis, *Allgemeine Rechtslehre und Marxismus. Versuch einer Kritik der juristischen Grundbegriffe*, Freiburg 2003, S. 49f.

18 Ebd., S. 63.

19 China Miéville, *Between Equal Rights. A Marxist Theory of International Law*, London 2004, bes. Kap. 3 (»For Pashukanis: An Exposition and Defense of the Commodity-Form Theory of Law«).

20 Ebd. (aufbauend auf Chris Arthurs Einführung in Paschukanis' Theorie in ders., *Allgemeine Rechtslehre und Marxismus*).

21 Paschukanis, *Allgemeine Rechtslehre und Marxismus*, S. 84. Der Ausdruck »subjektives Recht« bezieht sich auf die zentrale Stellung individueller Rechte vor allem im Privatrecht. Bei Paschukanis steht er für die Ansprüche, die die Einzelnen gegeneinander hegen, im Gegensatz zu den allgemeinen Rechtsprinzipien, die für alle gleichermaßen gelten.

22 Ebd., S. 87.

23 Ebd., S. 119.

24 Siehe Morris R. Cohen, »Property and Sovereignty«, in: *Cornell Law Quarterly* 13/1 (1927), S. 8-30; Robert L. Hale, *Freedom Through Law. Public Control of Private Governing Power*, New York 1952.

25 Paschukanis, *Allgemeine Rechtslehre und Marxismus*, S. 80.

26 Ebd., S. 114.

27 Eine Neuauflage ist derzeit in Vorbereitung. Siehe insbesondere Igor Shoikhedbrod, »Private Law's Strange Bedfellows. Why Pashukanis Should Worry Contemporary Formalists«, in: *Canadian Journal of Law & Jurisprudence* 33/2 (2020), S. 461-479; Rafael Khachaturian, »The State as Social Relation. Pou-

lantzas on Materiality and Political Strategy«, in: Paul O'Connell, Umut Özsu (Hg.), *Research Handbook on Law & Marxism*, Northampton 2021, S. 173-188.

28 Geoffrey Hodgson, *How Economics Forgot History*, London 2001.

29 Peter Hall, David Soskice, *Varieties of Capitalism*, Oxford 2001. Siehe aber auch Curtis Milhaupt, Katharina Pistor, *Law and Capitalism. What Corporate Crises Reveal About Legal Systems and Economic Development Around the World*, Chicago 2008.

30 Poulantzas wurde im Jahr 1936 geboren, ein Jahr bevor Paschukanis getötet wurde, und starb im Jahr 1979 durch Suizid.

31 Poulantzas, *Staatstheorie*, S. 121.

32 Ebd., S. 116.

33 Ebd., S. 92, 116.

34 Ebd., S. 119 f. Man könnte noch hinzufügen, dass die Massen in Bezug auf die Rolle privater Anwälte, der »Herren des Codes«, gleichermaßen unwissend sind. Pistor, *Code des Kapitals*, bes. Kap. 7 (»Die Herren des Codes«).

35 Poulantzas, *Staatstheorie*, S. 104.

36 Judith N. Shklar, »The Liberalism of Fear«, in: dies., *Political Thought and Political Thinkers*, Chicago 1998, S. 4-19.

37 Poulantzas, *Staatstheorie*, S. 109.

38 Ebd., S. 73. Siehe auch Walter Benjamin, *Zur Kritik der Gewalt und andere Aufsätze*, Frankfurt/M. 1999; Frank K. Upham, *Law and Social Change in Postwar Japan*, Cambridge, MA 1987.

39 Kessler, »Law and Historical Materialism«.

40 Tatsächlich erhielt Douglass C. North für diese Einsicht den Nobelpreis für Wirtschaftswissenschaften. Siehe Douglass C. North, *Structure and Change in Economic History*, New York 1981; ders., *Institutionen, institutioneller Wandel und Wirtschaftsleistung*, Tübingen 1992.

41 Rafael La Porta u. a., »Law and Finance«, in: *Journal of Political Economy* 106/6 (1998), S. 1113-1155.

42 Simeon Djankov u. a., »The New Comparative Economics«, in: *Journal of Comparative Economics* 31/4 (2003), S. 595-619.

43 Siehe insbesondere La Porta u. a., »Law and Finance«.

44 Rafael La Porta u. a., »The Quality of Government«, in: *Journal of Law, Economics & Organization* 15 (1999), S. 222-283.

45 Simon Deakin, Katharina Pistor, »Legal Origin Theory. In-

troduction«, in: Simon Deakin, Katharina Pistor (Hg.), *Legal Origin Theory*, Cheltenham 2012, S. VIII-XX.

46 Siehe hierzu Ross Levine, »Financial Development and Economic Growth. Views and Agenda«, in: *Journal of Economic Literature* 35/2 (1997), S. 688-726. Siehe auch Joseph E. Stiglitz, »Financial Markets and Development«, in: *Oxford Review of Economic Policy* 5/4 (1989), S. 55.

47 Für eine andere Darstellung siehe B. L. Anderson, »Law, Finance and Economic Growth in England. Some Long-Term Influences«, in: Barrie M. Ratcliffe (Hg.), *Great Britain and Her World, 1750-1914. Essays in Honour of W. O. Henderson*, Manchester 1975, S. 99-124; Naomi R. Lamoreaux, Jean-Laurent Rosenthal, »Legal Regime and Contractual Flexibility. A Comparison of Business's Organizational Choices in France and the United States During the Era of Industrialization«, in: *American Law and Economics Review* 7/1 (2005), S. 28-61.

48 Siehe Adrian Paukstat, *Staat-Macht-Subjekt. Die Bewegung des Staatsbegriffes bei Michel Foucault und Nicos Poulantzas*, Würzburg 2023, S. 115, bes. S. 159 (mit zugehöriger Abbildung).

49 World Bank, *The East Asian Miracle. Economic Growth and Public Policy*, World Bank Policy Research Report, New York 1993. Obwohl sie ihren eigenen Forschungsergebnissen widersprach, unterstützte die Weltbank die Politik des Washington Consensus, nur um ein Jahrzehnt später davon wieder abzurücken. Siehe World Bank, *Economic Growth in the 1990s. Learning from a Decade of Reform*, Washington, D. C. 2005.

50 Philip Pettit, *The State*, Princeton 2023.

51 Ebd., S. 316.

52 Charles Tilly, »War Making and State Making as Organized Crime«, in: Peter Evans u. a. (Hg.), *Bringing the State Back In*, Cambridge 1985, S. 169-191.

53 Dasselbe gilt für die Analogie, die er zur Erläuterung seines Ansatzes verwendet. Entgegen libertären Auffassungen entstand Geld nicht als Erfindung von Händlern, die die Komplexität des Tauschhandels erkannten, sondern als Produkt des Staates. Siehe Christine Desan, *Making Money. Coin, Currency, and the Coming of Capitalism*, Oxford 2015; Roy Kreitner, »Legal History of Money«, in: *Annual Review of Law and Social Science* 8 (2012), S. 415-431.

54 North, *Institutionen, institutioneller Wandel und Wirtschaftsleistung*; Poulantzas, *Staatstheorie*, S. 159.

55 Siehe bes. Max Weber, *Wirtschaftsgeschichte*, Paderborn 2012. Dieses Werk wurde posthum veröffentlicht und basiert auf Vorlesungsnotizen.

56 Alan Scott, »Capitalism, Weber and Democracy«, in: *Max Weber Studies* 1/1 (2000), S. 45.

57 Poulantzas, *Staatstheorie*, S. 222.

58 Benjamin Braun, »Central Banking and the Infrastructural Power of Finance. The Case of ECB Support for Repo and Securitization Markets«, in: *Socio-Economic Review* 18/2 (2020), S. 395-418.

59 In den letzten Jahren hat sich jedoch in der Rechtswissenschaft in den USA und darüber hinaus mit dem Aufstieg von Law and Political Economy (LPE) als Alternative zum engeren Law-and-Economics-Ansatz ein grundlegender Wandel vollzogen. Einen guten Überblick über die Rolle der LPE als mögliche Nachfolgerin des Rechtsrealismus und der Critical Legal Studies liefert Samuel Moyn. Siehe Samuel Moyn, »Reconstructing Critical Legal Studies«, in: *Yale Law Journal* 134/1 (2024), S. 77-122.

60 Zur effizienten Vertragsgestaltung aus rechtlicher Perspektive siehe Robert E. Scott, »The Law and Economics of Incomplete Contracts«, in: *Annual Review of Law and Social Science* 2 (2006), S. 279-297. Eine ähnliche Überlegung zum Markt für Unternehmensfinanzierungen findet sich in Ronald Gilson, Reinier Kraakman, »The Mechanisms of Market Efficiency«, in: *Virginia Law Review* 70/4 (1984), S. 549-644.

61 Ronald H. Coase, »The Problem of Social Cost«, in: *Journal of Law and Economics* 3 (1960), S. 1-44. Siehe auch Robert C. Ellickson, »Of Coase and Cattle. Dispute Resolution Among Neighbors in Shasta County«, in: *Stanford Law Review* 38/3 (1986), S. 623-687. Man beachte, dass Coase selbst eher daran interessiert war, wie Transaktionskosten eine effiziente Allokation von Ressourcen behindern. Siehe die Einleitung zu Ronald H. Coase, *The Firm, the Market, and the Law*, Chicago 1990.

62 Louise Kaplow, Steven Shavell, *Fairness Versus Welfare*, Cambridge, MA 2006. Vgl. jedoch Thomas Piketty, *Eine kurze Geschichte der Gleichheit*, München 2022.

63 Dorfman, »Private Ownership«. Siehe auch Hanoch Dagan, *Eine liberale Theorie des Eigentums*, Berlin 2021.
64 Ronald H. Coase, »The Nature of the Firm«, in: *Economica* 4/16 (1937), S. 386-405.
65 Siehe Oliver Hart, John Moore, »Property Rights and the Nature of the Firm«, in: *Journal of Political Economy* 98/6 (1990), S. 1119-1158.
66 Jonathan Levy, *Ages of American Capitalism*, New York 2021.
67 Robin L. West, *Civil Rights. Rethinking Their Natural Foundation*, Cambridge 2019; Lisa R. Goluboff, »The Thirteenth Amendment and the Lost Origins of Civil Rights«, in: *Duke Law Journal* 50/6 (2001), S. 1609-1686.
68 Connecticut General Life Insurance Co. v. Johnson, 303 U.S. 77, 90 (1938) (Black, J., abweichend).
69 Jedediah Britton-Purdy u.a., »Law and Political Economy. Toward a Manifesto«, in: *LPE Blog*, 6. November 2017, ⟨https://lpeproject.org/blog/law-and-political-economy-toward-a-manifesto⟩, letzter Zugriff 5.4.2026.
70 Moyn, »Reconstructing Critical Legal Studies«. Siehe auch Roberto Mangabeira Unger, *Law in Modern Society. Toward a Criticism of Social Theory*, New York 1976; ders., *What Should Legal Analysis Become?*, New York 1996.
71 Moyn, »Reconstructing Critical Legal Studies«, S. 3.
72 Ebd., S. 8.
73 Ebd., S. 23.
74 Kessler, »Law and Historical Materialism«.
75 Ebd., S. 9.
76 G.A. Cohen, *Karl Marx's Theory of History. A Defense*, Princeton 1979; Kessler, »Law and Historical Materialism«.
77 Poulantzas, *Staatstheorie*, S. 230.
78 Ebd., S. 229 (Hervorhebung im Original).

3
Rechtliche Ermächtigung

1 Die Literatur erstreckt sich über verschiedene Disziplinen, besonders über die Soziologie und Politikwissenschaft. Die erneute Hinwendung zur politischen Ökonomie hat auch die Debatten über Macht wiederbelebt. Zentrale Beiträge stam-

men in der Soziologie von Max Weber und Émile Durkheim, in der Politikwissenschaft von Robert A. Dahl und Robert O. Keohane sowie in der politischen Ökonomie von Karl Marx, Friedrich Engels, Nicos Poulantzas und Karl Polanyi.

2 Siehe auch Robert A. Dahl, *Polyarchy. Participation and Opposition*, New Haven 1971.

3 Ich übernehme den Begriff »Machtinhaber« [»*power wielder*«] aus Ruth Grant, Robert O. Keohane, »Accountability and Abuses of Power in World Politics«, in: *American Political Science Review* 99/1 (2005), S. 29-43.

4 Amir N. Licht, »Social Norms and the Law. Why Peoples Obey the Law«, in: *Review of Law and Economics* 4/3 (2008), S. 715-750.

5 Jewgeni B. Paschukanis, *Allgemeine Rechtslehre und Marxismus. Versuch einer Kritik der juristischen Grundbegriffe*, Freiburg 2003.

6 Max Weber, *Wirtschaft und Gesellschaft. Grundriss der verstehenden Soziologie*, Bd. 2, Tübingen 1976, S. 729-731.

7 J. Stuart Anderson, »Property Rights in Land. Reforming the Heritage«, in: William Cornish u. a. (Hg.), *The Oxford History of the Laws of England*, Bd. 12, *Private Law 1820-1914*, Oxford 2010, S. 48-78. Siehe auch meine Untersuchung dieser Entwicklungen in Katharina Pistor, *Der Code des Kapitals. Wie das Recht Reichtum und Ungleichheit schafft*, Berlin 2019, Kap. 2.

8 Thomas Piketty, *Das Kapital im 21. Jahrhundert*, München 2014. Siehe zu einer Diskussion dieser »Metamorphose« des Kapitals auch Pistor, *Code des Kapitals.*

9 David Graeber, *Schulden. Die ersten 5000 Jahre*, Stuttgart 2012.

10 Der Versuch von Eric Posner und Glen Weyl, freie Märkte neu zu erfinden, indem alle sozialen Beziehungen, auch Eigentumsrechte, dem Preismechanismus unterworfen werden, zeigt die Illusion dieses Ansatzes. Siehe Eric A. Posner, Glen Weyl, *Wir sind der Markt! Radikale Utopien für das digitale Zeitalter*, Darmstadt 2019; Hanoch Dagan, »Why Markets? Welfare, Autonomy, and the Just Society«, in: *Michigan Law Review* 117/6 (2019), S. 1289-1311.

11 Für eine detaillierte Analyse des Zugangs zum Rechtsdurchsetzungsapparat siehe Kap. 5.

12 John Rawls, *Eine Theorie der Gerechtigkeit*, Frankfurt/M. 1975, S. 159-166. Vgl. jedoch Joel B. Grossman, Herbert M. Kritzer,

Stewart Macaulay, »Do the ›Haves‹ Still Come Out Ahead?«, in: *Law & Society Review* 33/4 (1999), S. 803-810.

13 Marc Galanter, »Why the ›Haves‹ Come Out Ahead. Speculations on the Limits of Legal Change«, in: *Law & Society Review* 9/1 (1974), S. 95-160.

14 Gary S. Becker, »Kriminalität und Strafe. Ein ökonomischer Ansatz«, in: ders., *Der ökonomische Ansatz zur Erklärung menschlichen Verhaltens*, Tübingen 1982, S. 97-130.

15 Dorfman, »Private Ownership«. Siehe auch Hanoch Dagan, Avihay Dorfman, »The Human Right to Private Property«, in: *Theoretical Inquiries in Law* 18/2 (2017), S. 391-416. Eine umfassende liberale Theorie des Eigentumsrechts findet sich in Hanoch Dagan, *Eine liberale Theorie des Eigentums*, Berlin 2021.

16 Zu einem kurzen Überblick siehe J. M. Kelly, *A Short History of Western Legal Theory*, Oxford 1992. Für eine historische und kritische Analyse siehe Christoph Menke, *Kritik der Rechte*, Berlin 2015.

17 Nadine Strossen, »Recent U. S. and International Judicial Protection of Individual Rights. A Comparative Legal Process Analysis and Proposed Synthesis«, in: *Hastings Law Journal* 41/4 (1990), S. 805-904.

18 Pistor, *Code des Kapitals*, S. 91-105.

19 Oliver Hart, John Moore, »Property Rights and the Nature of the Firm«, in: *Journal of Political Economy* 98/6 (1990), S. 1119-1158.

20 Dies wurde in den Vereinigten Staaten durch den Computer Fraud and Abuse Act of 1986 umgesetzt, Pub. L. No. 99-474, 100 Stat. 1213 (kodifiziert in 18 U. S. C. § 1030). Theoretisch könnten die Datenproduzenten Eigentumsansprüche auf ihre Daten erheben und sich dabei auf Lockes Arbeitswerttheorie stützen. Für eine ausführliche Diskussion siehe Jeremy Waldron, *The Right to Private Property*, Oxford 1988.

21 Noam Schreiber, John Koblin, »Will a Chatbot Write the Next ›Succession‹?«, in: *New York Times*, 2. Mai 2023.

22 Garrett Hardin, »The Tragedy of the Commons«, in: *Science* 1962 (1968), S. 1243-1248. Zu einer Analyse und ausgiebige empirische Belege dafür, wie mit Gemeingütern tatsächlich umgegangen wird, siehe Elinor Ostrom, *Governing the Commons – The Evolution of Institutions for Collective Action*, Cambridge

1990; dies., »Coping with Tragedies of the Commons«, in: *Annual Review of Political Science* 2/1 (1999), S. 493-535.

23 Harold Demsetz, »Toward a Theory of Property Rights«, in: *American Economic Review* 57/2 (1967), S. 347-359.

24 Diese Bestimmungen ermöglichten, wie man wohl unterstellen darf, die »Risikogesellschaft«. Siehe Ulrich Beck, *Risikogesellschaft. Auf dem Weg in eine andere Moderne*, Frankfurt / M. 1986.

25 Zu einem knappen Überblick siehe Richard A. Epstein, »Property Rights and Governance Strategies. How Best to Deal with Land, Water, Intellectual Property, and Spectrum«, in: *Colorado Technology Law Journal* 14/2 (2016), S. 181-218. Für eine Analyse der Art und Weise, wie diese Konzepte zur Förderung der europäischen Kolonisierung eingespannt und weiterentwickelt wurden, siehe Lauren Benton, Benjamin Straumann, »Acquiring Empire by Law. From Roman Doctrine to Early Modern European Practice«, in: *Law and History Review* 28/1 (2010), S. 1-38. Und zu einer Analyse dieser Konzepte im Kontext der Aneignung von Daten durch Big Tech siehe Katharina Pistor, »Rule by Data. The End of Markets?«, in: *Law and Contemporary Problems* 83/2 (2020), S. 101-124.

26 Zur Bedeutung abstrakter Rechte für die Entwicklung des Kapitalismus siehe Weber, *Wirtschaft und Gesellschaft*, Bd. 2, Kap. 8, Abschn. 8.

27 Paul Apostolicas, »Silicon States. How Tech Titans Are Acquiring State-Like Powers«, in: *Harvard International Review* 40/4 (2019), S. 18-21. Selten diskutiert, aber von wachsender Bedeutung ist die Rolle von »Little Tech« bei der Sammlung und Monetarisierung von Verbraucherdaten. Siehe Wilneida Negrón, *Little Tech Is Coming for Workers* (Coworker.org, 2021), ⟨https://home.coworker.org/wp-content/uploads/2021/11/Little-Tech-Is-Coming-for-Workers.pdf⟩, letzter Zugriff 5.4.2026.

28 Stijn Neuteleers, »Trading Nature. When Are Environmental Markets (Un)Desirable?«, in: *Journal of Political Philosophy* 30/1 (2022), S. 116-139; Robert Watt, »The Fantasy of Carbon Offsetting«, in: *Environmental Politics* 30/7 (2021), S. 1069-1088.

29 Dorfman, »Private Ownership«; Dagan, Dorfman, »The Human Right to Private Property«.

30 Ugo Pagano, »The Crisis of Intellectual Monopoly Capitalism«, in: *Cambridge Journal of Economics* 38/6 (2014), S. 1409-1429.

31 Siehe insbesondere Dagan, *Eine liberale Theorie des Eigentums.*
32 Ebd.
33 Hanoch Dagan, »Pluralism and Perfectionism in Private Law«, in: *Columbia Law Review* 112/6 (2012), S. 1409.
34 Cedar Point Nursery v. Hassid, 594 U.S. 139 (2018). Den einschlägigen Bestimmungen zufolge war der gewerkschaftliche Zutritt auf 3 Stunden täglich an 120 Tagen pro Jahr begrenzt. Richter Alito, der die Mehrheitsmeinung vertrat, erklärte dies zu einem »physischen Eingriff« in das Eigentum (S. 140). Richter Breyer, der zusammen mit den Richtern Sotomayor und Kagan eine abweichende Meinung vertrat, widersprach dem vehement und schrieb, dass das Gesetz lediglich »das Recht des Arbeitgebers auf den Ausschluss anderer einschränke«, wie es eine Vielzahl von unstrittigen Vorschriften auch tue. So seien Unternehmen beispielsweise aufgrund von Vorschriften zur Arbeitssicherheit verpflichtet, Inspektoren Zutritt zu ihren Fabriken zu gewähren, Regelungen zur Erhaltung von Feuchtgebieten verlangten von Immobilienbesitzern, die Begehung ihrer Ufergrundstücke zu gestatten, und Gesetze zum Schutz älterer Menschen verpflichteten Pflegeeinrichtungen, genau dies zu tun. 594 U.S., S. 165, 175f. (Breyer, J., abweichend).
35 Bundesverfassungsgericht [BVerfG], Beschluss vom 1. März 1979, BvR 533/77 (Ger.). Zu den unterschiedlichen philosophischen Wurzeln des Eigentumsrechts in Deutschland und den USA siehe Gregory S. Alexander, »Property as a Fundamental Constitutional Right?«, in: *Cornell Law Review* 88/3 (2003), S. 733-778.
36 Art. 14 GG.
37 Zur Rolle von Anwälten als »Herren des Kapitals« siehe Pistor, *Code des Kapitals*, Kap. 7.
38 Zu einer detaillierten Untersuchung des Fallrechts in Bezug auf die Rechte der Maya, der Ureinwohner im heutigen Belize, siehe ebd., Kap. 2.
39 Thomas Merrill, Henry Smith, »Optimal Standardization in the Law of Property: The *Numerus Clausus* Principle«, in: *Yale Law Journal* 110/1 (2000), S. 1-70.
40 Kean Birch, Fabian Muniesa, *Assetization. Turning Things into Assets in Technoscientific Capitalism*, Cambridge, MA 2020.
41 Ronald Chen, Jon Hanson, »The Illusion of Law. The Legit-

imating Schemas of Modern Policy and Corporate Law«, in: *Michigan Law Review* 103/1 (2004), S. 1-149.

42 Siehe *In re* Doubleclick Inc. Privacy Litigation, 154 F. Supp. 2d 497 (S. D. N. Y. 2000) (wo argumentiert wird, dass Individuen keinen wirtschaftlichen Schaden erleiden, wenn ihre Daten erhoben werden). Siehe auch Del Vecchio v. Amazon.com, No. C11-366, 2012 WL 1997697, S. 4 (W. D. Wash. 1. Juni 2012) (mit der Feststellung, dass die »Rohinformationen« der Kläger nicht wertvoll seien; es sei »ebenso wahrscheinlich, wenn nicht sogar wahrscheinlicher, dass die ansonsten nicht ›wirtschaftlich verwertbaren Informationen‹ der Kläger erst dann einen Nutzen und damit einen Wert erlangen, wenn sie von der Beklagten in einer Weise organisiert und katalogisiert werden, die es Werbetreibenden ermöglicht, sie gezielt zu nutzen«.).

43 Dies ist in der Tat die Position von Posner und Weyl, *Wir sind der Markt!*

44 Marietta Auer, *Der privatrechtliche Diskurs der Moderne*, Tübingen 2014, S. 110.

45 Das Coase-Theorem wurde aus dessen Aufsatz über soziale Kosten abgeleitet. Ronald H. Coase, »The Problem of Social Cost«, in: *Journal of Law and Economics* 3 (1960), S. 1-44. Wie der Autor selbst feststellte, hat er den Begriff »Coase theorem« nicht geprägt; dies tat George Stigler. Ebenso beabsichtigte er nicht, eine ideale Welt ohne Transaktionskosten in den Mittelpunkt der ökonomischen Analyse zu stellen; dass er es unweigerlich doch tat, trug allerdings dazu bei, dass er den Nobelpreis für Wirtschaftswissenschaften erhielt. Seine ursprüngliche Absicht war es, sich auf das Problem sozialer Kosten zu fokussieren. Siehe seine Einleitung zu Ronald H. Coase, *The Firm, the Market, and the Law*, Chicago 1990.

46 Robert E. Scott, »The Law and Economics of Incomplete Contracts«, in: *Annual Review of Law and Social Science* 2 (2006), S. 279-297.

47 Die rechtlichen Regeln zur Auferlegung von Gerichtskosten variieren je nach Rechtsordnung. In einigen Systemen trägt die unterlegene Partei sämtliche Kosten, in anderen jede Partei ihre eigenen, ungeachtet des Ausgangs des Verfahrens. Siehe Peter Karsten, Oliver Bateman, »Detecting Good Public Policy Rationales for the American Rule. A Response to the Ill-Con-

ceived Calls for ›Loser Pays‹ Rules«, in: *Duke Law Journal* 66/3 (2016), S. 729-761.

48 Frank Upham, *The Great Property Fallacy. Theory, Reality, and Growth in Developing Countries*, Cambridge 2018, S. 45-51.

49 Ebd., S. 46.

50 Ebd., S. 48.

51 Craig Rotherham, »Property and Power. The Judicial Redistribution of Proprietary Rights«, in: Kit Barker u. a. (Hg.), *Private Law and Power*, Oxford 2017, S. 107-136.

52 Cass Sunstein vertritt die Auffassung, dass diese Form richterlicher Macht einer frühen Phase des amerikanischen Rechts angehörte und später durch den Aufstieg des Verwaltungsstaats ersetzt wurde. Cass Sunstein, »Interpreting Statutes in the Regulatory State«, in: *Harvard Law Review* 103/2 (1989), S. 405-508. Durch die Betätigungen des Roberts-Gerichts dürfte dies allerdings wieder relativiert worden sein.

53 Zit. nach Rotherham, »Property and Power«, S. 114.

54 Ebd., S. 112.

55 Guido Calabresi, Douglas Melamed, »Property Rules, Liability Rules, and Inalienability. One View of the Cathedral«, in: *Harvard Law Review* 85/6 (1972), S. 1090.

56 Dies erinnert an die Einteilung von Eigentumsregeln im römischen Recht, die, wie in Kapitel 1 besprochen, zwischen bereits angeeigneten, aneignungsfähigen und gemeinschaftlich gehaltenen Gütern unterschied.

57 Calabresi, Melamed, »Property Rules, Liability Rules, and Inalienability«. Die nächste Generation der Law-and-Economics-Forschung argumentierte dagegen, dass gesellschaftliches Wohlergehen am besten durch individuelle Entscheidungen und Transaktionen und nicht durch das Pochen auf Moral und Normen erreicht werde. Siehe Louise Kaplow, Steven Shavell, *Fairness Versus Welfare*, Cambridge, MA 2006.

58 »Shell to Pay 15 Mln Euros to Nigerian Farmers over Pollution«, in: *Barron's*, 23. Dezember 2022.

59 Okpabi v. Royal Dutch Shell Plc, [2021] UKSC 3.

60 Sea-Land Services Inc. v. Pepper Source, 993 F.2d 1309 (7th Cir. 1993). Empirische Studien zeigen, dass Durchgriffshaftungsklagen selten erfolgreich sind. Siehe Robert Thompson,

»Piercing the Corporate Veil. An Empirical Study«, in: *Cornell Law Review* 76/5 (1991), S. 1036-1074.

61 Terra Lawson-Remer, »Property Insecurity«, in: *Brooklyn Journal of International Law* 38/1 (2012), S. 145-191.

62 Daron Acemoglu u. a., »The Colonial Origins of Comparative Development. An Empirical Investigation«, in: *American Economic Review* 91/5 (2001), S. 1369-1401.

63 Zu einer Untersuchung und kritischen Einschätzung von Eigentumsrechten und weiterer Indikatoren, die dabei großflächig zum Einsatz kamen, siehe Katharina Pistor, »Re-Construction of Private Indicators for Public Purpose«, in: Kevin Davis u. a. (Hg.), *Governance by Indicators. Global Power Through Quantification and Rankings*, Oxford 2012, S. 165-179.

64 Abhijit Banerjee, Lakshmi Iyer, »History, Institutions, and Economic Performance. The Legacy of Colonial Land Tenure Systems in India«, in: *American Economic Review* 95/4 (2005), S. 1190-1213.

65 Zu Einzelheiten siehe Upham, *The Great Property Fallacy*, S. 62-81.

66 Madhav Khosla, *India's Founding Moment. The Constitution of a Most Surprising Democracy*, Cambridge, MA 2020.

67 Rachel E. Kranton, Anand V. Swamy, »The Hazards of Piecemeal Reform. British Civil Courts and the Credit Market in Colonial India«, in: *Journal of Development Economics* 58 (1999), S. 1-24; Tirthankar Roy, Anand V. Swamy, *Law and the Economy in Colonial India*, Chicago 2016. Zu den langfristigen Auswirkungen dieser kolonialen Politik siehe auch Banerjee, Iyer, »History, Institutions, and Economic Performance«.

68 Rashmi Venkatesan, »The Evolution of the Right to Property in India. From a Law and Development Perspective«, in: *Law and Development Review* 14/1 (2021), S. 279-281.

69 Ebd., S. 275.

70 Ruth Hall, Thembela Kepe, »Elite Capture and State Neglect. New Evidence on South Africa's Land Reform«, in: *Review of African Political Economy* 44/151 (2017), S. 122-130; Roy Jankielsohn, André Duvenhage, »Expectations and the Issue of Land in South Africa – the Historical Origins and Current Debate«, in: *New Contree* 80/1 (2018), S. 22-47.

71 Edward Lahiff, »From ›Willing Seller, Willing Buyer‹ to a People-

Driven Land Reform«, Policy Brief 17 (Institute for Poverty, Land, and Agrarian Studies, 2005).

72 Expropriation Law, Kap. 5, Art. 12(3) (RSA).

73 Marianna Merten, »Controversial Expropriation Bill Is Finally Approved After Navigating a 14-Year Rocky Road«, in: *Daily Maverick* (RSA), 29. September 2022.

74 Michael Heller, *Gridlock Economics. How Too Much Ownership Wrecks Markets, Stops Innovation, and Costs Lives*, New York 2008; ders., »The Tragedy of the Anti-Commons. Property in the Transition from Marx to Markets«, in: *Harvard Law Review* 111/3 (1998), S. 621-688.

75 ESG ist ein relativ neues Akronym, das die »Corporate Social Responsibility«, die »gesellschaftliche unternehmerische Verantwortung« ersetzt hat und von Investoren und Unternehmen auf breiter Front übernommen wurde, bevor es zu politischen Gegenreaktionen besonders im Süden der USA kam. Siehe Stefan J. Padfield, »An Introduction to Anti-ESG Legislation«, in: *Transactions. The Tennessee Journal of Business and Law* 24/2 (2023), S. 291-329.

76 Zu den Ländern, die ausgetreten sind, zählen, neben weiteren EU-Staaten, Spanien, Frankreich, die Niederlande und Deutschland. Monika Dulian, European Parliamentary Research Service, PE 754.632, »EU Withdrawal from the Energy Charter Treaty« (Dezember 2023), ⟨https://www.europarl.europa.eu/RegData/etudes/BRIE/2023/754632/EPRS_BRI(2023)754632_EN.pdf⟩, letzter Zugriff 7.4.2026. Dazu, wie schwierig es ist, aus internationalen Investitionsschutzabkommen auszutreten, siehe Federico M. Lavopa u.a., »How to Kill a BIT and Not Die Trying. Legal and Political Challenges of Denouncing or Renegotiating Bilateral Investment Treaties«, in: *Journal of International Economic Law* 16/4 (2013), S. 869-891.

77 Elizabeth Fortin, »Reforming Land Rights. The World Bank and the Globalization of Agriculture«, in: *Social and Legal Studies* 14/2 (2005), S. 147-177.

78 William Blackstone, *Commentaries on the Laws of England*, Bd. 1, Chicago 1979 (Faksimile der Ausgabe von 1765).

79 Julie E. Cohen bezeichnet unsere Gegenwart als »Informationskapitalismus«. Siehe Julie E. Cohen, *Between Truth and Power. The Legal Construction of Informational Capitalism*, Oxford

2019. Demgegenüber bevorzugt Shoshana Zuboff den Begriff des »Überwachungskapitalismus«. Siehe Shoshana Zuboff, *Das Zeitalter des Überwachungskapitalismus*, Frankfurt / M., New York 2018.

80 Zu den extraterritorialen Folgewirkungen EU-rechtlicher Bestimmungen siehe Anu Bradford, *The Brussels Effect. How the European Union Rules the World*, Oxford 2020.

81 Die Statistiken für das Jahr 2024 stammen von DataReportal, *Digital 2024. Global Overview Report*, 2024, ⟨https://datareportal.com/reports/digital-2024-global-overview-report⟩, letzter Zugriff 7. 4. 2026.

82 David Grewal, *Network Power. The Social Dynamics of Globalization*, New Haven 2008.

83 Paul Weiler, »Promises to Keep. Securing Workers' Rights to Self-Organization Under the NLRA«, in: *Harvard Law Review* 96/8 (1983), S. 1769-1827.

84 Die Daten sind über das OECD-Portal abrufbar.

85 Siehe Duplex Printing Press Co. v. Deering, 254 U. S. 443 (1921).

86 Siehe die Diskussion des Falls Cedar Point Nursery v. Hassid in Fn. 34.

87 Melissa Eddy, »Tesla Strike Is a Culture Clash. Swedish Labor vs. American Management«, in: *New York Times*, 27. November 2023. Musks gewerkschaftsfeindliche Geschäftspraktiken sind Teil seiner öffentlichen Persona. Im August 2024 erhob die United Automobile Workers (UAW) bundesrechtliche Klagen wegen unlauterer Arbeitspraktiken gegen Musk und Donald Trump, nachdem Trump Musk in einem live auf seiner Plattform X übertragenen Gespräch dafür gelobt hatte, streikende Arbeiter zu entlassen. Siehe Tim Balk, »UAW Files Labor Charges Against Trump and Musk Over Interview«, in: *New York Times*, 13. August 2024.

88 Guillaume Amouret, »›I'll Stay on Strike for Months or Even Years to Get This Collective Agreement‹. In Sweden, the Fight Against Tesla Continues«, in: *Equal Times*, 1. Juli 2024.

89 Umar Shakir, »Tesla Sues Sweden's Postal Agency and Wins as Union Fight Escalates«, in: *The Verge*, 27. November 2023.

90 Peter A. Hall, David Soskice, *Varieties of Capitalism*, Oxford 2001; Alan Siaroff, »Corporatism in 24 Industrial Democracies.

Meaning and Measurement«, in: *European Journal of Political Research* 36/2 (1999), S. 175-205.

91 Lucian Bebchuk, Mark Roe, »A Theory of Path Dependence in Corporate Ownership and Governance«, in: *Stanford Law Review* 52/1 (1999), S. 127-170.

92 Siehe Galanter, »Why the ›Haves‹ Come Out Ahead«.

93 John H. Dunning, Rajneesh Narula (Hg.), *Foreign Direct Investment and Governments. Catalysts for Economic Restructuring*, New York 1995.

94 Eswar Prasad u. a., »Foreign Capital and Economic Growth«, in: *Brookings Papers on Economic Activity* 2007/1 (2007), S. 153-231; Asli Leblebicioğlu, Jessica Madariaga, »Financial Flows, Composition of Capital, and Growth«, in: *IMF Economic Review* 63/2 (2015), S. 325-352.

95 William Olney, »A Race to the Bottom? Employment Protection and Foreign Direct Investment«, in: *Journal of International Economics* 91/2 (2013), S. 191-203.

96 Der Artikel 3 des ursprünglichen Vertrags verpflichtet die Mitgliedstaaten zur Beseitigung von Hindernissen für den freien Verkehr von Waren, Personen, Dienstleistungen und Kapital.

97 In der EU hält der Gerichtshof der Europäischen Union weiterhin an Nichtdiskriminierungsgrundsätzen fest, um z. B. Leiharbeitnehmer vor besonders gravierenden Praktiken wie etwa Kündigungen ohne Angaben von Gründen zu schützen. Siehe Rs. C-715/20, K.L v. X sp. z o.o. (ECLI:EU:C:2024:139), ein Fall, der von einem polnischen Gericht an den Gerichtshof verwiesen worden war (Urteilsspruch am 20. Februar 2024).

98 Siehe »Temporary Employment«, OECD, ⟨https://www.oecd.org/en/data/indicators/temporary-employment.html⟩, letzter Zugriff 7. 4. 2026.

99 Siehe auch Kap. 5 zur Rechtsarbitrage.

100 Mary L. Gray, Siddharth Suri, *Ghost Work*, Boston 2019.

101 So bewirbt Amazon seine Plattform. Siehe Amazon Mechanical Turk, ⟨https://www.mturk.com⟩, letzter Zugriff 7. 4. 2026.

4
Zugang zu rechtlichen Zwangsmitteln

1 Siehe Robert H. Bates, *Prosperity and Violence. The Political Economy of Development*, New York 2001.
2 Douglass C. North u. a., *Violence and Social Orders. A Conceptual Framework for Interpreting Recorded Human History*, Cambridge 2009.
3 Max Weber, *Wirtschaft und Gesellschaft. Grundriss der verstehenden Soziologie*, Tübingen 1976; Geoffrey M. Hodgson, »On the Institutional Foundations of Law. The Insufficiency of Custom and Private Ordering«, in: *Journal of Economic Issues* 43/1 (2009), S. 143-166; Timothy Besley, Torsten Persson, »State Capacity, Conflict, and Development«, in: *Econometrica* 78/1 (2010), S. 1-34.
4 Douglass C. North, Barry R. Weingast, »Constitutions and Commitment. The Evolution of Institutions Governing Public Choice in Seventeenth-Century England«, in: *Journal of Economic History* 49/4 (1989), S. 803-832.
5 Hodgson macht in »On the Institutional Foundations of Law« den wichtigen Punkt, dass das Recht Sitten und Gebräuche im Namen der Stabilität unterdrückt.
6 Alexander Stille, *Excellent Cadavers. The Mafia and the Death of the First Italian Republic*, New York 1995; Diego Gambetta, *The Sicilian Mafia*, Cambridge, MA 1993. Siehe auch Curtis J. Milhaupt, Mark D. West, »The Dark Side of Private Ordering. An Institutional and Empirical Analysis of Organized Crime«, in: *University of Chicago Law Review* 67/1 (2000), S. 41-95.
7 Zum Begriff »*failed states*« siehe Olivier Nay, »Fragile Failed States. Critical Perspectives on Conceptual Hybrids«, in: *International Political Science Review* 34/3 (2013), S. 326-341.
8 Charles Tilly, »War Making and State Making as Organized Crime«, in: Peter Evans u. a. (Hg.), *Bringing the State Back In*, Cambridge 1985, S. 169-191.
9 Charles Howard McIlwain, *Constitutionalism. Ancient and Modern*, Ithaca 1947; Stephen Holmes, »Constitutionalism«, in: Seymour Martin Lipset (Hg.), *The Encyclopedia of Democracy*, Bd. 1, London 1995, S. 299-305.

10 Thomas Hobbes, *Leviathan*, Stuttgart 1986 (Erstveröffentlichung 1651).

11 Die diesen Mechanismen zugrunde liegenden Ideen haben eine lange Geschichte. Viele entstanden in der Aufklärung und wurden in der Entwicklung moderner westlicher Demokratien weiter ausgearbeitet, besonders zu jener Zeit, als die koloniale Ära der globalisierten Weltwirtschaft wich. Siehe Robert O. Keohane, »Hobbes's Dilemma and Institutional Change in World Politics. Sovereignty in International Society«, in: Hans-Henrik Holm, Georg Sørensen (Hg.), *Whose World Order? Uneven Globalization and the End of the Cold War*, New York 1995, S. 165-186.

12 Claire Priest, »Enforcing Sympathy. Animal Cruelty Doctrine After the Civil War«, in: *Law & Social Inquiry* 44/1 (2019), S. 136-169.

13 Ebd., »Enforcing Sympathy«, S. 140-141.

14 Rebecca M. Ryan, »The Sex Right. A Legal History of the Marital Rape Exemption«, in: *Law & Social Inquiry* 20/4 (1995), S. 941-1001.

15 Andrew Fede, »Legitimized Violent Slave Abuse in the American South, 1619-1865. A Case Study of Law and Social Change in Six Southern States«, in: *American Journal of Legal History* 29/2 (1985), S. 93-150.

16 Albert Breton u. a. (Hg.), *Multijuralism. Manifestations, Causes, and Consequences*, Williston 2009.

17 Katharina Pistor u. a., »Social Norms, Rule of Law, and Gender Reality«, in: James Heckman u. a. (Hg.), *Global Perspectives on the Rule of Law*, London 2010, S. 241-278.

18 Elizabeth Anderson, *Private Regierung. Wie Arbeitgeber über unser Leben herrschen (und warum wir nicht darüber reden)*, Berlin 2019.

19 Siehe Fibreboard v. NLRB, 403 U.S. 905 (1973).

20 Katharina Pistor, »Codetermination. A Sociopolitical Model with Governance Externalities«, in: Margaret M. Blair, J. Mark Roe (Hg.), *Employees and Corporate Governance*, Washington, D.C. 1999, S. 163-193; Gary Gorton, Frank A. Schmid, »Capital, Labor, and the Firm. A Study of German Codetermination«, in: *Journal of the European Economic Association* 2/5 (2004), S. 863-905.

21 Lynn A. Stout, »Derivatives and the Legal Origin of the 2008 Credit Crisis«, in: *Harvard Business Law Review* 1/1 (2011), S. 1-38. Siehe auch Edward R. Morrison u. a., »Rolling Back the Repo Safe Harbors«, in: *Business Lawyer* 69/4 (2014), S. 1016-1047, wo die bevorzugte Behandlung von Derivativen im Insolvenzfall kritisiert wird.

22 Dieses Prinzip reicht bis ins römische Recht zurück und gilt als grundlegend für moderne Rechtssysteme. Und dennoch wird es für viele Geschädigte nach wie vor zu lasch durchgesetzt, da es den Gerichten oft nicht gelingt, irgendeine Partei für entstandene Schäden haftbar zu machen. Siehe Abimbola A. Olowofoyeku, »When Courts Get It Wrong. Judicial Errors and Common Law Underenforcement«, in: *Law Quarterly Review* 134 (2018), S. 450-477.

23 *In re* Doubleclick Inc. Privacy Litigation, 154 F.Supp. 2d 497 (S.D.N.Y. 2000).

24 *In re* iPhone Application Litigation, 844 F.Supp. 2d 1040, 1063 (N.D. Cal. 2012).

25 Der Wortlaut dieser Klausel ist nachzulesen unter ⟨https://www.verfassungen.net/us/verf87-i.htm⟩, letzter Zugriff 3.4.2026.

26 Spokeo, Inc. v. Robins, 578 U.S. 330, S. 340 (2016).

27 Fair Credit Reporting Act of 1970 (FCRA), 15 U.S.C.§§ 1681-1681x.

28 Siehe Spokeo, 578 U.S., S. 350 (Ginsburg, J., abweichend).

29 Ernest Metzger, »Action«, in: ders. (Hg.), *A Companion to Justinian's Institutes*, London 1998, S. 208-228.

30 Ebd.

31 Women's Business Ownership Act of 1988, Pub. L. No. 100-533, 102 Stat. 2689; Kapitel 200 der Laws of New York, 1848.

32 Kelly M. Kennington, *In the Shadow of Dred Scott. St. Louis Freedom Suits and the Legal Culture of Slavery in Antebellum America*, Athens 2017, S. 2f.

33 Katherine Franke, *Repair. Slavery's Unfinished Business*, Chicago 2019.

34 Für das Vereinigte Königreich siehe den 1837 Slave Compensation Act, 1 & 2 Vict c.3. Für die Vereinigten Staaten siehe Kris Manjapra, »DC's Enslavers Got Reparations. Freed People Got Nothing«, in: *Politico*, 17. Juni 2022. Zudem hat die empirische Forschung gezeigt, dass frühere Sklavenbesitzer ihre öko-

nomischen Verluste wettmachen konnten, während dies den befreiten Schwarzen niemals gelungen ist. Siehe Philipp Ager u. a., »The Intergenerational Effects of a Large Wealth Shock. White Southerners After the Civil War«, in: *American Economic Review* 111/11 (2021), S. 3767-3794.

35 Brittany Farr, »Breach by Violence. The Forgotten History of Sharecropper Litigation in the Post-Slavery South«, in: *UCLA Law Review* 69/3 (2022), S. 674-745.

36 Robin L. West, *Civil Rights. Rethinking Their Natural Foundation*, Cambridge 2019.

37 Cheryl I. Harris, »Whiteness as Property«, in: *Harvard Law Review* 106/8 (1993), S. 1707-1791.

38 Siehe Paragraf 307 des Revised Uniform Partnership Act of 1997; Federal Rules of Civil Procedure 17(b)(3)(A). (»Die Fähigkeit, zu klagen oder verklagt zu werden, bestimmt sich [...] nach dem Recht des Staates, in dem das Gericht seinen Sitz hat, außer wenn [...] eine Personengesellschaft oder eine andere nicht eingetragene Gesellschaft, die nach dem Recht dieses Staates nicht klagebefugt oder verklagbar ist, in ihrem gewöhnlichen Namen klagen oder verklagt werden kann, um ein materielles Recht geltend zu machen, das nach der Verfassung oder den Gesetzen der Vereinigten Staaten besteht [...]«.)

39 Zur Einschränkung der organisatorischen Betätigung der Gewerkschaften in den USA siehe Kap. 3.

40 Einen Überblick über die Debatte zu den Rechten der Natur gibt Tiffany Challe, »The Rights of Nature – Can an Ecosystem Bear Legal Rights?«, *State of the Planet* (Columbia Climate School), ⟨https://news.climate.columbia.edu/2021/04/22/rights-of-nature-lawsuits⟩, letzter Zugriff 8. 4. 2026.

41 Paul D. Carrington, »Protecting the Right of Citizens to Aggregate Small Claims Against Businesses«, in: *University of Michigan Journal of Law Reform* 46/2 (2013), S. 537-548. Ob dies die einzige oder beste Strategie zum Schutz rechtlich schwächerer Parteien ist, bleibt offen. Viele kontinentaleuropäische Staaten setzen stärker auf das Verbraucherschutzrecht, das entweder die vertraglichen Rechte von Konsumenten stärkt oder deren Verträge unmittelbar reguliert.

42 Zu den Reformen von 1966 und dem Übergang vom »Opt-in« zur automatischen Einbeziehung siehe Brian T. Fitzpatrick,

»The Ironic History of Class Actions«, in: ders., *The Conservative Case for Class Actions*, Chicago 2019, S. 7-17.

43 Myriam Gilles, Gary Friedman, »Exploding the Class Action Agency Costs Myth. The Social Utility of Entrepreneurial Lawyers«, in: *University of Pennsylvania Law Review* 155/1 (2006), S. 103f.

44 Linda A. Mullenix, »Ending Class Actions as We Know Them. Rethinking the American Class Action«, in: *Emory Law Journal* 64/2 (2014), S. 399-449 (Zitat auf S. 410).

45 John Fabian Witt, *The Accidental Republic. Crippled Workingmen, Destitute Widows, and the Remaking of American Law*, Cambridge, MA 2006.

46 Christine P. Bartholomew, »Redefining Prey and Predator in Class Actions«, in: *Brooklyn Law Review* 80/3 (2015), S. 743-806.

47 Carrington, »Protecting the Right of Citizens to Aggregate Small Claims Against Businesses«.

48 Scheinklagen werden häufig ohne konkrete Beweise für ein Fehlverhalten erhoben, sondern lediglich aufgrund signifikanter Veränderungen von Aktienkursen oder anderer Indikatoren, die nicht zwingend auf fehlerhafte Handlungen hindeuten.

49 Die maßgeblichen gesetzlichen Reformen sind der Private Securities Litigation Reform Act of 1995 (PSLRA) und der Securities Litigation Uniform Standards Act of 1998 (SLUSA).

50 Zu einer Einschätzung der Qualität gesetzgeberischer Interventionen siehe Joseph A. Grundfest, A.C. Pritchard, »Statutes with Multiple Personality Disorders. The Value of Ambiguity in Statutory Design and Interpretation«, in: *Stanford Law Review* 54/4 (2002), S. 627-736. Siehe auch Stephen B. Burbank, »The Class Action Fairness Act of 2005 in Historical Context. A Preliminary View«, in: *University of Pennsylvania Law Review* 156/6 (2008), S. 1439-1551.

51 Ralf Michaels, »Der Code des Kapitals und seiner Portabilität«, in: *Rabels Zeitschrift für ausländisches und internationales Privatrecht* 85/4 (2021), S. 890-906; Ralf Michaels, Nils Jansen, »Private Law Beyond the State? Europeanization, Globalization, Privatization«, in: *American Journal of Comparative Law* 54/4 (2006), S. 843-890.

52 Viele Fast-Food-Ketten, darunter McDonald's, sind als Franchise-Unternehmen organisiert.

53 Robert Hockett, Saule T. Omarova, »The Finance Franchise«, in: *Cornell Law Review* 102/5 (2017), S. 1143-1218.

54 Artikel V des New Yorker Übereinkommens über die Anerkennung und Vollstreckung ausländischer Schiedssprüche (»New York Convention«), ⟨https://www.newyorkconvention.org/media/uploads/pdf/2/7/27_german-translation-of-the-new-york-convention.pdf⟩, letzter Zugriff 7.4.2026. Siehe auch Artikel 34 des UNCITRAL-Modellgesetzes über die internationale Handelsschiedsgerichtsbarkeit, ⟨https://www.disarb.org/fileadmin/user_upload/Wissen/UNCITRAL_Modellgesetz_fuer_die_internationale_Handelsschiedsgerichtsbarkeit_85_-_Deutsch.pdf⟩, letzter Zugriff 7.4.2026.

55 Haager Übereinkommen über die Anerkennung und Vollstreckung ausländischer Entscheidungen in Zivil- und Handelssachen vom 2. Juli 2019, ⟨https://www.hcch.net/de/instruments/conventions/full-text/?cid=137⟩, letzter Zugriff 7.4.2026.

56 Pilar Domingo, »Judicial Independence and Judicial Reform in Latin America«, in: Andreas Schedler u.a. (Hg.), *The Self-Restraining State. Power and Accountability of New Democracies*, Boulder 1999, S. 151-176; Sergio Bartole, »Alternative Models of Judicial Independence. Organizing the Judiciary in Central and Eastern Europe«, in: *East European Constitutional Review* (Winter 1998), S. 62-69; Jennifer Widner, »Building Judicial Independence in Common Law Africa«, in: Schedler u.a. (Hg.), *The Self-Restraining State*, S. 177-193.

57 Maria L. Marcus, »Judicial Overload. The Reasons and the Remedies«, in: *Buffalo Law Review* 28/1 (1979), S. 111-141.

58 Myriam Gilles, »Class Warfare. The Disappearance of Low-Income Litigants from the Civil Docket«, in: *Emory Law Journal* 65/6 (2016), S. 1531-1568. Für die US-amerikanischen Gerichte auf bundesstaatlicher Ebene siehe auch Anna E. Carpenter u.a., »Judges in Lawyerless Courts«, in: *Georgetown Law Journal* 110/3 (2022), S. 509-567.

59 Judith Resnik, »Diffusing Disputes. The Public in the Private of Arbitration, the Private in Courts, and the Erasure of Rights«, in: *Yale Law Journal* 124/8 (2015), S. 2804-2939.

60 AT&T Mobility LLC v. Concepcion, 131 S. Ct. 1740 (2011).

61 David S. Clancy, Matthew M. K. Stein, »An Uninvited Guest. Class Arbitration and the Federal Arbitration Act's Legislative History«, in: *Business Lawyer* 63/1 (2007), S. 58.
62 Für eine kritische Einschätzung von Richter Scalias Aussage siehe Deepak Gupta, Lina Khan, »Arbitration as Wealth Transfer«, in: *Yale Law & Policy Review* 25 (2017), S. 499-520.
63 DirectTV, Inc. v. Imburgia, 577 U.S. 47 (2015) (Verbraucherverträge); Epic Systems Corp. v. Lewis, 138 S. Ct. 1612 (2018) (Arbeitsrecht).
64 Consumer Financial Protection Bureau, *Arbitration Study. Report to Congress, Pursuant to Dodd-Frank Wall Street Reform and Consumer Protection Act § 1028(a)* (2015), S. 8 (Tabelle 1).
65 Consumer Financial Protection Bureau, *Arbitration Study*.
66 Richtlinie 2013/11/EU des Europäischen Parlaments und des Rates vom 21. Mai 2013 über die alternative Beilegung verbraucherrechtlicher Streitigkeiten und zur Änderung der Verordnung (EG) Nr. 2006/2004 und der Richtlinie 2009/22/EG (Richtlinie über alternative Streitbeilegung in Verbraucherangelegenheiten), ⟨https://eur-lex.europa.eu/legal-content/DE/TXT/?uri=CELEX:32013L0011⟩, letzter Zugriff 7. 4. 2026.
67 Stefaan Voet u. a., »Recommendations from Academic Research Regarding Future Needs of the EU Framework of the Consumer Alternative Dispute Resolution (ADR)«, Report JUST/2020/CONS/FW/CO03/0196 (KU Leuven, Juni 2022).
68 Zit. nach Gupta, Khan, »Arbitration as Wealth Transfer«, S. 499.
69 Avner Greif, *Institutions and the Path to the Modern Economy. Lessons from Medieval Trade*, Cambridge 2006.
70 Anthony T. Kronman, »Contract Law and the State of Nature«, in: *Journal of Law, Economics & Organization* 1/1 (1985), S. 5-32.
71 Zu Einzelheiten siehe ebd.
72 Laurie S. Goodman, Christopher Mayer, »Homeownership and the American Dream«, in: *Journal of Economic Perspectives* 32/1 (2018), S. 31-58.
73 Siehe Kronman, »Contract Law and the State of Nature«.
74 Nakita Cuttino, »The Rise of ›FringeTech‹. Regulatory Risks in Earned-Wage Access«, in: *Northwestern University Law Review* 115/6 (2021), S. 1505-1579.

75 Primavera De Filippi, Aaron Wright, *Blockchain and the Law*, Cambridge, MA 2018.

76 Kevin Werbach, Nicolas Cornell, »Contracts Ex Machina«, in: *Duke Law Journal* 67/2 (2017), S. 313-382 (Zitat auf S. 367).

77 Zu einer Diskussion von »Zweckverträgen« (Max Weber) siehe Kap. 3.

78 Zur Bedeutung der *Form* gegenüber dem Inhalt oder der Materie des Rechts siehe die Diskussion von Paschukanis' Thesen in Kap. 2.

5
Rechtsarbitrage

1 William Sharpe, Gordon Alexander, *Investments*, Englewood Cliffs [4]1990, S. 283.

2 Victor Fleischer, »Regulatory Arbitrage«, in: *Texas Law Review* 89/2 (2010), S. 227-290.

3 Jan Friedrich, Matthias Thiemann, »The Economic, Legal and Social Dimension of Regulatory Arbitrage«, in: *Accounting, Economics, and Law* 11/2 (2021), S. 81-90 (Zitat auf S. 81).

4 Katharina Pistor, Chenggang Xu, »Incomplete Law«, in: *Journal of International Law and Politics* 35/4 (2003), S. 931-1013.

5 Joseph A. Grundfest, A.C. Pritchard, »Statutes with Multiple Personality Disorders. The Value of Ambiguity in Statutory Design and Interpretation«, in: *Stanford Law Review* 54/4 (2002), S. 627-736.

6 Oliver Hart, John Moore, »Foundations of Incomplete Contracts«, in: *Review of Economic Studies* 66/1 (1999), S. 115-138; Eric Maskin, Jean A.F. Tirole, »Unforeseen Contingencies and Incomplete Contracts«, in: *Review of Economic Studies* 66/1 (1999), S. 83-114.

7 Victor Goldberg, »Regulation and Administered Contracts«, in: *Bell Journal of Economics* 7/2 (1976), S. 426-452; Pistor, Xu, »Incomplete Law«.

8 Louis Kaplow, »Rules Versus Standards. An Economic Analysis«, in: *Duke Law Journal* 42/3 (1992), S. 557-629.

9 Michael Love, »Who Benefits from Partnership Flexibility?« (unveröffentlichtes Manuskript im Besitz der Autorin, Oktober 2024).

10 Thomas Piketty, *Kapital und Ideologie*, München 2020.

11 Wolfgang Streeck, Kathleen Thelen, »Introduction. Institutional Change in Advanced Political Economies«, in: dies. (Hg.), *Beyond Continuity. Institutional Change in Advanced Political Economies*, Oxford 2005, S. 1-39.

12 »Minimum Wage«, U.S. Department of Labor, ⟨https://www.dol.gov/general/topic/wages/minimumwage⟩, letzter Zugriff 8.4.2026.

13 Siehe die verschiedenen Fallstudien in Katharina Pistor, *Der Code des Kapitals. Wie das Recht Reichtum und Ungleichheit schafft*, Berlin 2019.

14 Zur Finanzgesetzgebung und vor allem Finanzmarktregulierung siehe Matthias Thiemann, *Out of the Shadows?*, Cambridge 2020.

15 Artikel 5 (3) des Vertrags über die Europäische Union, ⟨http://data.europa.eu/eli/treaty/teu_2016/oj⟩, letzter Zugriff 8.4.2026.

16 Die extraterritoriale Reichweite des US-Wertpapierrechts wurde durch den Supreme Court in Morrison v. National Australia Bank, 561 U.S. 472 (2010), eingeschränkt. Darin wurde geurteilt, dass dieses Recht nicht für Wertpapiere gilt, die nicht in den USA gehandelt werden, auch wenn der Betrug in den Vereinigten Staaten stattgefunden hat. Darüber hinaus entfalten einige Rechtsordnungen faktische extraterritoriale Wirkung, weil sie die Standards für global agierende Akteure setzen. Der »California Effect« bringt dies exemplarisch auf den Punkt. Gemeint sind damit die Auswirkungen der kalifornischen Umweltschutzvorschriften auf die Autobauer in Illinois, die kaum eine andere Wahl haben, als die kalifornischen Normen einzuhalten, wenn sie dort ihre Fahrzeuge verkaufen wollen. Jüngst hat Anu Bradford in diesem Sinne den Begriff »Brussels Effect« zur Beschreibung des globalen Einflusses des europäischen Rechts (und zum Teil auch nationaler Vorschriften für die Rechtswahl) auf das internationale Privatrecht geprägt. Siehe Anu Bradford, *The Brussels Effect. How the European Union Rules the World*, Oxford 2020.

17 Zwei Institutionen waren für die Vereinheitlichung des Rechts der Bundesstaaten besonders wichtig: das American Law Institute (gegründet 1923) und die National Conference of State

Legislatures, die seit ihrer Gründung im Jahr 1975 Staaten in ihrem Bestreben nach rechtlicher Harmonisierung vertritt.

18 Richard M. Buxbaum, Klaus J. Hopt, *Legal Harmonization and the Business Enterprise*, Berlin 1988. Siehe auch Johan de Bruycker, »EC Company Law – The European Company v. The European Economic Interest Grouping and the Harmonization of the National Company Laws«, in: *Georgia Journal of International and Comparative Law* 21/2 (1991), S. 191-216.

19 H. Patrick Glenn, »Harmonization of Law, Foreign Law and Private International Law«, in: *European Review of Private Law* 1/1-2 (1993), S. 47-66; Fabrizio Cafaggi, Horatia Muir-Watt, *Making European Private Law. Governance Design*, Cheltenham 2008; Willem H. van Boom, »Harmonizing Tort Law. A Comparative Tort Law and Economics Analysis«, in: Michael Faure (Hg.), *Tort Law and Economics*, Cheltenham 2009, S. 435-449.

20 Jean-Bernard Auby, »Is Legal Globalization Regulated? Memling and the Business of Baking Camels«, in: *Utrecht Law Review* 4/3 (2008), S. 210-217 (Zitat auf S. 217).

21 Die Literatur zum Rechtspluralismus weist seit Langem auf diesen Zusammenhang hin. Siehe Sally Engle Merry, »Legal Pluralism«, in: *Law & Society Review* 22/5 (1988), S. 867-896. Siehe auch Albert Breton u. a. (Hg.), *Multijuralism. Manifestations, Causes, and Consequences*, Williston 2009.

22 Claire Cutler, *Private Power and Global Authority. Transnational Merchant Law in the Global Political Economy*, Cambridge 2003; Hessel E. Yntema, »The Historic Bases of Private International Law«, in: *American Journal of Comparative Law* 2/3 (1953), S. 297-317.

23 Janet T. Landa, »A Theory of the Ethnically Homogeneous Middleman Group«, in: *Journal of Legal Studies* 10/2 (1981), S. 349-362; Avner Greif, »Reputation and Coalitions in Medieval Trade. Evidence on the Maghribi Traders«, in: *Journal of Economic History* 59/4 (1989), S. 857-882.

24 Siehe jedoch Lisa Bernstein, »Contract Governance in Small-World Networks. The Case of the Maghribi Traders«, in: *Northwestern University Law Review* 113/5 (2019), S. 1009-1069.

25 Cutler, *Private Power and Global Authority*; Raymond de Roover, »Money, Banking, and Credit in Medieval Bruges«, in: *Journal of Economic History* 2/S1 (1942), S. 52-65.

26 Soweit die Vereinigten Staaten ihr Recht vereinheitlicht haben, erfolgte dies überwiegend durch weiches Recht.

27 Benito Arruñada, »Pitfalls to Avoid When Measuring the Institutional Environment. Is ›Doing Business‹ Damaging Business?«, in: *Journal of Comparative Economics* 35/4 (2007), S. 729-747.

28 Beispiele sind die Wahl von Boris Johnson in Großbritannien im Jahr 2019 nach dem Brexit-Referendum, die Wahl von Donald Trump zum Präsidenten der USA im Jahr 2016 sowie die Wahl von Narendra Modi zum indischen Premierminister im Jahr 2014.

29 Eine Zusammenfassung und Kritik dieser Argumente findet sich in Horatia Muir Watt, »Private International Law Beyond the Schism«, in: *Transnational Legal Theory* 2/3 (2011), S. 347-428. Siehe auch Hanoch Dagan, Sagi Peari, »Choice of Law Meets Private Law Theory«, in: *Oxford Journal of Legal Studies* 43/3 (2023), S. 520-545.

30 Siehe jedoch Clayton Gillette, Robert E. Scott, »The Political Economy of International Sales Law«, in: *International Review of Law and Economics* 25/3 (2005), S. 446-486.

31 Zu einem Überblick über die einschlägige Rechtsprechung siehe Harold Horowitz, »The Commerce Clause as a Limitation on State Choice-of-Law Doctrine«, in: *Harvard Law Review* 84/4 (1971), S. 806-824. Die »Full Faith and Credit Clause« der US-Verfassung wird meist eher mit der Verpflichtung assoziiert, dass die einzelnen Bundesstaaten die Rechtsordnungen der anderen Bundesstaaten anerkennen (US-Verfassung, Art. IV, § 1).

32 Samuel S. Arsht, »A History of Delaware Corporation Law«, in: *Delaware Journal of Corporate Law* 1/1 (1976), S. 1-22; William J. Carney u. a., »Lawyers, Ignorance, and the Dominance of Delaware Corporate Law«, in: *Harvard Business Law Review* 2/1 (2012), S. 124-151; Jill E. Fisch, »The Peculiar Role of the Delaware Courts in the Competition for Corporate Charters«, in: *University of Cincinnati Law Review* 68/4 (2000), S. 1061-1100; Mark Roe, »Delaware's Politics«, in: *Harvard Law Review* 118/8 (2005), S. 2491.

33 Marcel Kahan, Ehud Kamar, »The Myth of State Competition in Corporate Law«, in: *Stanford Law Review* 55/3 (2002), S. 679.

34 Sujeet Indap, »The Battle Over Who Makes the Rules for U.S. Companies«, in: *Financial Times*, 5. August 2024.

35 Efraim Benmelech, Tobias J. Moskowitz, »The Political Economy of Financial Regulation. Evidence from U.S. State Usury Laws in the 19th Century«, in: *Journal of Finance* 65/3 (2010), S. 1029-1073; Steven Mercatante, »The Deregulation of Usury Ceilings, Rise of Easy Credit, and Increasing Consumer Debt«, in: *South Dakota Law Review* 53/1 (2008), S. 37-51.

36 Jamie Smyth, »›Texas Two-Step‹. The U.S. Legal Move Letting Corporations Off the Hook«, in: *Financial Times*, 25. Oktober 2022.

37 Werner F. Ebke, »*Centros* – Some Realities and Some Mysteries«, in: *American Journal of Comparative Law* 48/4 (2000), S. 623-660; Eddy Wymeersch, »Centros. A Landmark Decision in European Company Law«, in: Theodor Baums u.a. (Hg.), *Corporations, Capital Markets and Business in the Law*, London 2000, S. 629-654.

38 Carsten Gerner-Beuerle, Federico Mucciarelli, »Cross-Border Reincorporations in the European Union. The Case for Comprehensive Harmonisation«, in: *Journal of Corporate Law Studies* 18/1 (2018), S. 1-42.

39 Klaus J. Hopt, »Labor Representation on Corporate Boards. Impacts and Problems for Corporate Governance and Economic Integration in Europe«, in: *International Review of Law and Economics* 14/2 (1994), S. 203-214. Siehe auch Katharina Pistor, »Codetermination. A Sociopolitical Model with Governance Externalities«, in: Margaret M. Blair, J. Mark Roe (Hg.), *Employees and Corporate Governance*, Washington, D.C. 1999, S. 163-193.

40 Siehe Benjamin Fuhrmann, »Corporate Law Competition in the EU Revisited. Italian Corporations Moving North and the Missing German SPACs«, in: *The University of Chicago Business Law Review* 4/2 (2025), S. 405-451.

41 »SPACs – Alternative Form of Financing and Investment«, Börse Frankfurt, ⟨https://www.boerse-frankfurt.de/en/spacs⟩, letzter Zugriff 8.4.2026.

42 Carney u.a., »Lawyers, Ignorance, and the Dominance of Delaware Corporate Law«.

43 Robert Daines, »The Incorporation Choices of IPO Firms«,

in: *NYU Law Review* 77/6 (2002), S. 1559-1611. In den Vereinigten Staaten wird an nahezu allen juristischen Fakultäten (ausschließlich) das Gesellschaftsrecht des Staates Delaware gelehrt. Dies ist auch die Variante, die ausländische Studierende erlernen, die ihr Masterstudium in den Vereinigten Staaten absolvieren.

44 Siehe auch Pistor, *Code des Kapitals*, Kap. 6 und 7.

45 Siehe Ralf Michaels, »Der Code des Kapitals und seiner Portabilität«, in: *Rabels Zeitschrift für ausländisches und internationales Privatrecht* 85/4 (2021), S. 890-906. Michaels begrüßt die Tatsache, dass ich in meinem vorigen Buch zu künftigen Reformen des Kollisionsrechts aufgerufen habe, argumentiert jedoch (zu Recht), dass sich künftige Reformen nicht allein auf die Rechtswahlregeln beschränken sollten.

46 Dies ist die Standardregel nach Art. 4 der Verordnung (EG) Nr. 864/2007 des Europäischen Parlaments und des Rates vom 11. Juli 2007 über das auf außervertragliche Schuldverhältnisse anzuwendende Recht (»Rom II«), ⟨https://eur-lex.europa.eu/eli/reg/2007/864/oj⟩, letzter Zugriff 8.4.2026.

47 Siehe Erwägungsgrund 25 der Rom-II-Verordnung.

48 »Die Umweltpolitik der Gemeinschaft zielt unter Berücksichtigung der unterschiedlichen Gegebenheiten in den einzelnen Regionen der Gemeinschaft auf ein hohes Schutzniveau ab. Sie beruht auf den Grundsätzen der Vorsorge und Vorbeugung, auf dem Grundsatz, Umweltbeeinträchtigungen mit Vorrang an ihrem Ursprung zu bekämpfen, sowie auf dem Verursacherprinzip.« Art. 174 (2) des EU-Vertrags.

49 Zur These der Prekarität statt Ungleichheit siehe Albena Azmanova, *Capitalism on Edge. How Fighting Precarity Can Achieve Radical Change Without Crisis or Utopia*, Cambridge 2020.

50 Robert Wai, »Transnational Liftoff and Juridical Touchdown. The Regulatory Function of Private International Law in an Era of Globalization«, in: *Columbia Journal of Transnational Law* 40/2 (2002), S. 209.

51 Meinhard v. Salmon, 249 N.Y. 458, S. 464 (1928).

52 John C. Coffee, »The Mandatory/Enabling Balance in Corporate Law. An Essay on the Judicial Role«, in: *Columbia Law Review* 89/7 (1989), S. 1618-1691.

53 [d.i. »das Verbot, Geschäftschancen der Gesellschaft an sich

zu ziehen«, also quasi ein innerbetriebliches Wettbewerbsverbot; vgl. ⟨https://papers.ssrn.com/sol3/papers.cfm?abstract_id=2867402⟩, letzter Aufruf 1. 4. 2026 (Anm. d. Ü.)]

54 Siehe die Paragrafen 102(b)(7) und 122(17) des Delaware General Corporation Law.

55 Nach den gesetzlichen Vorschriften zu haftungsbeschränkten Partnerschaften des Staates Delaware können »Pflichten durch Klauseln im Gesellschaftsvertrag erweitert, eingeschränkt oder aufgehoben« werden (Del. Code Ann. tit. 6, § 17-1101(d); § 18-1101). Siehe auch New Enterprise Associates v. Rich, 295 A.3d 520, S. 574 (Del. Ch. 2023).

56 Opfer des Menschenhandels zum Zwecke der sexuellen oder der Arbeitsausbeutung etwa können ein T-Visum beantragen. Siehe 8 C.F.R. § 241.11 (2023). Richtlinien des Heimatschutzministeriums aus jüngerer Zeit ermöglichen es zudem undokumentierten Einwanderern, die Zeugen potenzieller Arbeitsrechtsverstöße werden, sich um einen Aufschub ihrer Abschiebung zu bewerben. Siehe »DHS Support of the Enforcement of Labor and Employment Laws«, U.S. Citizenship and Immigration Services, ⟨https://www.uscis.gov/archive/dhs-support-of-the-enforcement-of-labor-and-employment-laws⟩, letzter Zugriff 9. 4. 2026; Hoffman Plastic Compounds, Inc. v. NLRB, 122 S. Ct. 1275 (2002). Im Anschluss an den Fall Hoffman Plastics veröffentlichte das US-Arbeitsministerium eine Richtlinie, wonach es das Gesetz über faire Arbeitsnormen (Fair Labor Standards Act) weiterhin unabhängig vom Einwanderungsstatus der Betroffenen durchsetzen werde. Als Begründung führte es an, dass beispielsweise bei Verstößen gegen das Mindestlohn- oder Überstundengesetz das in der Hoffman-Plastics-Entscheidung festgelegte Verbot von Nachzahlungen »für nicht geleistete Arbeitsjahre und für Löhne, die rechtlich nicht hätten verdient werden können«, nicht für die Nichtzahlung von Löhnen für tatsächlich geleistete Arbeit gelte. »Application of U.S. Labor Laws to Immigrant Workers. Effect of Hoffman Plastics Decision on Laws Enforced by the Wage and Hour Division«, Fact Sheet No. 48, U.S. Department of Labor, Wage and Hour Division, aktualisiert Juli 2008, ⟨https://www.dol.gov/agencies/whd/fact-sheets/48-hoffman-plastics⟩, letzter Zugriff 9. 4. 2026.

57 Harold Meyerson, »How the American South Drives the Low-Wage Economy«, in: *American Prospect*, 6. Juli 2015. Ein gegenläufiger Trend ist jedoch erkennbar. Siehe Luke Goldstein, »Has Organized Labor Finally Cracked the South?«, in: *American Prospect*, 29. Mai 2024.
58 Dagan, Peari, »Choice of Law Meets Private Law Theory«.
59 Roberta Romano, »Empowering Investors. A Market Approach to Securities Regulation«, in: *Yale Law Journal* 107/8 (1998), S. 2359-2430.
60 Merritt B. Fox, »Retaining Mandatory Securities Disclosure. Why Issuer Choice Is Not Investor Empowerment«, in: *Virginia Law Review* 85/7 (1999), S. 1335-1419; dies., »The Issuer Choice Debate«, in: *Theoretical Inquiries in Law* 2/2 (2001), S. 563-611. Siehe auch John C. Coates, »Private vs. Political Choice of Securities Regulation. A Political Cost/Benefit Analysis«, in: *Virginia Journal of International Law* 41/3 (2001), S. 531-582.
61 Einzelheiten dazu in der Diskussion im folgenden Kapitel.
62 Siehe Dagan/Peari, »Choice of Law Meets Private Law Theory«, S. 534. Ihre These kann so verstanden werden, dass sie sogar noch weiterreicht, ignoriert jedoch die Schwierigkeit, diese inhärenten Begrenzungen auch durchzusetzen. Mehr dazu in den letzten beiden Kapiteln dieses Buchs.
63 Tony und Cherie Blair vermieden die Zahlung der Grunderwerbsteuer durch den Erwerb einer Offshore-Gesellschaft, die die betreffende Londoner Immobilie hielt, an der das Paar ein Kaufinteresse hegte. Siehe »Pandora Papers. Secret Wealth and Dealings of World Leaders Exposed«, *BBC News*, 3. Oktober 2021, ⟨https://www.bbc.co.uk/news/world-58780465⟩, letzter Zugriff 9.4.2026.
64 Helvering v. Gregory, 69 F.2d 809 (2d Cir. 1934). Marvin A. Chirelstein bezeichnete die Entscheidung von Richter Hand als »ein bedeutendes Ereignis in der Geschichte des Steuerwesens«. Siehe Marvin A. Chirelstein, »Learned Hand's Contribution to the Law of Tax Avoidance«, in: *Yale Law Journal* 77/3 (1968), S. 441.
65 Wie in Kapitel 1 erörtert, ist der Begriff der Rechtsstaatlichkeit ein zutiefst – oder in seinem Wesen – umstrittenes Konzept. Siehe Jeremy Waldron, »Is the Rule of Law Essentially

a Contested Concept (in Florida)?«, in: *Law and Philosophy* 21/2 (2002), S. 137-164. Trotz aller definitorischen Schwierigkeiten muss dieser Begriff aber, um auch weiterhin wesentlich umkämpft zu sein, eine breitere Anziehungskraft aufweisen als lediglich die, ein Instrument zur Maximierung privaten Reichtums zu sein.

6
Das System neu verdrahten

1 André Gunder Frank, *Kapitalismus und Unterentwicklung in Lateinamerika*, Frankfurt / M. 1969.
2 Ebd., S. 127.
3 Ebd., S. 130.
4 Joanna Kusiak, »Trespassing on the Law. Critical Legal Engineering as a Strategy for Action Research«, in: *Area* (Royal Geographical Society) 53/4 (2021), S. 603-610 (Zitat auf S. 605).
5 Ebd.
6 Joanna Kusiak, *Radically Legal. Berlin Constitutes the Future*, Cambridge 2024.
7 Siehe auch meine Kritik materialistischer Argumente in Kap. 2.
8 Zur Etymologie von »Krise« siehe ⟨https://www.dwds.de/wb/Krise⟩, letzter Zugriff 9. 4. 2026.
9 John F. Padgett, »Country as Global Market. Netherlands, Calvinism, and the Joint Stock Company«, in: John F. Padgett, Walter W. Powell, *The Emergence of Organizations and Markets*, Princeton 2012, S. 208-234.
10 Padgett, »Country as Global Market«, S. 231.
11 Ebd.
12 Zu den gesellschaftsrechtlichen Innovationen durch die Niederländischen Ostindien-Kompanie (VOC) siehe Giuseppe Dari-Matiacci u. a., »The Emergence of the Corporate Form«, in: *Journal of Law, Economics & Organization* 33/2 (2016), S. 193-236.
13 Ebd.
14 Für eine hervorragende Schilderung dieser Krise siehe Adam Tooze, *Crashed. Wie zehn Jahre Finanzkrise die Welt verändert haben*, München 2018.
15 Der Mechanismus besteht in der Ausdehnung menschlicher

Aktivitäten in das Habitat wildlebender Tiere, wodurch die Wahrscheinlichkeit steigt, dass Viren auf den Menschen überspringen. Ob dies der Ursprung der Corona-Pandemie war, ist umstritten. Siehe Mariana Lenharo, Lauren Wolf, »U. S. Covid-Origins Hearing Renews Debate over Lab-Leak Hypothesis«, in: *Nature*, 9. März 2023.

16 Zu diesen Krisen zählten der Run auf US-Staatsanleihen zu Beginn der Pandemie im Frühjahr 2020, Turbulenzen auf den britischen Finanzmärkten im Jahr 2022 sowie der Zusammenbruch der Silicon Valley Bank im Frühjahr 2023. Für eine Analyse der Finanzkrisen in den USA nach Corona, auch des Zusammenbruchs besagter Silicon Valley Bank, siehe Ben Spies-Butcher, Gareth Bryant, »The History and Future of the Tax State. Possibilities for a New Fiscal Politics Beyond Neoliberalism«, in: *Critical Perspectives on Accounting* 98 (2024). Zur britischen Finanzkrise siehe Ethan Ilzetzki, »UK Financial Crisis of 2022. Retrospective Diagnosis and Policy Recommendations«, CFM Discussion Paper No. 2024-08. London School of Economics Centre for Macroeconomics, Februar 2024, ⟨https://www.lse.ac.uk/CFM/assets/pdf/CFM-Discussion-Papers-2024/CFMDP2024-08-Paper.pdf⟩, letzter Zugriff 9. 4. 2026. Der Mehrfachkrise voran ging allerdings eine allgemeine Instabilität der globalen Finanzmärkte, die manche Kommentatoren auf die Zunahme von Rückkaufvereinbarungen (Repos) zurückgeführt haben. Siehe Carolyn Sissoko, »Repurchase Agreements and the De(con)struction of Financial Markets«, in: *Economy and Society* 48/3 (2019), S. 315-341.

17 Dies zeigte sich besonders bei der Rettung der Kunden der Silicon Valley Bank im Jahr 2023, die sich im Gegenzug für höhere Renditen gegen abgesicherte Einlagen und für ungesicherte Konten entschieden hatten und trotzdem erfolgreich in den Schutz des US-Finanzministeriums kamen, als diese Strategie (wie zu erwarten war) implodierte. Siehe Pete Schroeder, »After Silicon Valley Bank's Shutdown, Uninsured Depositors Face Tense Wait«, *Reuters*, 10. März 2023; Federal Deposit Insurance Corporation, »FDIC Acts to Protect All Depositors of the Former Silicon Valley Bank, Santa Clara, California«, Pressemitteilung vom 13. März 2023, ⟨https://www.fdic.gov/news/press-releases/2023/pr23019.html⟩, letzter Zugriff 9. 4. 2026.

18 Zum hybriden Charakter von Geld- und Finanzsystem siehe Perry Mehrling, »Essential Hybridity. A Money View of Law and Finance for Foreign Exchange«, in: *Journal of Comparative Economics* 41/2 (2013), S. 355-363.

19 Zu den Einzelheiten dieser von Poulantzas entwickelten Metapher siehe Kap. 2.

20 Die Vereinigten Staaten verabschiedeten im März 2020 den Coronavirus Aid, Relief, and Economic Security (CARES) Act sowie im Dezember 2020 den Coronavirus Response and Consolidated Appropriations Act, die 2,2 Billionen beziehungsweise 900 Milliarden Dollar zur Konjunkturförderung an Einzelpersonen, Kleinunternehmen und andere auszahlten. In der Europäischen Union stellte die Europäische Kommission mit dem Aufbauinstrument NextGenerationEU 806,9 Milliarden Euro für die ökonomische Erholung von der Corona-Krise bereit.

21 Jeremy Roos, *Why Not Default? The Political Economy of Sovereign Debt*, Princeton 2019; Julian Schumacher u. a., »What Explains Sovereign Debt Litigation«, in: *Journal of Law and Economics* 58/3 (2015), S. 585-623.

22 Maurice Obstfeld u. a., »Financial Instability, Reserves, and Central Bank Swap Lines in the Panic of 2008«, in: *American Economic Review* 99/2 (2009), S. 480-486; Stijn Claessens u. a., »Lessons and Policy Implications from the Global Financial Crisis«, Working Paper 2010/44 (Internationaler Währungsfonds, Februar 2010); Ana Santos Rutschman, »Intellectual Property Protections for Vaccines and PPE«, in: Elizabeth Kirley, Deborah Porter (Hg.), *Outsmarting the Next Pandemic. What Covid-19 Can Teach Us*, Abingdon 2022, S. 169-189.

23 Im Dezember 2023 kündigte die US-Notenbank Zinssenkungen für das Folgejahr an. Siehe Colby Smith, Claire Jones, »Federal Reserve Triggers Market Rally as It Signals Interest Rate Cuts in 2024«, in: *Financial Times*, 14. Dezember 2023.

24 Milton Friedman, *Inflation. Causes and Consequences*, London 1963. Eine prominente Gegenposition vertritt Isabella Weber, die strategische Preiskontrollen zum Inflationsschutz befürwortet, was grundlegende und teilweise erbittert geführte Debatten provoziert hat. Siehe Isabella M. Weber, »Could Strategic Price Controls Help Fight Inflation?«, in: *Guardian*, 29. Dezember 2021.

25 Isabella M. Weber u. a., »Inflation in Times of Overlapping Emergencies. Systemically Significant Prices from an Input-Output Perspective«, in: *Industrial and Corporate Change* 33 (2024), S. 297-341.

26 Nicht alle sind im Amt geblieben. Donald Trump wurde nach nur einer Amtszeit wieder abgewählt, im Jahr 2024 jedoch erneut als Präsident bestätigt, in Polen wurde die Regierung der Partei Recht und Gerechtigkeit (PiS) durch Donald Tusk abgelöst, und die Erfahrungen des Vereinigten Königreichs mit dem Brexit haben die Bereitschaft anderer (zum Beispiel Italiens, Frankreichs oder der Niederlande) gedämpft, es den Briten gleichzutun. Trotzdem sind auch in Ländern, in denen Populisten wieder abgewählt wurden, Wahlen knapp ausgegangen und die politischen Verhältnisse zutiefst gespalten.

27 Dies zeigt sich etwa in Umfragen zum Vertrauen in bestehende Institutionen. Siehe beispielsweise *Edelman Trust Barometer*, ⟨https://www.edelman.com/trust/2021-trust-barometer⟩, letzter Zugriff 9. 4. 2026.

28 Karl Polanyi, »Geschichte im Bann gesellschaftlicher Veränderungen«, in: ders., *The Great Transformation. Politische und ökonomische Ursprünge von Gesellschaften und Wirtschaftssystemen*, Wien 1977, S. 293-306.

29 Zu den Details siehe Kap. 2.

30 David Graeber, *Schulden. Die ersten 5000 Jahre*, Stuttgart 2012.

31 Siehe Katharina Pistor, *Der Code des Kapitals. Wie das Recht Reichtum und Ungleichheit schafft*, Berlin 2019, Kap. 4.

32 Dieser »*money view*« der Finanzwirtschaft ist von Minsky inspiriert, wird aber erst bei Mehrling vollständig entwickelt. Siehe Perry Mehrling, *The New Lombard Street. How the Fed Became the Dealer of Last Resort*, Princeton 2011.

33 Viktor Mayer-Schönberger, Kenneth Cukier, *Big Data. A Revolution That Will Transform How We Live and Think*, Boston 2013.

34 Frank, *Kapitalismus und Unterentwicklung in Lateinamerika*.

35 Niklas Luhmann, *Das Recht der Gesellschaft*, Frankfurt/M. 1995.

36 Diese Theorie wurde vielfach auf überzeugende Weise kritisiert. Siehe etwa Rainer Greshoff, »Ohne Akteure geht es nicht! Oder: Warum die Fundamente der Luhmannschen Sozialtheorie nicht tragen«, in: *Zeitschrift für Soziologie* 37/6

(2008), S. 450-469; Alex Viskovatoff, »Foundations of Niklas Luhmann's Theory of Social Systems«, in: *Philosophy of the Social Sciences* 29/4 (1999), S. 481-516.
37 Luhmann, *Recht der Gesellschaft*, S. 105.
38 Ebd., S. 268.
39 Ebd., S. 394.
40 Siehe auch die Diskussion inkrementellen, aber transformativen Wandels in Kap. 5.
41 Luhmann, *Recht der Gesellschaft*, S. 466.
42 Lawrence Lessig, *Code. Und andere Gesetze des Cyberspace*, Berlin 2001, Kap. 1 und 3.
43 Narendar Pani, »Historical Origins of Modern Corruption. The Making of the Gap Between Legality and Morality in Bangalore« (unveröffentlichtes Manuskript im Besitz der Autorin, 2014).
44 Olivier Nay, »Fragile Failed States. Critical Perspectives on Conceptual Hybrids«, in: *International Political Science Review* 34/3 (2013), S. 326-341; Michael W. Doyle, Nicholas Sambanis, *Making War and Building Peace*, Princeton 2006. Doyle und Sambanis betonen, dass jeder dauerhafte Frieden ein Mindestmaß an Konsens zwischen den zuvor verfeindeten Parteien voraussetzt.

7
Jenseits des kapitalistischen Rechts

1 Minsky verwendete den Begriff der »Überlebensbeschränkung« (»*survival constraint*«), um das zu beschreiben, was János Kornai später als »Budgetbeschränkung« (»*budget constraint*«) bezeichnete. Beide argumentieren, dass private Akteure grundsätzlich einer harten Budgetbeschränkung und staatliche oder staatlich gestützte Entitäten einer weichen Überlebens- beziehungsweise Budgetbeschränkung unterliegen. Siehe Hyman P. Minsky, *Stabilizing an Unstable Economy*, New Haven 1986; János Kornai u. a., »Understanding the Soft Budget Constraint«, in: *Journal of Economic Literature* 41/4 (2003), S. 1095-1136.
2 Eric Maskin, »The Soft Budget Constraint«, in: *American Economic Review* 89/2 (1999), S. 421-425.
3 Tobias Adrian, Hyun Song Shin, »The Shadow Banking System.

Implications for Financial Regulation«, Staff Report No. 389 (Federal Reserve Bank of New York, Juli 2009); Zoltan Pozsar, Manmohan Singh, »The Nonbank-Bank Nexus and the Shadow Banking System«, Working Paper Nr. 2011/289 (Internationaler Währungsfonds, Dezember 2011).

4 Martin Arnold, Costas Mourselas, »Top ECB Official Sounds Alarm on Rising Risks from Shadow Banking«, in: *Financial Times*, 10. Juli 2024.

5 Hanoch Dagan, *Eine liberale Theorie des Eigentums*, Berlin 2021; Martijn W. Hesselink, *Justifying Contract in Europe. Political Philosophies of European Contract Law*, Oxford 2020. Siehe auch Hanoch Dagan, Benjamin C. Zipursky, *Research Handbook on Private Law Theory*, Cheltenham 2020.

6 Das römische Recht und die ihm folgenden Systeme des Civil Law definieren Eigentumsrechte gerne als absolute Rechte, die gegenüber jedermann und nicht nur gegenüber bestimmten Parteien wirken, mit denen ein vertragliches oder ähnliches rechtliches Verhältnis besteht. Es handelt sich um Rechte *in rem* und nicht lediglich *in personam*. Dies schließt jedoch rechtliche Beschränkungen für sie nicht aus, auch nicht im Privatrecht selbst, etwa durch Teilungsregeln im Ehegüterrecht oder zwingende Lizenzvorschriften im Immaterialgüterrecht. Siehe Hanoch Dagan, »Inside Property«, in: *University of Toronto Law Journal* 63/1 (2013), S. 1-21.

7 Neil Komesar, *Law's Limits. The Rule of Law and the Supply and Demand of Rights*, Cambridge 2001.

8 Für eine Zusammenfassung dieser Auffassung sowie deren Kritik siehe Martijn W. Hesselink, *Justifying Contract in Europe. Political Philosophies of European Contract Law*, Oxford 2020, S. 75.

9 Ebd., S. 142.

10 Siehe jedoch Hanoch Dagan, Avihay Dorfman, »The Human Right to Private Property«, in: *Theoretical Inquiries in Law* 18/2 (2017), S. 391-416.

11 David Singh Grewal, *Network Power. The Social Dynamics of Globalization*, New Haven 2008, S. 106-111.

12 Martijn W. Hesselink, »Reconstituting the Code of Capital. Could a Progressive European Code of Private Law Help Us

Reduce Inequality and Regain Democratic Control?«, in: *European Law Open* 1/2 (2022), S. 316-343 (Zitat auf S. 323).

13 Mehrere Versuche, ein europäisches Zivilgesetzbuch zu schaffen, wurden nach langjährigen Bemühungen aufgegeben. Siehe Ruth Sefton-Green, »Les Codes manqués«, in: *Revue trimestrielle de droit civil* 2005/3 (2005), S. 539-547; Martijn W. Hesselink, »The Politics of a European Civil Code«, in: *European Law Journal* 10/6 (2004), S. 675.

14 Hesselink, »Reconstituting the Code of Capital«, S. 327.

15 Luhmann schreibt: »Eine klare Trennung von Gerechtigkeit und moralischem Urteil beziehungsweise ethischer Reflexion ist nicht nur eine Frage der Autonomie des Rechtssystems. Sie garantiert auch die Rechtsunabhängigkeit der moralischen Beurteilung des Rechts [...].« Niklas Luhmann, *Das Recht der Gesellschaft*, Frankfurt/M. 1995, S. 232.

16 Ebd., S. 382f.

17 Katharina Pistor, »Legal Coding Beyond Capital«, in: *European Law Open* 1/2 (2022), S. 344-350.

18 Brishen Rogers, »The Law and Political Economy of Workplace Technological Change«, in: *Harvard Civil Rights – Civil Liberties Law Review* 55/2 (2020), S. 532-584.

19 Hélène Landemore, *Open Democracy. Reinventing Popular Rule for the Twenty-First Century*, Princeton 2020. In diesem Werk entwickelt Landemore Prinzipien zur Bildung einer statistisch repräsentativen Auswahl aus der Gesamtbevölkerung für verfassungsgebende Prozesse.

20 Amartya Sen, *Commodities and Capabilities*, Amsterdam 1985; Martha Nussbaum, *Die Grenzen der Gerechtigkeit. Behinderung, Nationalität und Spezieszugehörigkeit*, Berlin 2014.

21 Zum Potenzial moderater Reformen, einen »Magneteffekt« für sozialen Wandel zu erzeugen, siehe Gani Aldashev u.a., »Formal Law as a Magnet to Reform Custom«, in: *Economic Development and Cultural Change* 6/4 (2012), S. 795-828.

22 Eine umfangreiche Literatur hat rechtebasierte Ansätze sowohl theoretisch als auch im nationalen und internationalen Recht kritisiert. Siehe Jamal Greene, *How Rights Went Wrong. Why Our Obsession with Rights Is Tearing America Apart*, Boston 2021; Samuel Moyn, *Not Enough. Human Rights in an Unequal*

World, Cambridge (Mass.) 2018; Christoph Menke, *Kritik der Rechte*, Berlin 2015.

23 Sen, *Commodities and Capabilities*.

24 Ebd., S. 1.

25 Ebd., S. 3.

26 Ebd., S. 3 (Hervorhebung von mir).

27 Ebd., S. 19.

28 Amartya K. Sen, *Development as Freedom*, New York 1999, Kap. 3 (insb. S. 54).

29 Nussbaum, *Grenzen der Gerechtigkeit*, S. 405. Sie plädiert zudem dafür, diesen Ansatz auch auf nichtmenschliche Tiere auszudehnen.

30 Ebd., S. 407f.

31 Zu Einzelheiten siehe die nachfolgende Darstellung.

32 Martha Nussbaum, »Capabilities as Fundamental Entitlements. Sen and Social Justice«, in: *Feminist Economics* 9/2-3 (2003), S. 33-59. Siehe auch Martha Nussbaum, *Women and Human Development. The Capabilities Approach*, Cambridge 2000.

33 Zu einer Darstellung, wie das US-amerikanische Recht Frauen und Kinder im Vergleich zu Haustieren behandelt hat, siehe Claire Priest, »Enforcing Sympathy. Animal Cruelty Doctrine After the Civil War«, in: *Law & Social Inquiry* 44/1 (2019), S. 136-169.

34 Nussbaum, *Grenzen der Gerechtigkeit*, S. 384f.

35 Ebd., S. 385.

36 Nussbaum, »Capabilities as Fundamental Entitlements«. Siehe auch Martha Nussbaum, *Fähigkeiten schaffen. Neue Wege zur Verbesserung menschlicher Lebensqualität*, Freiburg i. Br. 2015.

37 Fähigkeit 10 im Katalog. Siehe Nussbaum, »Capabilities as Fundamental Entitlements«, S. 42.

38 Ebd.

39 Ebd.

40 »The Ten Principles of the UN Global Compact«, ⟨https://unglobalcompact.org/what-is-gc/mission/principles⟩, letzter Zugriff 9.4.2026. John Ruggie war maßgeblich an der Entwicklung dieser Prinzipien beteiligt. Siehe John G. Ruggie, »Business and Human Rights. Mapping International Standards of Responsibility and Accountability for Corporate Acts«,

U. N. Document A/HRC/4/35 (Vereinte Nationen, 19. Februar 2007).

41 »New Report Shows Just 100 Companies Are Source of over 70% of Emissions«, CDP Worldwide, 10. Juli 2017, ⟨https://www.cdp.net/en/press-releases/new-report-shows-just-100-companies-are-source-of-over-70-of-emissions⟩, letzter Zugriff 9. 4. 2026.

42 Nassim Nicholas Taleb u. a., »The Precautionary Principle (with Application to the Genetic Modification of Organisms)«, NYU School of Engineering Working Paper Series (2014), ⟨www.fooledbyrandomness.com/pp2.pdf⟩, letzter Zugriff 9. 4. 2026.

43 Zu seiner Anwendung auf die Finanzpolitik siehe Hugues Chenet u. a., »Finance, Climate-Change and Radical Uncertainty. Towards a Precautionary Approach to Financial Policy«, in: *Ecological Economics* 183 (2021), S. 1-14.

44 Paragraf 402A des Restatement (Second) of Torts. Siehe auch Peter Cane, »Deterrence and Strict Liability for Defective Products in the United Kingdom«, in: *Journal of Products Liability* 3/3 (1979), S. 135. In Europa wurden diese Grundsätze in der Richtlinie 85/374/EWG über die Haftung für fehlerhafte Produkte kodifiziert, ⟨http://data.europa.eu/eli/dir/1985/374/oj⟩, letzter Zugriff 9. 4. 2026.

45 Paragrafen 11 und 12 des Securities Act of 1933, ⟨https://www.law.cornell.edu/wex/securities_act_of_1933⟩, letzter Zugriff 9. 4. 2026. Nach der »Betrug-am-Markt«-Doktrin genügt es, dass Anleger Preisveränderungen nachweisen und Wertpapiere gehandelt haben; ein tatsächliches Vertrauen auf die falschen Informationen ist nicht erforderlich. Siehe Basic, Inc. v. Levinson, 485 U. S. 224 (1998).

46 Harold Demsetz, »Toward a Theory of Property Rights«, in: *American Economic Review* 57/2 (1967), S. 347-359; Louis De Alessi, »Property Rights, Transaction Costs, and X-Efficiency. An Essay in Economic Theory«, in: *American Economic Review* 73/1 (1983), S. 64-81.

47 Siehe Kap. 3.

48 Wörtlich erklärte Mark Zuckerberg: »Unless you are breaking stuff, you are not moving fast enough.« Siehe Henry Blodget, »Mark Zuckerberg On Innovation«, in: *Business Insider*, 1. Oktober 2009.

49 Sandra K. Miller, »Piercing the Corporate Veil Among Affiliated Companies in the European Community and in the U.S. A Comparative Analysis of U.S., German, and U.K. Veil-Piercing Approaches«, in: *American Business Law Journal* 36/1 (1998), S. 73-149; Robert Thompson, »Piercing the Corporate Veil. An Empirical Study«, in: *Cornell Law Review* 76/5 (1991), S. 1036-1074. Siehe aber Stephen M. Bainbridge, »Abolishing Veil Piercing«, in: *Journal of Corporation Law* 26/3 (2001), S. 479-535.

50 Shmuel I. Becher, Uri Benoliel, »Dark Contracts«, in: *Boston College Law Review* 64/1 (2023), S. 55-117.

51 Die »*clean-hands*«-Doktrin »verschließt die Türen eines Billigkeitsgerichts für jemanden, der in Bezug auf die Angelegenheit, in der er Rechtsschutz begehrt, mit Arglist behaftet ist oder wider Treu und Glauben handelt, ganz gleich, wie unangemessen sich der Beklagte verhalten haben mag«. Siehe Precision Instrument Manufacturing Co. v. Automotive Maintenance Machinery Co., 324 U.S. 806, 814 (1945). Das zugrunde liegende normative Prinzip besagt, dass ein Kläger, der selbst nicht nach bestem Wissen und Gewissen gehandelt hat, sich nicht an die Gerichte wenden darf, um Rechtsmittel einzulegen; dies kommt einem Verlust der Klagebefugnis gleich. Siehe auch Ori J. Herstein, »A Normative Theory of the Clean Hands Defense«, in: *Legal Theory* 17/3 (2011), S. 171-208.

52 Julie E. Cohen, *Between Truth and Power*, Oxford 2019.

53 Giuseppe Dari-Matiacci, Carmine Guerriero, »Law and Culture. A Theory of Comparative Variation in Bona Fide Purchase Rules«, in: *Oxford Journal of Legal Studies* 35/3 (2015), S. 543-574.

54 Art. 11 der Richtlinie 2004/25/EG des Europäischen Parlaments und des Rates vom 21. April 2004 über Übernahmeangebote.

55 Nussbaum schreibt, dass der Fähigkeitenansatz »einen Schwellenwert der Angemessenheit [bestimmt]«. Siehe Nussbaum, *Grenzen der Gerechtigkeit*, S. 404.

56 Der Lieblingsausdruck eines ehemaligen deutschen Finanzministers, mit dem er für einen ausgeglichenen Bundeshaushalt sorgen wollte. Siehe »Father of the black zero. Germany's love affair with austerity«, in: *Deutsche Welle*, 27. Dezember 2023,

⟨https://www.dw.com/en/father-of-the-black-zero-germanys-love-affair-with-austerity/g-50438659⟩, letzter Zugriff 9. 4. 2026.

57 Perry Mehrling, »The Inherent Hierarchy of Money«, in: Lance Taylor u. a. (Hg.), *Social Fairness and Economics. Economic Essays in the Spirit of Duncan Foley*, New York 2012, S. 394-404. Für eine Kritik siehe Anush Kapadia, *A Political Theory of Money*, Cambridge 2024.

58 Hyman P. Minsky, *Can »It« Happen Again? Essays on Instability and Finance*, Armonk 1982. Für eine besonders anschauliche Darstellung von Minskys Ansatz siehe Perry Mehrling, »The Vision of Hyman P. Minsky«, in: *Journal of Economic Behavior & Organization* 39/2 (1999), S. 129-158.

59 Mehrling, »The Inherent Hierarchy of Money«.

60 Robert Hockett, Saule T. Omarova, »The Finance Franchise«, in: *Cornell Law Review* 102/5 (2017), S. 1143-1218.

61 Christine Desan, »The Monetary Structure of Economic Activity. A Constitutional Analysis«, in: *Law and Contemporary Problems* 86/4 (2024), S. 77-110. Siehe auch Christine Desan, *Making Money. Coin, Currency, and the Coming of Capitalism*, Oxford 2015.

62 Ein klassisches Beispiel ist Silvio Gesell, *Die Natürliche Wirtschaftsordnung*, Nürnberg 1949. Zu neueren Darstellungen siehe Bernard Lietaer, Jacqui Dunne, *Rethinking Money. How New Currencies Turn Scarcity into Prosperity*, San Francisco 2013.

63 Robert Hockett, Aaron James, *Money from Nothing. Or Why We Should Stop Worrying About Debt and Love the Federal Reserve* (2020).

Epilog

1 Finanzielle und wirtschaftliche Zusammenbrüche haben in der Vergangenheit politische Regimewechsel ausgelöst, darunter in Deutschland in den 1930er- und in Indonesien in den 1990er-Jahren.

2 Douglass C. North, *Institutionen, institutioneller Wandel und Wirtschaftsleistung*, Tübingen 1992, S. 3.

3 Geoffrey M. Hodgson, »On the Institutional Foundations of Law. The Insufficiency of Custom and Private Ordering«, in: *Journal of Economic Issues* 43/1 (2009), S. 143-166 (wo es heißt,

dass Recht nur dann dauerhaft bestehen kann, wenn es mit informellen Institutionen im Einklang steht).

4 Alexander Borsa u. a., »Evaluating Trends in Private Equity Ownership and Impacts on Health Outcomes, Costs, and Quality. Systematic Review«, in: *BMJ* 382 (2023), ⟨https://doi.org/10.1136/bmj-2023-075244⟩, letzter Zugriff 9. 4. 2026.

Namenregister